大学生创业型人才阶梯嵌入培养模式创新实验区建设成果

丛书主编 陈收 ● 丛书副主编 袁凌 朱国玮

创业案例集锦

Entrepreneurship Case Collection

万炜 朱国玮／编著

中国人民大学出版社
·北京·

作者简介

万　炜　湖南大学工商管理学院 MBA 课程资深教师，国际劳工组织大学生创业 KAB 项目讲师，加拿大维多利亚大学商学院访问学者，曾在麻省理工学院斯隆管理学院学习国际工商管理。

朱国玮　湖南大学工商管理学院管理案例研究与教学服务中心主任，留美学者，曾赴美国密歇根大学罗斯商学院、哈佛大学商学院等高校学习交流。

总　序

创业已成为经济发展的引擎。2002 年 4 月，教育部确定 9 所高校为创业教育试点院校，标志着我国政府正式推动创业教育的发展，创业及创业教育也越来越受到关注和重视。在英、美等国家已经形成了相对成熟的创业教育与创业支持体系，大学生的创业率可达到 30％。而在中国，大学生的创业意识淡薄，创业率不到 1％，在很多大学生看来，创业往往只是就业压力下的被动选择。创业教育被联合国教科文组织称为教育的"第三本护照"，被赋予与学术教育、职业教育同等重要的地位。

湖南大学是一所理科基础坚实、工科实力雄厚、人文学科独具浓厚文化背景、经济管理学科富有特色的综合性全国重点大学，直属教育部，是国家"211"、"985"工程重点建设高校。21 世纪伊始，学校就对学生的创业教育给予了高度的重视，将其作为学生培养工作的重要部分，在创业教育的教学实践和理论研究等方面进行了诸多探索，初步形成了具有一定特色的创业人才培养模式，取得了一系列成果。学校在把理论教学作为大学生创业型人才培育基础环节的同时，嵌入案例教学、模拟教学和实习教学等实践教学环节，强化对学生创业素质和技能的综合训练，引导学生积极投身社会实践活动，在干中学、在学中干，干学结合，形成自我教育与主动学习的能力，培养多种综合能力，构建和塑造具有开创性的个性及创业的基本素质。在创业教育的教学改革中非常重视学生在教学活动中的主体地位，充分调动学生的积极性、主动性和创造性，提高学生的自学能力、独立分析问题和解决问题的能力。根据该教学改革原则，我们拓展了传统的教学空间，建立了多元立体的教学平台，实现了创业教育教学方法的创新。

2008 年，湖南大学"大学生创业型人才阶梯嵌入培养模式创新实验区"获得教育部、财政部立项资助。实验区以培养高素质的创业人才为基本目标，将创业教育作为教学模块嵌入日常本科教学计划，构建了一个创业教育平台，突出创业意识和创业能力的培养，将创业理论教育和创业实践有机结合，在课程体系、教学组织模式和教学方法与手段等方面进行综合配套改革，形成了有利于丰富学生的创业知识、有利于提高学生的创业能力和素质的阶梯嵌入式创业人才培养模式。

本丛书既是"大学生创业型人才阶梯嵌入培养模式创新实验区"建设的经验交流，也是阶段性成果的集结。丛书包括创业学的通识教育教材、创业案例集、创业经验集和沙盘

模拟手册等分册。作者均是来自创业学教育第一线的高校教师，不仅具有丰富的理论知识，同时也是辅导学生成功创业的优秀导师。创业教育并不仅仅等于创建企业的教育，更应该培育在混乱无序、变化和不确定的环境中勇于承担责任，积极主动地寻求与把握机会，高效地整合与利用资源，明智地决策，创造性地解决问题，创新并创造价值的能力。我们十分乐于将自己的理论研究和实践教育成果与兄弟院校投身于创业教育的志同道合者分享，并得到大家的建议和指导，希望此套丛书的出版能够帮助更多的大学生成长为创业型人才。

陈 收

于湖南大学岳麓山下

前　言

　　大学生是最具活力与激情的创新创业群体之一。作为人才的摇篮，高等学校在创业教育中起着不可替代的作用。在国家创新实验区负责人陈收教授的指导与鼓励下，我们萌生了编撰一本大学生创业案例集的想法。希望通过案例中性格鲜明的创业人物的真实朴素的创业经历，让大学生们接近创业、了解创业；通过师生关于案例中信息、知识、经验、观点的碰撞，让大学生们思考创业、体验创业。

　　把这个想法与学生们分享后，得到了积极的响应，他们立刻怀着巨大的热情参与到案例的遴选、编写与讨论中。书中出现的师行、龙鹏，以及围观的众网友都是真实存在的人物，他们是来自湖南大学市场营销专业的谢恺卿、龙鹏、杨泽月、孙伟静、刘莹、高洋、高波。师行的心路历程正是谢恺卿同学的自叙，龙鹏同学以真实面目示人，把自己创业的过程无私地与大家分享，其他几位同学对信息搜集和案例分析也贡献了自己独特的视角，他们均是编撰本书的重要参与者。

　　学生的积极参与使这本创业案例集与一般的案例集有所不同，它更像是创新实验区师生之间关于创业的笔谈记录。面对学生在创业过程中思想的波动、行动的困难，教师与学生彼此坦诚地进行探讨，讨论的内容涵盖了从创业精神的培养、创业知识的准备、创业计划书的撰写到创业公司的运作等各个方面，既从成功案例中收获了启示，也从失败案例中汲取了教训。

　　案例集从真实的师生互动交流开始，也选择了真实的学生择业状况为尾声。谢恺卿同学没有一毕业就走上自主创办企业的道路，而是进入一家 4A 级广告公司就职；龙鹏放弃了自己的服装公司，到沿海城市开始了新的创业旅程；匿名围观的网友——杨泽月、孙伟静、刘莹、高洋、高波均在相当不错的企业就职。我们相信在创新实验区学到的创业知识以及对创业的深刻认识，能够帮助他们成为具有开创性个性、具备创业素质和创业能力的创业与创造型人才，他们很快会从一般的就业者中脱颖而出，拥有自己的事业天地，这才是高校创业教育的终极培养目的。

万　炜　朱国玮

目 录

第二篇　对话在路上的人们

第三篇　探寻成功者的足迹

引 子

签名档

爱生活，爱学习，爱挑战，

不抽烟，不喝酒，不寂寞，

是学生，也是未来的老板，

爱足球，更爱创业，

不是马云，不是盖茨，

创业尚未成功，同志仍需努力。

我和别人不一样，

我不是凡客，我是师行。

角色导读

师行：因为父亲说：三人行，必有我师，所以我叫师行。请记住是 shī xíng，不是 shī háng。从小学开始这便成为我自我介绍的开场白，也没人再叫错过我的名字，否则先别说大成至圣先师孔圣人会不会放过他，光是语文老师就已经够他喝一壶的。人都说一个良好的开端就已经成功了一半，因此我的成功必须首先感谢我爹，多亏他给我取名字取得好，所以每次在我遇到岔路的时候，身边总能有人帮我指引正确的方向。

话说到这儿，问题就来了：我怎么会想到要去创业呢？故事的开始是源于一个平凡无奇的早晨我无意间看到下面这段话：

> 我是不会选择做一个普通人的。如果我能够做到的话，我有权成为一位不寻常的人。我寻找机会，但我不寻求安稳，我不希望在国家的照顾下成为一名有保障的国民，那将被人瞧不起而使我感到痛苦不堪。我要做有意义的冒险。我要梦想，我要创造，我要失败，我也要成功。我拒绝用刺激来换取施舍；我宁愿向生活挑战，而不愿过有保证的生活；宁愿要达到目的时的激动，而不愿要乌托邦式毫无生气的平静。我不会拿我的自由与慈善作交易，也不会拿我的尊严去与发给乞丐的食物作交易。我决不会在任何一位大师面前发抖，也不会为任何恐吓所屈服。我的天性是挺胸直立，骄傲而无所畏惧。我勇敢地面对这个世界，自豪地说：在上帝的帮助下，我已经做到了。
>
> ——企业家宣言，美国《企业家》杂志发刊词

它就像那一把火，熊熊火焰燃烧了我，我不希望在临死前回顾往事的时候因自己一生都过着平凡的生活而悔恨，因自己一生碌碌无为而羞愧，所以我决定，我要去创业！

在我准备创业的道路上，有三个人对我影响深远，他们的关注和指点，令我获益匪浅，请一定要允许我一一隆重推出。

龙鹏：地地道道的湖南人，虽然有这个霸气外露的本名，不过师行我更喜欢叫他"师兄"，师出同门，先行为兄。师兄凭借其过人的胆识、魄力以及毛爹爹的口音，在创业的道路上披荆斩棘，用鲜血刻成的路标为后来人指引着正确的方向（运用夸张手法是中华民族的传统美德）。173厘米的标准男性身高，精壮的身躯拥有六块腹肌，穿着衬衣，一摸口袋掏出一张名片："你好，我是龙鹏。"爱火影，爱创业，拒绝平庸，他是师兄龙鹏。在某个不可考证的日子，他踏上这条路，目前是九尾服装公司的创始人。大学二年级出来创业，从小型的服装代工业务开始，逐渐竞标为政府部门制作制服，为了大学生创业事业而奋斗，师兄时刻准备着。

方老师：师行的授业恩师，无论是在学习中的授业解惑，还是在生活上的为人处世，哪怕是山崩地裂，沧海桑田，她都是师行铭记一生的恩师（如果我用了夸张手法，那么太平洋就会干涸。太平洋干涸了吗？没有。所以我没有用夸张手法）。在师兄和我的创业过程中，方老师都给予了大力的支持，我们在撞墙、碰头、出血之后还能为中国的血库贡献出自己的200cc，方老师是功不可没的。"漂亮"、"端庄"、"睿智"这一类的形容词，基本上也就是为一日为师、终身为母的方老师而设的。

袁老师：脸圆者，投缘，所以袁老师的人缘特别好；肚大者，能容，因此袁老师的知识相当丰富。上与学术大家探讨研究工作，下和同车路人大话洗脸吃饭。真可谓：《诗》、《书》、《礼》、《易》、《乐》、《春秋》，吃喝拉撒睡旅游，无一不知、无一不晓啊。所以每次师兄和我遇到问题，袁老师总是淡定地说："你有，或者没有问题，答案就在那里，不偏不倚；你问，或者不问我，我就在这里，不来不去。"袁老师总是第一、第二、第三个求助对象。有了这大大的智囊团，何愁过不了王小丫。袁老师的帮助方式也很不一般。每每听完求助者的倾诉，袁老师会起身到他的书墙前取下一本书："看看这本书吧，对你会有帮助的。"求助者喜不自胜，捧得真经而归。

人不得瑟，话不啰唆，和我一起分享创业的漫漫心路历程吧。你，准备好了吗？

第一篇
寻找你的创业 DNA

成功创业者的品质
创业者的知识储备与学习
创新思维的培养
创业者的道德培养

热门话题一：成功创业者的品质

风险投资界有句名言："风险投资成功的第一要素是人，第二要素是人，第三要素还是人。"此话足以证明风险投资家对创业者个人素质的关注程度。在他们看来，创业项目、商业计划、企业模式等都可适时而变，唯有创业者品质难以在短时间内改变。

美国首富保罗·盖帝说：墨守成规乃致富的绊脚石。真正成功的商人，本质上流着叛逆的血。

我的新鲜事

这周应该算是开篇第一周，《三字经》中开篇讲道："人之初，性本善"，我没有先辈们开篇能说六个字的大智慧，只能毫无营养地冒出两个字——"人性"，但猛然间想到戴尔·卡耐基大师早就写出了《人性的弱点》，将人性剖析得相当透彻，我也就不敢班门弄斧了。无意间从网上看到一些有关成功创业者所应具备的品质方面的文章，师行我表示深受启发。正所谓：只有知道自己手臂有多长，才能准确地够到自己所想要的。特意在此分享给诸位看官，权当与君共勉。

我的创业课堂笔记：成功创业者的品质

> **成功创业者的品质　理论阐述**
>
> ● 什么是创业？
> ● 什么是创业者？
> ● 什么是创业者精神？
> ● 创业者应该具有什么人格特质？
> ● 成功创业者的态度与行为

● 什么是创业？

创业是不拘泥于当前资源条件的限制对机会的追寻，将不同的资源组合，以利用和开发机会并创造价值的过程；是富有创业精神的创业者与机会结合并创造价值的活动。

● 什么是创业者？

创业者一是指企业家，即我们日常理解的在一个已经成型的企业中负责经营和决策的领导人，更准确地说应该是那些具有创业特征如创新、承担风险、超前行动、积极参与竞争等的领导人；二是指创办人，即我们平时说的即将创办新企业或者是刚刚创办新企业的领导人。需要强调的是，创办人是创业者，企业家在本质上也是创业者，企业家是那些在现有企业中具有创业心态和创业行为的领袖型人物。因此，我们统一采用内涵更为丰富的"创业者"概念来表述。

● 什么是创业者精神？

创业者精神是一个综合的概念，是创业者执著、创新、承担风险等一系列行为和特质的外在表现。一般来说，目前大家普遍接受的是用创业导向（entrepreneurial orientation）的五个维度衡量创业精神的强度，即创新、自治、风险承担、超前行动和积极参与竞争。

● 创业者应该具有什么人格特质？

一项针对创业投资所进行的大规模调查指出，投资家主要以以下 10 个 D 来评价创业者的人格特质：理想（dream）、果断（decisiveness）、实干（doers）、决心（determination）、奉献（dedication）、热爱（devotion）、周详（details）、使命（destiny）、金钱观（dollar）、分享（distributive）。10 个 D 的评分将直接影响到投资人的决策。

● 成功创业者的态度与行为

蒂蒙斯对于创业者的研究表明，成功的创业者们有许多可取的且学得到的态度与行为。许多成功的企业家强调，虽然成功企业家有创新精神、担负责任，并且坚决而又有恒心，能够迅速恢复活力，适应性强，但这些并不仅仅是他们的个性使然，且也是他们后天努力的结果。

图 1—1 所示为创业者品质。

（1）责任感与决策力。承担责任和决心比任何一项因素都重要。有了责任感和决心，企业家可以克服不可想象的障碍，并大大弥补其他缺点。一家新企业需要创业者们把他们的时间、感情和忠诚悉数贡献给企业。因此，责任感与决策力往往意味着个人牺牲。

（2）领导力。成功的创业者们富有经验，熟谙他们参与竞争的技术和市场知识，具有扎实的管理技巧以及有据可查的业绩记录。他们是自我激发者，有高度的内在控制力。他们是富有耐心的领导者，能够把看不见、摸不着的前景贯彻下去，并从长远目标出发进行管理。他们有一种很强的能力，不需要凭借正式权力就能向别人施加影响。他们善于化解冲突，知道什么时候用逻辑说理，什么时候用劝说说服，什么时候妥协，什么时候寸步不

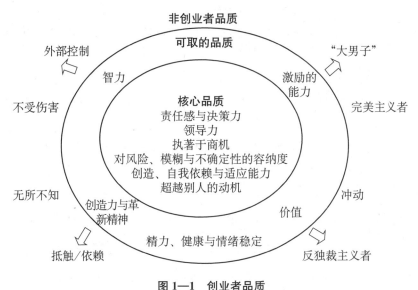

图 1—1　创业者品质

让。他们不是独狼，而是积极建立团队，让团队成员承担责任并分享成果。

（3）执著于商机。成功的创业者都会为商机而殚精竭虑。他们的目标是寻求并抓住商机，积累自身资源与资金。他们对其行业、客户和面临的竞争十分熟悉，能够抓住重点。

（4）对风险、模糊与不确定性的容纳度。成功的创业者并非赌徒，他们有计划地冒风险。他们会谨慎而仔细地算计风险的大小，并尽力让各种可能事件朝着有利于他们的方向发展。他们会让合伙人、投资者、债权人投入资金和声誉，与他们一起分担财务和商务上的内在风险。创业者们还要容纳模糊性与不确定性，新创企业可能面临没有订单，订单延误，组织、结构和秩序的缺乏等多种变化与冲突。成功的创业者对无法避免的挫折和出人意料的事件能够泰然处之。

（5）创造、自我依赖与适应能力。成功的创业者不满足于停留于现状，是毫无休止的革新者。他们愿意把自己置于个人承担经营成败责任的位置，他们会从失败中吸取经验教训。他们能更好地理解自身与他人在失败中所起的作用，以此避免类似问题的发生。

（6）超越别人的动机。创业者们是自我驱动者，他们受到内心强烈愿望的驱动，希望和自己定下的标准竞争，追寻并达到富有挑战性的目标。超越别人，获取成就，是他们创建新企业并勇于应对挑战的最大原因。

蒂蒙斯的研究中还列举了其他一些令人向往的（但不一定能得到的）态度与行为。以下五项就是创业者极为向往的天赋，但几乎没有哪个成功的企业家在每一个方面都具有过人之处。

（1）精力、健康与情绪稳定。企业家们面临的特殊工作压力和极高的要求使精力、身体与心理健康变得极为重要。成功的企业家还要认识到潜在的孤独感、压力甚至是极度沮丧，这些都源自他们在风口浪尖上的生活以及不断超越别人的动力。

（2）创造力和革新精神。创造力一度被认为是只有通过遗传才可获得的能力，但是创造力和革新精神实际上与文化有着很大的关系。越来越多的学者认为，创造力其实也是可以培养的。

（3）智力。智力和概念化能力是企业家的极大优势。智力包括：抽象思维与推理；解决问题的能力；获取知识的才能；记忆力；对环境的适应能力；情商；商业嗅觉以及企业家的直觉与感觉。

（4）激励的能力。远见是一种天生的领导素质，富有超凡的魅力，大胆而鼓舞人心。企业家的目标与价值观建立起一种氛围，使所有随后发生的活动都顺利展开，并且无论他的鼓舞采用什么形式，都会对塑造企业产生影响。

（5）价值。个人价值和伦理价值反映了企业家生活的环境与背景，在人生的早期形成。

身边的创业案例 1

张江辉：创业路上为自己的选择埋单

> **创业者小档案**
>
> 创业者：张江辉
> 创业年龄：27 岁
> 创建企业：引食网
> 人生理想：希望有一天可以用理性的声音在别人面前诠释创业的技巧。
> 创业感悟：不管前途有多坎坷，只要选择了，我都会为自己的选择埋单！

"要放弃前再坚持一下，加油！心气沉浮，也能给对手鼓掌！"这是张江辉的个性签名，正是这句话支撑着他一路走到现在，从一个理想懵懂的狂妄小子变成了一个理智成熟的热血青年。一个处于幼年时期的小公司没有太多骄人的成绩，但是任何一个大的公司都是从小公司发展而来的，张江辉说这是创业者的必经之路。对于他本人来讲也是一样："不管这条创业之路上有多少艰辛，有多少不为人知的困难和无助，我都会为自己的选择埋单。"

在按部就班中成长

张江辉成长于一个颇有销售氛围的家庭，爸爸是农技站站长，家里也开了一个农资小店，他一放学回到家就会帮着看小店，所以多多少少会从中学习一些销售和与人沟通方面的技巧。

大学毕业后，张江辉选择了南下，开始了两年多的打工生涯。出身化学专业的他选择了到一家外企化工厂做蓝领。在浙江两年多工作的时间里，张江辉因出差的关系到过厦门、温州、上海等经济发达的地方，每每外出进入一家饭店或者酒店，总是被眼花缭乱、名目繁多的食品所迷惑。虽然我国餐饮行业每年的消费额有几千个亿，但是这其中不乏大量盲目消费的现象。餐饮是关乎人生命的大事，一旦出现差错，将会是碰触人生命的最终底线。像餐饮这类的传统行业虽然进入市场较早，但是靠宣传和打价格战之类的盲目竞争方式仍然占主导地位，市场远没有成熟。

自古以来有"乱世造英雄"一说，餐饮行业的混乱局面让张江辉联想到或许这是一个很好的商机，于是他开始关注餐饮方面的事情，读一些关于酒店管理方面的书籍，并开始关注创业方面的方法和知识。

在跌跌撞撞中成熟

多番考察之下，张江辉创办了引食网，他希望做一个可以引导消费者放心消费的网站。如果一对新人要举行婚礼，而面对那么多的酒店难以抉择，若没有引导，他们就必须亲自跑去一家一家询问，对比之后选出物美价廉的酒店，但是引食网可以为他们提供很多服务。在这个多媒体时代，上网成了一件再容易不过的事情，点击进入，不仅有商家的实景图，还有各个酒店的套餐参考价格及顾客的评价，等等，这样就会为人们节省很多时间和力气。

创业之初，张江辉过于理想化，把事情想得过于简单，总是想着自己成功的那一天。他把自己所有的积蓄都投了进去，又向家里要了一些。另一个合伙人是计算机专业出身的，两个人一个做管理、一个做技术，分工明确。在管理员工的问题上，张江辉过于自信，朋友给他的建议他虽然听，但是最终还是按照自己的想法处理。没有计划书，一切凭自己的意念去做，让有点"狂"的张江辉吃到了不少苦头，员工辞职，合伙人一拍两散，创业面临空前的困难。张江辉开始反思，寻找失败的原因，终于认识到了自己狂傲和盲目，不肯接受别人的建议，太理想化。于是，张江辉拿起了笔，写了整整一个月的计划书，将创业的各方面细节都安排得头头是道，希望可以一切从头再来。经历了上一次的失败后，懂得了思考，全方位地听取家人和朋友的建议，张江辉笑称希望有一天可以用理性的声音在别人面前诠释创业的技巧。

张江辉一直都很喜欢一句话："见高人不能失之交臂。"从大学开始，他阅读了很多管理方面的书籍和名人传记。工作了以后，他还有一个爱好，就是喜欢在火车上同人聊天，他坦言火车是一个很杂的空间，什么人都可能遇到，这也是得来不易的学习的大好时机。他坚持看《财富中国》这样的节目，希望可以从那些成功者的经历中拿来一些东西。他认真研究《士兵突击》中许三多这个人物。在他看来，正是一种为了自己的目标不懈努力直到最后的固执，才导致了许三多的成功，这一点也正是张江辉从电视中学到的。为了自己的梦想和目标坚持不懈地走下去，不管前途有多么挫折和不顺，他都会坚持，毫不犹豫，即使再多的人不看好也无所谓，因为年轻，所以输得起！

创业已经有一年多的时间，记者问张江辉有什么好的建议给那些欲创业的人士，张江辉笑言自己也是摸索着前行。根据自己和友人的经验，他认为刚毕业的大学生不要一毕业就创业，最好先工作一段时间。很多人在创业之前首先想到的不是失败，而是成功，还没创业，就想着鲜花和掌声簇拥的场景，这不是某个人的偶然现象，而是人的惯性思维。其实在现实的创业路上有很多困难，所以要寻找自己的生存空间，多听周围人的谏言，不管好的坏的都要听得进、想得开，只是一旦下决心就不要后悔，即使将来失败了，也要敢于去面对和承担。对未来，张江辉充满了希望和期待，用他自己的话说：趁着现在还没有成家，还输得起，先要赌一把，立足于郑州，放眼河南，完成自己的创业梦想。"不管前途有多坎坷，只要选择了，我都会为自己的选择埋单！"

资料来源：http：//www.yzcy.com/thread-326-1-1.html.

【龙鹏感悟】

不积跬步无以至千里，不断提高方能成大业

这个故事告诉我们，在创业路途上会有坎坷与失败，重要的是要有面对失败的态度与从头再来的决心。

故事主角具有一个创业者应该拥有的诸多优良品质，例如：满怀创业理想，充满热情，积极投入，善于发现机会，果断坚持甚至具有许三多的固执。从他身上我看到了自己的影子。年轻的他与年轻的我一样缺乏经验，缺乏周详的计划，不善于吸纳他人的意见，不懂得与别人分享价值观与理想。因此，和他一样，我的创业路程面临起伏与坎坷。

我觉得优秀的创业者不是从天上掉下来的，也不是一出生就具有成功的基因。只有走上创业的道路，先把自己放到这样一个特殊的位置，才有成为优秀创业者的可能。在我看来，创业者并不需要具有完美的性格特质，只要敢于尝试，能够不断地认识自己，不断地调整自己，不断让自己变得适应，就有可能成为一个优秀的创业者。

【老师点睛】

成功留给有准备的你——大学生创业者的心理品质准备
方老师

第一个故事就糅入了创业的艰险、起伏、跌倒与不服输，挺有意思。在创业意识萌动的最初，就预见到创业之路的艰辛，说明师行并不像表面上那样跳脱和青涩，其实对于创业有着自己的独特理解和考虑。师行，你打算来真格的了？那我们一起探讨大学生创业者

心理品质上要做些什么准备吧：

（1）在创业过程中要敢想敢拼。在机会与风险并存的市场中，善于把握机会，舍得全力以赴。在关键的时刻，果断决策是非常重要的。优柔寡断，患得患失，将会成为创业成功之路上的绊脚石。

（2）在创业过程中要善于学习，汲取别人的经验。你们都是有着活跃思维、创新能力的人，但是对各个行业的运作规律、要求、技术、管理都不太熟悉。因此，在创业之初，对行业深度关注、对创业前辈虚心学习，并且在创业过程中时刻保持开阔的眼界与谦虚的心，都是十分重要的。

（3）要意识到创业起步的困难和创业风险的压力。不能仅凭一腔热情就把创业理想化、简单化。除了创新意识，还要有成本意识和团队意识。

（4）要有面对失败从头再来的勇气。尽管你们拥有一定的知识技能，但创业有很多偶然因素，如果遇到困难与挫折，要理性分析，有计划地解决问题，而不是全盘放弃、一蹶不振。

企业制定决策时，需要对企业的优势与劣势、机会与威胁进行分析。但大家有没有想过对大学生创业者也进行 SWOT 分析呢？老师给一个简单的分析提纲（见图 1—2），还有什么，你们自己去分析并填满。

strength（优势）	weakness（劣势）
年轻，有足够的时间和精力 学习能力强 有活力 有一定的专业技术知识 ……	创业心理准备不足 缺乏社会经验 缺乏吃苦耐劳精神 不能正确看待自己 ……
opportunity（机会）	threat（威胁）
创业机会和途径多 学校教育和社会帮助 容易找到志同道合的伙伴 ……	沉没成本 来自家庭的压力 来自其他创业者的竞争 ……

图 1—2　大学生创业者 SWOT 分析

创业准备，从心理开始

袁老师

龙鹏和方老师的分析，都很有道理。最近我在考虑怎么给国家创新实验区的"BEST"学徒谈谈关于创业前的准备的话题。这样吧，先给大家推荐一本书，希望能让

大家更进一步了解成功创业者所需的特质。我认为并不是每个人都能成为创业者，即便是那些具备相应特质的人，其创业之路通常也要比他们预想的更加艰难。但是，如果你在开始创业征程之前，对自己的能力有了清醒的认识，并对路上的艰辛有足够的心理准备，那么你离成功或许就不远了。这本书拨开商海的迷雾，揭开成功创业者之所以成功的面纱，总结出成功创业者必备的 33 种特质。书名是"商道：成功创业者必备的 33 种特质"（陈小春编著，中国商业出版社，2004）。

【网友围观】

网友 1

创业对我们这一代人来说，越来越成为一个既具有吸引力又具有挑战性的词。创业成功，则如凯旋之将，名利双收；创业不成功，则如铩羽之臣，郁郁而苦。我们大学生，不管毕业了的，还是没毕业的，仗着年轻气盛，一大批一大批地跳入创业的浪潮中，却没有认真地想过自己到底是不是那块料。

我曾经看到过《科学投资》中一篇关于中国创业者特质的文章，通过对上千案例的研究，发现成功创业者具有多种共同的特性，从中提炼出最为明显、最为重要的 10 种，将其称为"中国创业者 10 大特质"。现将此文分享给大家。创业之前，先问问自己："那些特质，我拥有吗？"

（1）欲望。这里所说的欲望，实际就是一种生活目标，一种人生理想。创业者的欲望与普通人欲望的不同之处在于，他们的欲望往往超出他们的现实，往往需要打破他们现在的立足点，打破眼前的樊笼，才能够实现。所以，创业者的欲望往往伴随着行动力和牺牲精神。

（2）忍耐。对一般人来说，忍耐是一种美德；对创业者来说，忍耐却是必须具备的品格。老话说"吃得菜根，百事可做"。对创业来说，肉体上的折磨算不得什么，精神上的折磨才是致命的，如果有心自己创业，一定要先在心里问一问自己，面对从肉体到精神上的全面折磨，你有没有那样一种宠辱不惊的"定力"与"精神力"。

（3）眼界。人们都喜欢夸耀自己见多识广。对于创业者来说，就不是夸耀，是要真正见多识广。广博的见识，开阔的眼界，可以很有效地拉近自己与成功的距离，使创业活动少走弯路。

（4）明势。明势的意思分两层，作为一个创业者，一要明势，二要明事。一个创业者要懂得人情事理。老话说："世事洞明皆学问，人情练达即文章"。

（5）敏感。创业者的敏感，是对外界变化的敏感，尤其是对商业机会的快速反应。

（6）人脉。创业不是引"无源之水"，栽"无本之木"。每一个人要创业，都必然有其凭依的条件，也就是其拥有的资源。一个创业者的素质如何，看一看其建立和拓展资源的能力就可以知道。

（7）谋略。创业是一项斗体力的活动，更是一项斗心力的活动。创业者的智谋，将在很大程度上决定其创业成败。尤其是在目前产品日益同质化、市场有限、竞争激烈的情况下，创业者不但要能够守正，更要有能力出奇。

（8）胆量。问一个问题：什么样的人最适合创业？答案是：赌徒。道理很简单，创业本身就是一项冒险活动。赌徒最有胆量，敢下注，想赢也敢输，所以，他们最适合创业。科学研究发现，赌徒的心理承受能力远远强过普通人，而创业正是最需要强大心理承受能力的一项活动。

（9）与他人分享的愿望。作为创业者，一定要懂得与他人分享。一个不懂得与他人分享的创业者，不可能将事业做大。

（10）自我反省的能力。反省其实是一种学习能力。有没有自我反省的能力，具不具备自我反省的精神，决定了创业者能不能认识到自己所犯的错误，能不能改正所犯的错误，是否能够不断地学到新东西。

网友 2

楼上说的不无道理啊，创业不能盲目，不能脑子一热，就像没头苍蝇一样到处乱撞，到时候撞得浑身是伤，可就得不偿失了。案例中的张江辉就告诫刚毕业的大学生在创业之前应该想到困难，想到失败，想到风险与担当。作为创业路上的跋涉者，他深深地意识到大学生创业者道路的艰辛。

但是，我觉得，也不能光强调创业者的先天品质，而忽略了后天的努力。创业者的智慧、创造力和充沛的精力与生俱来，这些品质本身也只不过是一摊未经塑形的泥巴或空白的画布，只有通过多年积淀相关的技能、知识、经验和关系资源后，才有可能被塑造成功，其中包含了许多自我发展的过程。

身边的创业案例 2

常建辉：26 岁撑起中部第一易货

第一次经商　那个充实的学生时代

1984 年常建辉出生在河南长垣，由于从小管理能力就很强，所以从小学到高中他一直担任班干部的职务。2005 年常建辉被河南财经学院（今河南财经政法大学）录取，从此便在实现梦想的道路上努力前行。

早在大一的时候，常建辉就有过创业的经历。那年夏天，天气异常炎热，但是好多大一的学生来学校的时候都没有带凉席，因而班上好多学生都在打听哪里卖的凉席又好又便宜。看到这个情况以后，常建辉又到其他的院系了解了一下情况，发现这个现象在整个一年级很普遍。于是，他算了一下学生总数和没有凉席的学生的比例，和几个同学一商量，就进了一批凉席。

创业者小档案

创业者：常建辉

创业年龄：26 岁

创建企业：××易货贸易公司

人生理想：成为一个有修养、知识、才华、胆识、谋略的儒商。

创业感悟：只有非常了解和熟悉想要从事的行业时，才可以去尝试创业，而且也要做好失败的准备。

从进凉席的数量到销售地点的选择，再到销售价格的确定，常建辉都是经过深思熟虑、多方核算之后才决定的。常建辉主要负责出谋划策，具体的实施由同学来做。"虽然那次没有赚到很多钱，但是却让我积累了不少做生意的经验，这其中就包括方向的选择、前期的准备、中期的实施以及后期的总结等等。"

有的人把成功比作搭积木，领导力、分析力、执行力和意志力都是不可缺少的重要环节，只有这几种能力配合得天衣无缝，才能最终获得自己想要取得的成绩。在大一和大三期间，常建辉一直担任班长的职务，每当班里有什么大型的活动，他总是要经过精心的安排和策划，务必使班里的各项组织活动都办得有声有色。这些经历都为他今天的创业积累了丰富的经验。

第一次接触　那段摸索前行的路程

传统的易货贸易，一般是买卖双方各以等值的货物进行交换，不涉及货币支付的贸易。在酒业公司工作时，常建辉经常会遇到公司及自己的客户公司想做广告却没有现金支付，或者是在其他方面资金周转不灵的问题，于是只好选择用自己的产品跟广告公司交换，这就是常建辉最早接触的易货贸易。但是由于缺乏维系双方的纽带，在易货的过程中往往会出现不信任对方的局面，使某些原本很简单的问题变得复杂化了，由此常建辉突发奇想：自己从事易货经纪人的行业也许是个不错的点子。于是，在公司总部的支持下他开始着手创业的准备工作。

常建辉把他们有的和会员手中有的资源直接整合过来，使资源得到合理的利用，为客户解决由于资金欠缺而难于周转的问题。如果商家自己去与别人换取货物，对方肯定会因缺乏信任而难以接受，但是经过易货公司就不同了，他们在跟双方签订合同之前会派专职人员现场验货、实地考察产品和样品，以保证易货双方的利益。

在常建辉看来，一个企业要想做大做强，做成行业中的第一，必须拥有雄厚的资金支持。虽然自己的公司背靠着原有的大公司，当然好"乘凉"，但他又不希望总部投入太多的钱。尽管现在自己的公司在资金方面有些紧缺，但他们却有一套自己的解决办法，那就是以战养战，利用自己手中现有的资源尽心易货，扩大公司规模。

第一桶金　那份支撑下去的回报

在任何情况下，理想和现实之间总会有些差距。因此，对于这次创业，尽管当初常建辉策划得非常周密，实施得也完美无缺，但整个公司到现在的运行在某些细节方面总是有不尽如人意的地方，不过大体上还是按照他当初的规划进行。从创业成立公司到现在，短短几个月的时间常建辉的易货贸易公司会员产品已经由当初的几种增加到 20 多种，广告公司客户量也由最初的零家增长到了 10 家。也许单从数字来看，这些简单的数字对某些运营了几年、几十年甚至上百年的公司来说的确是太少了，但是对一个刚刚成立几个月的小公司来说业绩的确经相当不错了，而且在这个中部并不怎么发达的易货行业里，这些数字足以使其成为"中部第一易货网"。

选择创业，就注定了要面对此起彼伏的大风大浪，常建辉也不例外，更何况他选择的是一个对整个中国来说都处于成长阶段的易货行业。资金短缺、客户量少，这些对常建辉来说都是很现实且亟待解决的问题。

说起创业，常建辉并不是对哪一类型的工作有特别深的爱好，只是比较喜欢那种创业的感觉。他一直都觉得自己很有领导天赋，所以现在的他认为创业是他最好的选择，即便是工作到深夜，也不会感到累和后悔。因为创业，常建辉自己也得到了好多东西：他接触的人无论在身份地位还是素质品位等方面都有很大的提升，这也为他今后拓展客户资源、提高自身的素质提供了很多有利条件，而且最主要的是创办中部第一易货网使他所寻求的那种做"领导人"的感觉得到了极大的满足，也为他喜欢解决问题、直面困难从而锻炼自己的性格提供了机会。

常建辉一直以来最大的愿望就是成为一个"儒商"。对于"儒商"，常建辉有自己不同的解释：修养、知识、才华、胆识、谋略缺一不可，只有依托在这种能力之上的商人才是他眼中的"儒商"。

针对当下很多高校毕业生刚出校门就选择创业的情况，常建辉劝告所有想要创业的大学生：只有非常了解和熟悉想要从事的行业时，才可以去尝试创业，而且也要做好失败的准备。即使你计划得很周密，现实还是会跟计划有出入，但是努力是必需的，上天的机会也是均等的，所以只要认真坚持下去，懂得审时度势，每个人都有走向成功的机会。

资料来源：http://www.boiling100.cn/news/bencandy-htm-fid-14-id-4308.html.

【龙鹏感悟】

点燃创业之火，追求无悔人生

驱使创业者走上创业道路的因素是多种多样的，有的可能是由于失业，有的可能是

兴趣使然，有的可能是把握机遇，有的可能是为了追求……创业道路难得一马平川，多为崎岖小道，即便是知道有风险，也还是要义无反顾在创业之路上走一回。一个人只要有一丝创业的火苗，稍经点拨，即有可能烧出创业的烈火。常建辉的创业火苗源于他的领导力，一旦这种创业的激情被点燃，就决定了他至少要红红火火地烧一回。其实在每个人的身上，创业热情都有被点燃的可能，只在于个人能否找到那个切入口，点拨那丝火苗。

而我，一个大四学生，于2011年初创立了自己的九尾服装有限公司，没有什么特别的理由，只是希望自己的人生可以轰轰烈烈，用最短的时间去实现我所懂的人生价值。

【老师点睛】

寻找属于自己的创业潜能

方老师

这个故事给我留下最深印象的一句话就是："有的人把成功比作搭积木，领导力、分析力、执行力和意志力都是不可缺少的重要环节，只有这几种能力配合得天衣无缝，才能最终获得自己想要取得的成绩。"

龙鹏的创业过程我一直很关注，他从最开始小打小闹地批发文化衫开始，到定制班服，现在进军大学生职业装和制服市场，其中的艰辛，龙鹏很少提起。简单的事情从大一坚持到大四，依然继续，就已经成为一种事业。龙鹏擅长与人沟通，容易发现他人的长处，坚持之外也懂得退让，是他最终成立自己的公司的个性基础。

如果我们耐心地探索和研究世界顶级富豪们的创业史，就会发现，若要永久地与财富结缘，确实需要与众不同的特质。对他们而言，财富是事业的载体，需要一丝不苟地对待。所有这些正确对待财富的理念，使他们能够成为财富的真正拥有者。

财富英雄们具备超凡的综合能力，他们在制造与销售、组织与融资、发展和满足他人需要等方面，塑造了社会生活与文化，起到了推动作用并影响深远。他们也许没有完成大学学业，却领导着世界一流的企业，拥有最先进的技术、最科学的管理模式、最具特色的经营方针、最顶尖的人才。可以说，他们身后的企业成长已与他们自身的发展融为一体、密不可分。

大家如果有时间，可以读《世界十大富豪创业史》（丁玎主编，中国市场出版社，2006）。让我们通过解读财富巨人的经营管理理念、企业文化以及生存竞争的智慧，汲取营养、丰富头脑、充实心灵，激发出作为一个成功创业者的潜能。

为者常成，行者常至——给梦想一个机会

袁老师

每个人都有权利说你不行

只有你自己不可以

因为至少你比马云长得好看

推荐大家去看一下马云创业演讲，感受一下马云的个人魅力与创业的激情。视频链接：http：//v. youku. com/v _ show/id _ XMjMxNDgwNjA = . html。

"很多优秀的年轻人，是晚上想想千条路，早上起来走原路。晚上充满激情地说，明天我将干这个事，第二天早上，仍旧走自己原来的路线。如果你不采取行动，不给自己的梦想一个实践的机会，你永远不会有机会！"

【网友围观】

网友 1

聊聊创业必学的几种动物和植物吧，看过两篇文章，分析得很好。不要以为只有成功创业者和企业家身上才有我们要学习的特质哦，人可以从动植物身上学到很多特质，而有些特质，同样是创业者必需的。

1. 转帖：创业者必学的几种动物

（1）多莉绵羊。知道多莉绵羊吧，对，就是世界首只克隆羊。中国的互联网现今的巨头们都是多莉绵羊。搜狐是雅虎的多莉、百度是 Google 的多莉、QQ 是 ICQ 的多莉、淘宝是 Ebay 的多莉、当当是亚马逊的多莉……我们的互联网行业发展初期可能也是有意无意中克隆了西方被证明了的成功的模式。说是无意间克隆一点也不冤枉，因为先进的成功模式就那么多。况且来自先进国度的那位叫做牛顿的哥儿们也说过，要站在巨人的肩膀上。放着巨人的肩膀不站白不站啊。

（2）土狼。比如，华为在业内一直被冠以"土狼"的称号。狼是唯一在快速奔跑中可以思考的动物。不是在思考中快速奔跑，是在奔跑中快速思考！首先不是思想家，而是行动家。其次，够快、够狠、够执著。同样是闯荡江湖，同样是浪迹社会，流氓有大小，痞子有高低，不然为何《上海滩》那样的题材可以迷住不少人呢？实力不够不怕，只要你有土狼精神，就够狠，就够酷。什么是土狼精神？可以去看看《狼图腾》，它说得够细致、够生动。虽然华为也有一些遭人诟病的地方，但是不得不承认，华为作为企业，是成功的。这也是华为"土狼"的成功。另外，狼还有很多优点，比如适者生存、永不放弃，比如善于团队作战，等等。

（3）老鹰。老鹰这种动物给我印象最深的就是有敏锐的直觉，这就很容易掌握市场的脉动进而创造奇迹。

（4）牛。在蒙牛乳业的董事长牛根生的名片上写着一段对牛的评价：吃苦、勤劳、坚韧不拔。蒙牛乳业的企业文化认为，巨大的成功不是力量而是韧性。在刘兴亮看来，坚持和韧性是创业者最重要的两点，且具有不可替代性。

（5）鹦鹉。肯定会有不少人觉得奇怪，怎么会有鹦鹉？其实，创业者非常有必要学习鹦鹉的语言沟通能力。创业初期，与团队的沟通、与投资人的沟通、与客户的沟通等，太重要了。因为你的很多想法还没实现，你的很多业务还没做起来，这个时候沟通尤为重要。

（6）蜘蛛。发展到今天，那种个人英雄主义的时代已经过去了。所以创业者一定要学习蜘蛛的织网精神，能够吸引比自己强大的人才。刘邦创立了著名的"三不如"理论："夫运筹策帷帐之中，决胜于千里之外，吾不如子房。镇国家，抚百姓，给馈饷，不绝粮道，吾不如萧何。连百万之军，战必胜，攻必取，吾不如韩信。此三者，皆人杰也，吾能用之，此吾所以取天下也。"刘兴亮幼时读到此处，每每对张良、萧何、韩信的文韬武略佩服得五体投地。现在年岁渐长，却对刘邦的敬仰如滔滔江水绵绵不绝。

（7）不死鸟。在这里说到不死鸟，我不想扯古希腊和古埃及的那些传说，也不想它与埃及神话中的太阳神和希腊神话中的阿波罗有着怎样密切的联系，我只想借这种动物的名字一用。最后提到的这个动物，并不是让创业者学习太多，只是一定要牢记这个名字。对于一个创业的公司，不死是最重要的。尤其是初创业者和那些已经碰到各种艰难险阻的，每天都要提醒自己：最重要的是如何活下去。

2. 转帖：创业者必学的六种植物

（1）向日葵。钱锺书说，再没有比向日葵更亲日的人和事物了。对于创业者来说，坚定的目标就是那个太阳。坚定目标，要做的事就会成为一种习惯。向日葵向日久了，它也就习惯了，人们也就习惯了，不去问它为何要向日。心中有了目标，每一天都从平平淡淡的小事做起，甚至仅仅是每天不厌其烦地重复，它不需要感天动地，不需要惊世骇俗。

创业的第一步其实很简单，定下目标，选好方向，你只要去做就可以了。

（2）胡杨树。古人云："艰难困苦，玉汝于成"，套用在创业历程里，意思是说创业不易。现在流行的"哭够了，喊累了，睡着了，睡醒了，酒醒了，又像往常一样开始工作了"，其实就是创业者成功后的辛酸史。忍耐是一种美德，对创业者来说，忍耐却是必须具备的品格。

胡杨树，又称"胡桐"。它和一般的杨树不同，能忍受荒漠中干旱、多变的恶劣气候，对盐碱有极强的忍耐力。在地下水含盐量很高的塔克拉玛干沙漠中，胡杨树照样枝繁叶茂。人们赞美胡杨树为"沙漠的脊梁"。胡杨树能够"生而不死一千年，死而不倒一千年，倒而不朽一千年"。

这种品德，难道不是创业者最需要的？

（3）蒲公英。有一种小花结的果实非常有趣，一粒粒果实的顶端带着白色的绒毛，像是白色的降落伞。轻轻地摘下一枝放在嘴边，用力一吹，果实便在小伞的帮助下借势飞去，越飞越远，越飞越远……小时候老师告诉过我，这种植物叫做蒲公英。

创业是一项在夹缝里求生存的活动，尤其处于社会转轨时期，各项制度、法律环境都不十分健全，创业者只有先顺应社会，才能避免在人事关节上出问题。创业者一定要明势，不但要明政事、商事，还要明世事、人事，这应该是一个创业者的基本素质。在创业的时候，我们必须借各种各样的势，随时准备小风一吹，就能飞出去好远好远。

（4）垂柳。垂柳枝条细长，柔软下垂，随风飘舞，姿态优美潇洒，柔条依依拂水，别有风致。垂柳有一种柔和的心态，见人就打招呼，八面玲珑。

这种心态，很多创业者并不具备，但却是必不可少的。尤其是那些曾经很成功的职业经理人转身去创业，更是需要学习。

（5）钻天杨。钻天杨最大的特点就是要用力把自己拔得高高的，谁都不愿意矮同伴一头，然后直直地往高长，直插云霄。

钻天杨都被激发出一种欲望，这种欲望也是每一个创业者必须具备的。"欲"，实际就是一种生活目标，一种人生理想。有了欲望，就必须付出一定行动来满足它，因此，欲望是一个人行动的直接动力。

创业者的欲望是不安分的，是高于现实的，需要踮起脚才能够得着，有的时候需要跳起来才能够得着。

为什么要创业？因为创业者心中有欲望。改变身份，提高地位，积累财富，一切的一切，都是欲望。

（6）红玫瑰。红玫瑰代表什么？热情、激情。创业者应该像红玫瑰那样，时刻保持着创业的激情，这样才能保持创新精神的生命力，保持对创业伙伴们的激励，保持创业公司的活力。

资料来源：刘兴亮的 blog。

网友 2

楼上说得很对，人类有很多地方需要向动物和植物学习，虽然它们没有人类高级，但是它们生存的智慧却是值得我们研究的。推荐给大家一本书吧：《动物生存谋略与商道》，讲述人类的朋友——动物在与天敌的斗争中也有三十六计，从它们那里我们学到了商道魔法。

在弱肉强食的动物王国中，强者有强者进攻的技巧，弱者有弱者生存的防御"谋略"。动物这种弱肉强食的生存法则，可说是各有各的"绝招"。它们的这些看家本领，都是其

得以生存、繁衍种族的"兵法三十六计"。动物生存三十六计恰恰就是我们当今实用商道中得以取胜的魔法。

我的创业新资讯

成功创业特质DNA

台湾青年创业协会总会于2010年1月3日公布了"创业楷模成功创业特质DNA"的调查结果。创业楷模们在积极性、成熟性、领导性、耐心、创意性、学习性、表达性、务实性、逻辑性和细心，共10个性格向度，显著高于一般社会群体，这表明：他们有较强的企图心、忍受力、组织整合力；较能忍受挫折；想法与众不同；喜欢接受新知识；具有能言善道、讲求精确、观察入微等性格特质。近百位成功且经营有成的创业楷模的行为类型，以"成熟干练型"所占的比例最高（36%），其次为"人际亲和型"（17%）和"负责谨慎型"（17%）。比例最少的为"创意思考型"（9%），次少为"领导管理型"（11%）（见图1—3）。

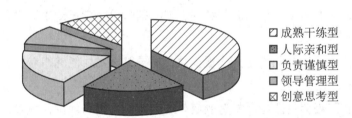

□ 成熟干练型
■ 人际亲和型
□ 负责谨慎型
■ 领导管理型
□ 创意思考型

图1—3　创业楷模行为类型

另外，才库人力资源发起"2010职场创业现况调查"，通过网络问卷调查，在有效样本1 037份资料中，56%的受访上班族表示有过创业的念头。主因（50%）是想做自己的老板、拥有弹性自由的工作时间；其次（39%）是觉得工作薪水太少，创业可以多赚些钱。然而付诸行动去创业的却仅有19%，问及没实践的原因，42%表示没资金；31%表示没门路，不知创业的步骤以及从何开始；23%则表示没胆量，不知道自己的个性是否适合创业。

调查单位才库人力资源表示，实际执行创业梦想的受访者中，有71%未达成创业当初所设定的期望或目标，问及原因时，24%觉得自己的个性不适合创业是失败的主因；23%为资金不足；21%则表示事前缺乏完善的规划。而针对达成当初设定期望之受访者，问及成功主因，32%表示了解市场趋势、客户喜好；30%表示了解自我特质优势，并且善加利用；22%为努力坚持不懈；14%为有专家指点。

调查资料中，近六成（59%）受访者的身边朋友有创业经验。问及朋友创业成功之主因，35％的受访者认为了解自我个人优势特点，且懂得善加发挥利用是成功主因；29％则认为掌握市场趋势和客户喜好是成功主因；认为努力不懈和专家指点是成功主因的分别占19％和13％。

成功创业者应具备的品质

成功创业者必须具备九大品质：诚信、自信、勇气、领袖精神、社交能力、合作能力、创新精神、魄力、敏锐眼光。

（1）诚信——创业立足之本。市场经济已进入诚信时代。作为一种特殊的资本形态，诚信日益成为企业的立足之本与发展源泉。

创业者品质决定着企业的市场声誉和发展空间。不守诚信，或可"赢一时之利"，但必然"失长久之利"。反之，则能以良好口碑带来滚滚财源，使创业渐入佳境。

（2）自信——创业的动力。人的意志可以发挥无限力量，可以把梦想变为现实。对创业者来说，信心就是创业的动力。要对自己有信心，对未来有信心，要坚信成败并非命中注定而是全靠自己努力，更要坚信自己能战胜一切困难。

（3）勇气——视挫败为成功之基石。硅谷有着"创业大本营"的美誉，在硅谷，每年都有数以万计的企业倒下，同时也有成千上万的创业者一夜暴富。美国知名创业教练约翰·奈斯汉说："造就硅谷成功神话的秘密，就是失败。失败的结果或许令人难堪，但却是取之不尽的活教材，在失败过程中所累积的努力与经验，都是缔造下一次成功的宝贵基础。"

成功需要经验积累，创业的过程就是在不断的失败中摸爬滚打。只有在失败中不断积累经验财富，不断前行，才有可能到达成功彼岸。美国 3M 公司有一句关于创业的"至理名言"：为了发现王子，你必须与无数只青蛙接吻。对于创业家来说，必须有勇气直面困境，敢于与困难"接吻"。

（4）领袖精神——创业的无形资本。"一只狮子领着一群羊，胜过一只羊领着一群狮子"——这一古老的西方格言说明了创业者领袖精神的重要性。企业成功离不开团队力量，但更多层面上取决于领导者本人。创业者是企业的一面精神旗帜，其一言一行都将影响企业的荣辱兴衰。

企业文化被称作企业灵魂和精神支柱。而企业文化的精髓就是创业者的领袖精神，这是凝聚员工的一笔"不可复制"的财富，更是初创企业生存和发展的关键。富有爱心，则是构成诚实、良好商业氛围的重要因素。从某种角度看，爱心是创业成功的"催化剂"。惠普创始人戴维·帕卡德提出："一个企业对社会的责任远远重要于对股东的责任。"这位亿万富翁住在一栋简朴的房子里，却为许多大学和公益基金会捐了无数款项。

（5）社交能力——借力打力觅捷径。以往人们总是强调自主创业，但如今这种观念正

在改变，人际关系在创业中的作用逐渐加大，人脉圈日益成为创业信息、资金、经验的"蓄水池"，有时甚至在商业活动中能起到四两拨千斤的神奇功效。在当今提倡合作双赢的时代，过去那种单枪匹马的创业方式已越来越不适应时代需求。扩大社交圈，通过朋友掌握更多信息、寻求更大发展，日益成为成功创业的捷径。

（6）合作能力——趋时避害形成合力。携程计算机技术（上海）有限公司总裁季琦告诉青年创业者，携程网的成功，除了抓住当初互联网快速发展的契机，有一个良好的创业团队是关键。

携程网的团队成员来自美国 Oracle 公司、德意志银行和上海旅行社等，是技术、管理、金融运作、旅游的完美组合。大家在一起创业，分享各自的知识和经验，同时也避免了很多创业"雷区"。

（7）创新精神——创业成功的维生素。做生意要靠创意而不是靠本钱！

在竞争激烈的市场中，缺乏创新的企业很难站稳脚跟，改革和创新永远是企业活力与竞争力的源泉。

万科集团在 1988 年发行了大陆第一份《招商通函》，目前该公司已成为全国房地产知名企业和中国最具发展潜力的上市公司；上海复兴高科积极推进与数十家国有企业合资合作，用民营企业机制同国有企业资产实行有效嫁接……这些企业的成功，都离不开创业家挑战成绩、自我加压、勇于创新的精神。

（8）魄力——该出手时就出手。在创业界，往往是风险与机会并存。创业者必须善于发现新生事物，并对新生事物有强烈的探求欲；必须敢于冒险，即使没有十足把握，也应果断地尝试。

（9）敏锐眼光——识时务者终为俊杰。生意场上，眼光起了决定性作用。很多资金不多的小创业者，都是依靠准确抓住某个不起眼的信息而挖到"第一桶金"的。市场经济刚起步时，机会特别多，好像做什么都能赚钱，只要你有足够的胆量和能力。但如今每个行业、每个领域都有人做，激烈的市场竞争宣告"暴利时代"已经结束，取而代之的是"微利时代"。因此，创业机会必须靠创业者自己发掘。

资料来源：http://www.cye.com.cn/dianping/201107040987458.htm.

热门话题二：创业者的知识储备与学习

虽然我喜欢冒险是不争的事实，但冒险之前的学习才是真正最具有魅力的地方。

——理查德·布兰森（维珍集团董事长）

聪明的小孩，只要钓鱼竿不要鱼。就企业经营而言，鱼好比资金，钓鱼竿好比机器设备，而钓鱼术就是经营管理的技巧了。

我的新鲜事

正所谓：等到饿了才发现饭吃少了，等到出门了才发现忘穿外套了，等到付账了才发现钱落家了——这种无奈的伤感就是我本周心情的真实写照。被班上几个同学邀请参加学校的创业团队大赛，原本以为凭自己的实力完全能够应付，结果刚开始就发现这不会、那不会，这个依稀学过、那个好像有印象，什么商业计划书、财务规划、营销策略统统要百度，可行性方案、融资手段、商业模式一一问谷歌，最后连团队管理方面也出现了问题，总之就是两个字——杯具（悲剧）。书到用时方恨少，蹲到麻时方知没带纸，平时知识的储备和学习真的很重要。

我的创业课堂笔记：创业者的知识储备与学习

> **创业者的知识储备与学习　理论阐述**
>
> ● 大学生创业前必要的知识储备
> ● 创业需要掌握的知识

● 大学生创业前必要的知识储备

大学生创业面对茫茫商海，仅具备基本的素质远远不够，还要有必要的知识和能力储备。

第一，具有扎实深厚的专业知识和广博的非专业知识。只有深厚的专业知识和宽广的非专业知识相结合，才能正确分析形势和事物的发展趋势，把握事态的发展。

第二，商业经济学领域知识的储备。如商品交换、商品需求、商品流通、商品价值规律等知识。通过学习这些商业知识，创业者在经济活动过程中才能实现价值的增值，创造财富。

第三，应具备一定的管理知识。如人事管理、资金财务管理、物资管理、生产管理和市场营销管理等知识。通过学习管理知识，改进管理方法，丰富管理经验，不断发掘新的管理资源，努力提高管理水平。

第四，应具备相关的政策知识。如工商注册登记知识、经济合同知识、税务知识、知识产权保护等法律知识对创业必不可少，它们可以帮助大学生创业者顺利走好创业之路。

● **创业需要掌握的知识**

创业需要掌握的知识见表 2—1。

表 2—1　　　　　　　　　　　　　创业知识

创业阶段	类别	相关知识体系
创业环境与心态调整	创业者的自我训练	1. 意志力、创新力的来源 2. 中国各行业的发展及其趋势 3. 明确目标，做好职业规划
创业项目的发现与市场评估	产品和服务的定位知识	1. 国家政策和行业知识 2. 创业相关概念了解 3. 创业成功案例的启示
创业资源的整合与信息获取	专业知识	1. 创业资金与人才 2. 网络的应用 3. 创业优惠政策
企业设立筹划	合法的开业知识	1. 有关私营及合伙企业、有限公司的法律法规 2. 进行验资和申请开业登记 3. 办理有关行业管理手续 4. 办理税务登记和纳税申报的规定与程序 5. 领购和使用发票 6. 银行开户程序和有关结算规定 7. 成为一般纳税人的条件，缴纳税费及其程序 8. 获得税收减征免征待遇 9. 进行账务票证管理 10. 增值税率及计征方法 11. 工商管理部门的经济检查以及行业管理和检查
财税基础与管理	资金及财务知识	1. 货币金融知识 2. 信用及资金筹措知识 3. 资金核算及记账知识 4. 证券、信托及投资知识 5. 财务会计基本知识
市场营销与企业策划	营销知识	1. 市场调查与预测知识 2. 消费心理、特点和特征知识 3. 定价知识和策略 4. 产品知识 5. 销售渠道和方式知识 6. 营销管理知识

续前表

创业阶段	类别	相关知识体系
企业管理与发展	企业管理知识	市场营销管理、财务管理、客户管理、战略管理等
政府行政与法律问题	法律知识	经济法常识、劳动用工及社会保障知识等
创业计划书撰写	创业计划书撰写知识	对以上的综合应用，帮助理清思路、规避风险

对创业者来说，上述知识不需要全部掌握。只需掌握与你选择的挣钱方法有关的知识，各取所需，学以致用。

身边的创业案例 3

常军：大学生创业，半年亏 12 万

创业者小档案

创业者：常军

创业年龄：23 岁

创建企业：美容美发店

人生理想：别人开店开一个，我读了大学，我能开十个！

创业感悟：看到那些大学生创业成功的富豪榜，你可以想下一个可能是你，但不要想下一个一定是你。

"别人开店开一个，我读了大学，我能开十个！"创业之初，常军信心满满。

今年 27 岁的常军现在就职于东太集团，"年薪几万块吧，收入还可以，没有自己开店时的压力，也没有那么辛苦"。去年 9 月份，他悄悄盘掉了坐落在贵州省贵阳市中心的"香港摩登"美容美发店。这是他大学毕业后第一次自主创业的结局。

2008 年从中国矿业大学毕业后，常军进了江淮汽车集团，成为市场营销策划的储备军，先从一名车间工人做起，熟悉业务流程。工作压力并不大，却几乎每天都工作十三四个小时，常军觉得很不开心。

在校期间常军曾经和朋友开过校内花店（经营也不错），此时他再度涌起了创业的热情，于是，工作半年后便辞职了。

2009 年春节，趁着全家人聚在一起，常军拿出了自己的策划案：决定开一个美容美发店。他坦言，自己并不喜欢这一行，美容美发店只是他构想里的一个过渡。他在策划案里写着："赚到了第一桶金以后就会投资于其他行业，有资金投入的亲戚可以继续持股，享有分红。"

他的诚意打动了长辈，长辈们也愿意给这样有激情的年轻人一个机会，于是常军从亲戚那里筹到了他所需要的资金——12 万元。2009 年 3 月，他和另外一个湖南人先来贵阳探路。"选择贵阳是感觉贵阳有市场，那里有品质的美容美发店很少。"他说。

可是从筹备伊始，创业之路的艰辛很快就显现出来。"当时人生地不熟，一切都是赶鸭子上架，"他回忆说，"光选址、装修就折腾得够呛，以前几乎什么都没做过，当时几乎什么都做过了。为了省下工钱，店里的墙都是我们自己刷的。"

5月，店铺如期开业，却没有预想的客流滚滚。"半个月后，我发现我犯了两个不可原谅的错误。一是选址错误，虽然是在市中心地带，但是那个地区人流量并不是特别集中，各项费用却很高，给后来的运营带来了沉重的负担。第二，我居然到后来才了解到，夏天，基本上从5月份开始，其实是美容美发的淡季……"开支远远大于收入，并不丰厚的创业资金所剩无几，常军只能更加卖力。为了让第一次来的顾客成为回头客，他陪顾客买电脑，给顾客介绍客户，根据顾客需要延长营业时间……他的努力也算是有了回报，经营一天一天步入正轨，可是问题总是一个接着一个，团队之间的摩擦日益增多。

"我那时心太急，太浮躁，又拿捏不好轻重。什么事当说，什么不当说，我也不知道。"常军说，自己一遇到挫折，比如当天客流量少、顾客不满意等问题，就变得很焦躁，容易对员工发火，不知不觉把负面情绪转移给了他们，也让他们心生怨气。"刚创业的大学生，都没有什么管理经验。怎样去建立一个团队和培养一个良好的团队氛围，是我失败后经常会思考的事情。"常军说。

开销还是太大了，常军算了一下，就算完全步入正轨，也只是维持温饱而已，要达到策划时预期的效果，完全不可能。2009年8月中旬，贵州一所大专院校附近有一个美发店因老板有急事要转手，常军觉得这是自己翻盘的好机会。那个院校光学生就有8 000多人，8月盘下来，9月刚好开学，肯定赚钱。

在市中心店尚在风雨中漂泊时，他又把精力完全投入到另外一个店铺。与老板洽谈，筹款，开始新一轮的四处奔波。正当事情就要一锤定音时，老板突然反悔了。而此时的市中心店因为疏于管理，已然不像样：员工懒散，处事马虎，待客不周到、不热情，营业额下降到只比刚开业时好一点。

"压垮我的最后一根稻草是，有一天，我无意中看到镜子里那个眼神疲惫、胡子拉碴的年轻人，完全看不到当初的激情和壮志，徒剩下无奈、疲惫、身心憔悴以及自我否定。那个晚上我流泪了。"常军说，第二天，他就开始重新写简历找工作，并一边准备着盘掉店铺。

师行：对于常军创业的失败，大家是怎么看的呢？

资料来源：http://news.pedaily.cn/chuangye/201210/20121012604115.shtml.

【龙鹏感悟】

知识有多少，路就有多远

常军的创业方式跟我差不多，我们都是80后出生，有着小小的野心，满腔的抱负，同时也少不了志在四方的创业梦想。但是在现实面前，却往往遭遇创业泼来的冷冷寒流。

记得常常听老人讲：不听老人言，吃亏在眼前。用在我们这代创业者身上，尤其是大学生创业者身上，非常恰当。常军准备创业前，纵有亲朋好友出谋划策，也已难以吸收他人意见，急功近利的心态已经让他不想在创业以外的事情上分心。但是，对于我们这些初出茅庐的创业者，真正储备在我们脑海中的创业知识量是非常不足的，等到真正遭遇问题时才有"书到用时方恨少"的感叹。

在九尾服装有限公司的经营中，我规划中的月销售额 15 万元在开业两个月内就被泼了一大盆冷水，调整思路才有公司的出路。作为市场营销专业的学生，从专业思维的角度我想到首先应该进行市场调研，然后是提出方案，再分析方案、执行方案，最后评估效果。在我这些有限的知识储备中，我找出了问题症结，重新审视市场，方知市场竞争早已今非昔比，同行在一年内就如雨后春笋。"提高竞争实力，适时扩大经营范围，转变主营利润点"，应该是公司新一步发展的出路吧。

在我看来，对每一个初创业者，每一天都应该是学习的过程，不管是书本知识，还是生活知识，只有不断吸收新思想，提高觉悟，方能走得更远！

【老师点睛】

创业路上永远不要忘记学习知识
方老师

师行又选了一个不太成功的案例，正如幸福的家庭是相似的，不幸的家庭各有各的不幸，成功的创业总有相似的地方，不成功的创业各有各的问题。常军的问题在哪里？选址不准？对于行业的季节性把握不够？团队管理的经验缺乏？常军在自省，我们在他的失败中深思。

龙鹏说创业过程中的每天都在学习，我很赞同。大三的时候，龙鹏业务繁忙，有时会缺课。在渠道管理课程中，为了让大家理论结合实践，我特意加入了大量的实务与实训，看到龙鹏两次不来上课，我不依不饶地把他召回课堂。我觉得营销专业的学生在创业上是有一定优势的，关于市场竞争、关于客户关系管理、关于选址、关于定价与促销的策略，都可以在课堂和实习中接触到。今天看到龙鹏提到自己的专业知识，我很欣慰。师行，你也是营销专业的学生，要记得专业课是很有用的啊。

从知识管理的角度来说，知识分为显性知识与默会知识，你们从书本上学到的、从网上看到的是大家已经总结成文的显性知识，而你们从实习实践中领悟到的、只可意会不可言传的就是默会知识。这两方面的知识来源不同，你们会在创业的道路上慢慢积累。

懂得进入合适的行业，有紧密团结的团队，细致把握创业微观环境和相关法律法规，

多留心政府这方面的信息，了解政策，知道自己所能享有的优惠，这些都是创业成功的保证。

广泛汲取各种知识，不断提高创业素质

袁老师

最近这几天正在为创新实验区的"BEST"学徒制定授课计划表，200 名学徒筛选自全校各个专业。第一门课程是"商务沟通"，第二门课程是"运营管理"，接下来还有 10 门课，都与大学生创业者的商务运作密切相关，授课老师也是在 MBA 课堂最受欢迎的老师。课程计划将在网上公布。欢迎师行，还有其他同学前来旁听，旁听席位有限，一定要及早报名啊。以前看过一篇文章，说学校是大学生获取创业知识的"经济舱"，说得很有道理。不少大学都开设了创业指导课，教授创业管理、创业心理等内容，帮助大学生打好创业知识的基础。大学图书馆也提供创业指导方面的书籍，这些资源都是免费的。此外，大学社团活动也为大学生锻炼综合能力提供了大量的实践机会。通过这种途径获得创业知识，既经济，又方便。

同学们也可以通过媒体获取大量的创业知识和信息，例如《创业家》、《21 世纪经济报道》、《第一财经》杂志，还有网络媒体，例如"中华创业网"、"中国创业论坛"等专业网站。此外，各地创业中心、大学生科技园、留学生创业园等机构的网站，也蕴藏着丰富的创业知识。通过这种途径可以获得针对性较强的创业知识。

同学们也可以与有创业经验的亲朋好友交流，用博客的形式吸引有经验的创业者在网上交流是很好的办法。甚至还可通过 E-mail 和电话拜访自己崇拜的商界人士，或向一些专业机构咨询。这些"过来人"的经验之谈很有实战意义。

大学生创业大赛、创业计划书大赛等各类创业实践活动，是你们学习创业知识、积累创业经验的最好途径。此外，各种各样的实习、兼职、市场调查等活动也是接触社会、了解市场、提高自己的综合素质的途径。

【网友围观】

网友 1

常军把每一步都设想得太好了，完全没有对意外情况的任何估计。刚出学校，有激情是好的。但是这种激情是刚性的，容易折断。并且，常军对于他所涉足的行业不够熟悉，那个地方他也不熟悉，他就要创业？如果贸然创业失败了，负债累累，对一个没有经济基础的年轻人来说，以后的日子怎么过？

创业从闯荡开始，闯荡从现在开始。袁岳的《创业有啥了不起：袁岳的青年创业经》

是很值得一读的书。书中写道："创业就是这样的一种游戏，反对在那种害死人的封闭场景下把孩子弄成呆板的人以后再去给他们忽悠创业，主张所有的人都要呼吁与创造让青少年闯荡的机会：实践、实习、沟通、尝试，然后我们就能得到一种新品种的创业素养，真的适合创造的人才。"

网友 2

创业之前，还是多懂一些相关的法律比较好。给想创业的同学们推荐一本书吧，相信对你的创业之路会具有指导作用。

《企业必备法律全书》（孙林编著，法律出版社，2012）。这本书以辞书的形式，用通俗的语言，从企业的设立，到企业经营、合同管理、财务管理、税务管理、劳动管理、知识产权保护、仲裁与诉讼等方面，比较详细地介绍了相关法律规定，并通过大量的案例分析，提出企业经营过程中应当注意的法律问题。同时在编写过程中注重突出其实用性，从而为企业经营者、管理者的使用提供最大的便利。

身边的创业案例 4

农民企业家，成功源于持续学习创新

创业者小档案

创业者：郝波
创业年龄：24 岁
创建企业：江苏正昌集团公司
创业信条：成功源于持续学习创新
创业感悟：未来企业必将长期面临竞争激烈的外部环境。同时，市场经济给企业管理的内涵和范围带来了深刻的变化，唯有提高自身的适应性和灵活性，提高应变的策略和能力，方能实现有效的管理。

江苏正昌集团公司是贸易部定点的中国最大的饲料机械加工设备和整厂工程制造商，行业内首家获得中国驰名商标。正昌致力于世界一流的饲料机械与工程产品的发展，通过多年的努力，已累计开发 300 余个新产品，其中国家级重点新产品 18 个，省高新技术产品 35 个，国家级火炬项目 5 个，省级火炬项目 3 个，获得国家专利 177 项。近几年来企业先后被授予"江苏省质量管理奖"、"江苏省知识产权先进企业"、"国家重点高新技术企业"、"全国重信用守合同企业"、"全国三十强饲料企业"等多项荣誉称号。

细数正昌的当家人郝波所取得的各种荣誉和成就，真是令人咋舌。他不仅当选第九届全国人大代表，中国饲料工业协会第四、第五届理事会副会长，还获得了"江苏省优秀企业家"、"江苏省饲料行业质量管理工作优秀领导者"等荣誉称号；他主持开发的 SZLH63

制粒机、SPZL338 膨胀器、SZLH678（768）制粒机分别获省科技进步一等奖、内贸部科技进步二等奖、国家机械工程学会科技进步二等奖；在使粮油饲料机械发展到高新技术产业后，依靠自身的努力，在短短的几年中，又领导科研人员与国内外合作者开发出省级城市生活垃圾综合处理成套工程和全套设备，填补了国内空白，开发出县级城市生活垃圾焚烧工程，促进了县级城镇经济和环保事业的发展；而他主编的著作《饲料制粒技术》和《饲料加工设备维修》（由中国农业出版社出版），更是填补了全国饲料加工企业工人培训教材的空白。

从临时工、技术员到厂长、董事长，一路走来，辉煌与艰辛相伴，究竟是什么力量让郝波能够走到今天，取得今天的成就呢？

首先便是他对饲料机械工业的满腔热情，他不仅仅把它当成一份安身立命的事业来看待，更是把它当作可以同甘苦共患难的情感来对待。每一项工程的完成，每一个重大决策的制定都倾注了他无数的心血。在他的工作日程表上没有星期天，没有节假日，他把企业当成了自己的生命。正是在他这份热情的感染下，他的工作团队才会竭尽全力，毫无怨言地坚守在自己的岗位上，为企业的发展壮大作出自己最大的努力。

其次，就是创新精神。"正昌之所以能取得今天这样的成就，靠的就是创新二字。创新是一个企业发展的核心竞争力。"谈起创新来，郝波很有激情。他不光要求产品创新、服务创新，要求技术人员和营销人员都要不断推出新的项目与措施，而且在自己最为擅长的管理方面更是创新不断。

最后，就是求学精神。如果说郝波最大的爱好是什么，那就是学习。他深知，作为一名现代企业家，没有知识是万万不行的。他说："未来企业必将长期面临竞争激烈的外部环境。同时，市场经济给企业管理的内涵和范围带来了深刻的变化，唯有提高自身的适应性和灵活性，提高应变的策略和能力，方能实现有效的管理。"郝波的这一段话，足以体现他过人的求学精神和渊博的知识储存。企业领导者的素质在一定程度上影响和决定着企业的命运，为了企业的发展，也为了使自己适应企业的发展，郝波不管多么忙，每天总要挤出时间学习。近 10 年来，他研读了国内外数十本管理专著，著书撰文颇丰。更难能可贵的是，他将学习和实践完美地结合起来，由他主持或参与设计的新产品达 80 多种。

师行：故事中郝波这样的企业家成功的秘诀是什么？大家有什么感想呢？

资料来源：《饲料博览》（企业管理版），2007（6）。

【龙鹏感悟】

学习是创业的基础，创新是发展的动力

"学习"和"创新"两个词大家都耳熟能详，而其重要性也无可厚非。专注＋创新＋

求学，可以简单概括为郝波前辈的成功秘诀。创新是基于对现有资源与现有经验的学习和总结，提出前进的方案。作为一个创业者的我，现实意义在于时刻以学者心态看待事物，整合周边已有资源，提出破解困境的方法。

在九尾服装有限公司的几个月经营中，我无时无刻不在寻找创新的切入口，从产品原材料到成品，从后勤团队到前线业务团队，每次都很享受创新带来的那一份乐趣。当然，我知道要做的还很多，把创新的动力融入团队的每个人或许成为我的下一个突破口。

【老师点睛】

学习知识应如滴水穿石，需日积月累

方老师

学习与创新相辅相成，故事中没有提到正昌当家人郝波的学历，但是从郝波对知识孜孜不倦的寻求，对技术的不断创新，可以看出这位企业家具备极强的学习欲望与学习能力。在我们身边，有不少成功的企业家对知识的渴求与投入也令人深受震动。一位盲人董事长在我们学院 EMBA 专业学习，不管工作多么繁忙，他和他的助手从不缺课。新近认识的一位做光伏产业的胡总，为了拓展国际业务，尽管日常英文对话已经完全没有问题，还是报名到新东方学习英语，每天下课回家都会大声地把当天学到的东西背诵给家里的两个孩子听；课余与闲暇时间，也都在通过 MP3 学习英语。所以说，人的成功，不能只用做了多大的产值、有多少钱、买了几套房子来衡量，知识的不断积累与丰富才是最大的财富。

有两本不错的书推荐给大家：一本是《创业梦百科》（郑培、肖捷编著，中国人民大学出版社，2013），里面介绍了与大学生创业相关的林林总总、最新最全的知识，对师行的创业计划书的编写肯定有帮助。另一本是《创业必经的那些事》（迈克尔·格伯著，中信出版社，2010），里面谈论到了为什么多数小企业在耗费了精力和资本之后，只能无功而返；为什么很多人，甚至包括那些极为成功的专业人士，在创业路途中会频频遭遇滑铁卢。迈克尔·格伯以多年的经验和敏锐的眼光，在该书中提到了帮助你化解创业途中种种难题的办法。从一家小企业的创立，到成长期，再到成熟期，作者深入分析了一家小企业发展必经的全部历程，告诉企业主在不同的发展阶段，如何实现身份的转变，以在复杂多变的商场立于不败之地。

机遇只垂青于有准备的头脑——一起看看创业者知识储备的来源

袁老师

创业确实需要大量的知识储备。创业者的创业思路大多以自身的知识储备和学习积累

为基础。创业者的知识储备主要有几个共同来源。

第一，职业。俗话说，不熟不做，由原来所从事的职业下海，对行业的运作规律、技术、管理都非常熟悉，人头、市场也熟悉，这样的创业活动成功的概率很大。这是最常见的一种知识储备的来源。

第二，阅读。包括阅读书、报纸、杂志等。比亚迪老总王传福的创业灵感来自一份国际电池行业动态介绍、一份简报似的东西。1993年的一天，王传福在一份国际电池行业动态介绍上读到：日本宣布本土将不再生产镍镉电池。王传福立刻意识到这将引发镍镉电池生产基地的国际大转移，意识到自己创业的机会来了。果然，随后的几年，王传福利用日本企业撤出留下的市场空隙，加之自己原先在电池行业多年的技术和人脉基础，做得顺风顺水，财富像涨水似的往上冒。他于2002年进入了《福布斯》中国富豪榜。另一位财富英雄郑永刚，据说将企业做起来后已经不太过问企业的事情，每天大多数时间都花在读书、看报、思考企业战略上面。很多人将读书与休闲等同。对创业者来说，阅读就是工作，是工作的一部分，一定要有这样的意识。

第三，行路。俗话说，"读万卷书，行万里路"。行路，各处走走看看，是开阔眼界的好方法。《福布斯》中国富豪榜里面少有的女富豪之一沈爱琴说，自己最喜欢的就是出国。出国不是为了玩，而是去增长见识，更好地领导企业。在《科学投资》研究的案例中，有两成以上创业者最初的创业创意来自他们在国外的旅行、参观、学习。现在有空到哪儿上一堂拓展训练课，已经成了都市有产阶级的时尚玩意儿。北大等学校在帮助企业训练企业领袖时，拓展训练是其中一项重要手段。

行路意味着什么？或者换句话说，知识储备意味着什么？如果你是一个创业者，海量的知识储备意味着你不但在创业伊始可以有一个比别人更好的起步，有时候它甚至可以挽救你和你的企业的命运。知识储备的作用不仅表现在创业者的创业之初，它会一直贯穿创业者的整个创业历程。"一个人的心胸有多广，他的世界就会有多大。"我们也可以说："一个创业者的知识储备量有多大，他的事业也就会有多大。"

第四，交友。很多创业者最初的创业点子是在朋友启发下产生的，或干脆就是由朋友直接提出的。所以，这些人在创业成功后，都会更加积极地保持与从前的朋友的联系，并且广交天下朋友，不断地拓宽自己的社交圈子。

创业点子的四大来源，也就是四大储备知识的有效方法。"机遇只垂青于有准备的头脑"，让自己"眼界大开"就是最好的准备。

【网友围观】

网友1

谈到创业，有很多人忽略了一点，那就是礼仪。在近年来的职场应聘中，商务礼仪越来越成为考验应聘者的一项软性指标。想要做一个成功的创业者，礼仪也是一项不可少的软性指标。"人无礼则不立，事无礼则不成，国无礼则不宁。"孔老夫子两千年前念念有词，以礼治国、以礼服人，打造谦谦君子之国。古人云："礼兴人和"，谦恭礼让，谅解宽容，与人为善，重形象，讲礼义。如何让人看起来赏心悦目？如何成为社交场的焦点人物？如何成就你的君子形象？推荐中国人民大学国际关系学院外交学系金正昆教授的网络讲座视频《金正昆讲礼仪》。这也是袁老师礼仪课上一再推荐的哦！

网友 2

创业必须做好充分的创业准备，必要的资金和物质准备固然重要，但这里所讲的准备主要是指态度准备、精神准备和知识准备。没有认真的态度、艰苦奋斗的精神和必要的经营管理、市场营销、公共关系、消费心理、法律法规、金融财务等方面的知识，是不能轻易谈创业的。我们大学生可以通过学习、生活、工作、科研、学科竞赛、毕业实习、社会实践、勤工助学及创业的模拟活动等多种场合、多种形式来积累创业经验，提高对创业的感性认识和培养锻炼创业能力。

我的创业新资讯

政策：大学生创业引领计划

7 月，北京各高校毕业生开始陆续离校。

这些人中，不乏一些还没有找到工作的学生，他们即将有一条新的出路。

在 7 月 8 日举行的"青年创业中国梦"主题研讨会上，人力资源和社会保障部就业促进司副司长王亚栋透露，国务院已经批准由教育部、财政部等部门制定的大学生创业引领计划，为大学毕业生打造一个公共创业服务平台。

该计划将给大学生提供创业培训和创业实训，对大学生创业给予政策扶持，目标是在3 年之内，把每年 15 万名大学生作为引领计划的种子，在全国引领 45 万名大学毕业生创业，并带动更多的人就业。

他指出，这个计划和过去的"大学生创业"不同，因为从现实看，"99％以上的大学生创业的企业都是失败的，从大学生本身来看，能力、经历各个方面都不具备创业条件"。

现在的创业则从创业指导、创业培训、税收减免、企业孵化等方面提供一整套完整的服务。这个计划的实施的目的是建立制度，完善政策，把一套制度建立完善起来。

据悉，今年的大学毕业生的就业签约率比往年要高，不过鉴于专业不对口、大学毕业生总量增加快的因素，大学毕业生的就业压力仍然巨大。但王亚栋感到创业不啻为解决就

业问题的重要出路。

他在 6 月 24 日到阿里巴巴参观,淘宝网解决就业的能力让他感到信心很大。淘宝网现有 106 万个店主,带动就业 300 万人,已经创造了 400 万个就业机会。"我们认为,大学生创业是一条扩大就业的必由之路,从今后的方向看,必须把大学生推到这条创业的道路上去。"他说。

大学毕业生就业压力仍很大

据了解,今年大学毕业生的签约率比往年有所增加,不过,由于毕业人数增加,同时专业不对口的因素,大学毕业生的就业压力依然很大。

第三方教育数据咨询和评估机构麦可思公司的最新调查数据显示,截至 3 月底,2010届大学毕业生签约率为 39%,比上年同期提高 6%。到 6 月份,中央教育研究所的一项研究表明,2010 届本科毕业生签约率升为 42%。

不过,大学生普遍感到就业压力没有减轻。麦可思公司的专家认为,核心问题是专业不对口,这个比例仍很高。2010 年 3 月底的调查结果是,毕业生专业对口率为 68%,已签约的应届大学生有三成多毕业后将从事非本专业工作。

北京就业促进会会长任占忠认为,2010 年毕业生达到了 630 万,预计到 2020 年达到 800 多万,"所以我们的就业压力将长期存在,这种情况下,如何建立解决毕业生就业的长效机制,是一个非常重大的问题"。

人力资源和社会保障部就业促进司副司长王亚栋指出,目前全国就业形势仍比较严峻,压力比较大。原因是,"金融危机的影响还没有过去,一批企业的生产经营还比较困难。今年高校毕业生的数量比去年增长了不少,同时农村劳动力的转移数量还在不断增加"。

他强调,由于国家在强化宏观调控,加快部分行业落后过剩产能的淘汰,估计还要影响到 230 万名企业职工的就业。就业的结构性矛盾在加剧。今年年初以来,在东南沿海地区,甚至中西部地区,劳动者的职业技能素质不能适应企业用工需求的矛盾非常尖锐,企业用工短缺的问题比较突出,压力很大。

三年推动 45 万大学生创业

不过,中国大学生就业并非没有可以拓展的路径。

清华大学经济管理学院的院长助理高建认为,大学生创业积极性正在提高,其提升的空间很大,这可以带动大量的人就业。

比如在 2009 年,中国的创业活动指数是 18.84,远远高于 2002 年的 12.3,中国在所参加的全球创业观察的 53 个国家和地区中排第 7 位,但是中国的高学历创业活动是落后的,仅排在第 41 位。"这表明我们现在的创业活动中,高学历创业者并不占太大比重。"

他的研究发现,影响大学生创业的关键因素是创业者技能较弱。

人力资源和社会保障部就业促进司副司长王亚栋指出,下一步国家将要实施的大学生创业引领计划，就是针对大学毕业生创业缺乏经验和能力而制定的，国家将采取多个方面的措施来促进大学生创业。

这包括把其他领域就业创业的优惠条件拓展到大学生。比如，大学生创业可以享受小额贷款 8 万元并且由中央政府全额贴息扶持，同时每年减免创业者营业税、个人所得税等四个税种的税收。

此外，还将建立一个创业培训体系。从英国引进 SIYB（start & improve your business，创办和改善你的企业）创业培训项目，培训师资，开发一批教材，用于大学生的创业培训。

国家也将建立针对大学生的创业服务体系。高校要将创业纳入服务范围之内。此外，国家也会建立针对大学生的创业导师制度，企业家带学生去创业，在融资和产品项目的选择上，在市场、企业管理等方面给学生帮助；发展各种创业俱乐部、创业联盟，各类的创业组织、中介组织来为学生提供创业服务；建立一大批适合大学生创业的创业园区，给大学生创业孵化的场地。

资料来源：《21 世纪经济报道》，2010 - 07 - 09，见 http：//www.21cbh.com/HTML/2010 - 7 - 9/xOMDAwMDE4NjAxOQ.html。

SYB 创业培训项目介绍

"创办你的企业"（SYB）创业培训系列是国际劳工组织（ILO）"创办和改善你的企业"系列培训教程中的一部分。SYB 创业培训使潜在企业家能够全面地衡量创业想法的可行性，制定出能够融资并能够实施的创业计划书，总体目标是促进私有企业的发展，促进经济增长并带动就业岗位的增加。

1. SYB 创业培训对象

（1）潜在的小老板：有创办企业的想法并确实打算开办一家新企业的人（而非经过技能培训的打工者）。

（2）现实的小老板：已经创办了企业但又不精通企业基本知识的人。

2. SYB 创业培训特点

（1）基于需求：对有创业愿望和打算的人进行培训。

（2）简单易懂：用较为简单的语言，从办企业的基本之处入手，循序渐进，介绍创办企业所需的各种知识，并以案例贯穿始终。

（3）实用：注重培训、实际操作和后续支持服务相结合，学员在学习之后能够创办企业。

（4）参与性：采用高度创新的参与性培训等方法，互动教学，使学员能够获得大量参与机会和创业真实感受。

（5）以成果为导向：培训结束时，学员要能够确定所创办的企业项目，并写出创业计划书。

3. 课程内容

第一步：创业素质自我评估。（我能创业吗？）

第二步：建立一个好的构思。（办个什么企业呢？）

第三步：评估你的市场。（市场容纳我办的企业吗？）

第四步：企业的人员和组织。

第五步：选择一种企业的法律形态。

第六步：当老板的法律环境和你的责任。

第七步：预测启动资金需求。（算算开业需要投入多少资金。）

第八步：制定价格、制定销售和成本计划。（企业能赚钱吗？）

第九步：做创业计划书，判断你的企业能否生存。

第十步：企业的管理工作。

热门话题三：创新思维的培养

想要成为无可取代的人，就必须经常标新立异。

——可可·香奈儿（香奈儿公司创办人）

我的新鲜事

李白有诗云："小时不识月，呼作白玉盘。"这位少年用当下的时髦用语评价，就是极具创新思维的潜力，随着年岁阅历的增长，这种创新思维没有随之消退，反而越来越犀利，君不见"窗前明月光，疑是地上霜"，所以他成为名传千古的诗仙太白。而我们从小时候的十万个为什么的提问者（此处十万是虚数，因为有些神童提的问题远远超过十万个），变成了十万个为什么的解答者（此处十万也是虚数，因为大部分问题大部分人根本无法解答），这是何等凄惨的过程。周星星同学曾说过：一个人如果连创新思维都没有，那跟咸鱼有什么区别！因此，为了避免成为咸鱼的尴尬命运，向太白兄靠拢，创新思维的培养是万万不可小觑的。

我的创业课堂笔记：创新思维的培养

> ### 创新思维的培养　理论阐述
>
> - 什么是创新？
> - 什么是思维？
> - 什么是创新思维？
> - 创新思维的特点有哪些？

● 什么是创新？

它原有三层含义：第一，更新；第二，创造新的东西；第三，改变。

美国哈佛大学教授熊彼特在 1912 年第一次把创新引入了经济领域。换句话说，他从经济的角度提出了创新。他认为，创新就是要建立一种生产函数，实现生产要素的从未有过的组合。他从企业的角度提出了创新的五个方面：产品创新、工艺创新、市场创新、要

素创新、制度创新。

美国还有个管理大师，学经济学管理的，大家非常熟悉，就是德鲁克。他在 20 世纪 50 年代把创新引进管理领域，从而产生了管理创新。他认为创新就是赋予资源以新的创造财富能力的行为。

● **什么是思维?**

广义的思维是人脑对客观现实概括的和间接的反映，它反映的是事物的本质和事物间规律性的联系，包括逻辑思维和形象思维。同样一个问题，不同的人有不同的思维；同一件事情，不同的人也有不同的思维。

● **什么是创新思维?**

不受现成的、常规的思路的约束，寻求对问题的全新的、独特性的解答和解决方法的思维过程。

● **创新思维的特点有哪些?**

创新思维作为一种思维活动，既有一般思维的共同特点，又有不同于一般思维的独特之处。创新思维具有五个特点。

1. 联想性

联想是将表面看来互不相干的事物联系起来，从而达到创新的界域。联想性思维可以利用已有的经验创新，如我们常说的由此及彼、举一反三、触类旁通，也可以利用别人的发明或创造进行创新。联想是创新者在创新思考时经常使用的方法，也比较容易见到成效。

能否主动地、有效地运用联想，与一个人的联想能力有关，然而，在创新思考中有意识地运用这种方式，是有效利用联想的重要前提。任何事物之间都存在着一定的联系，这是人们能够采用联想的客观基础，因此联想的最主要方法是积极寻找事物之间的一一对应关系。

2. 求异性

在创新活动过程中，尤其在初期阶段，创新思维的求异性特别明显。它要求关注客观事物的不同性与特殊性，关注现象与本质、形式与内容的不一致性。

一般来说，人们对司空见惯的现象和已有的权威结论怀有盲从与迷信的心理，这种心理使人很难有所发现、有所创新。而求异性思维则不拘泥于常规，不轻信权威，以怀疑和批判的态度对待一切事物和现象。

3. 发散性

发散性思维是一种开放性思维，其过程是从某一点出发，任意发散，既无一定方向，也无一定范围。它主张打开大门，张开思维之网，冲破一切禁锢，尽力接受更多的信息。可以海阔天空地想，甚至可以想入非非。人的行动自由可能会受到各种条件的限制，而人的思维活动却有无限广阔的天地，是任何别的外界因素难以限制的。

4. 逆向性

逆向性思维就是有意识从常规思维的反方向去思考问题的思维方法。如果把传统观念、常规经验、权威言论当作金科玉律，常常会阻碍我们的创新思维活动的展开。因此，面对新的问题或长期解决不了的问题，不要习惯于沿着前辈或自己长久形成的、固有的思路去思考问题，而应从相反的方向寻找解决问题的办法。

5. 综合性

综合性思维是把对事物各个侧面、部分和属性的认识统一为一个整体，从而把握事物的本质和规律的一种思维方法。综合性思维不是把对事物各个侧面、部分和属性的认识随意地、主观地拼凑在一起，也不是机械地相加，而是按它们内在的、必然的、本质的联系把整个事物在思维中再现出来的思维方法。

身边的创业案例 5

拇指在上：精彩按捺不住

一家啤酒公司发布了一则消息，面向各大策划公司诚征宣传海报，开价是 50 万美元。消息一出，国内各家策划公司蜂拥而至。不到半个月时间，这家啤酒公司就收集了上千幅广告作品，但是，这些作品大都不尽如人意，最终，负责人只得从上千幅作品中选择了一幅较为满意的作品。

这幅作品的大致内容是这样的：一只啤酒瓶的上半身，瓶内啤酒汹涌，在瓶颈处，紧握着一只手，拇指朝上，正欲顶起啤酒瓶的瓶盖。这幅海报的广告标语是："忍不住的诱惑！"

但是，这幅作品交给啤酒公司的老总定夺时，老总仅仅看了两秒钟左右就给否决了，理由是：这种创意略显生硬，并且用拇指来开酒瓶的做法十分危险，若是用这种广告，因开酒而导致拇指受伤者肯定会大幅度增加。如若那样的话，势必会有许多消费者来起诉我们，那就得不偿失了。

这无疑是一个完美的拒绝。既说出了拒绝的原因，又彰显了啤酒公司对消费者无微不至的关怀。

看到这家啤酒公司的老总如此挑剔，许多策划公司望而却步。这时候，一个艺术系的学生听说了这个消息，他当即胸有成竹地拨通了该啤酒公司的电话，他打算试一试。啤酒公司的老总同意了他的要求，两天后，这位学生就拿着自己的作品走进了啤酒公司老总的

办公室。

也同样是两秒钟左右，啤酒公司的老总从自己的座位上站了起来，然后激动地说："年轻人，太棒了，这才是我想要的！"这位艺术系的学生如愿以偿地得到了50万美元报酬。

第二天，啤酒公司的海报就铺天盖地地见诸各大平面媒体。想知道这幅海报的内容吗？其实很简单：一只啤酒瓶的上半身，在瓶颈处，紧握着一只手，瓶内啤酒汹涌，几乎要冲破瓶盖冒出来。这时候，瓶颈处紧握的那只手用拇指紧紧地压住瓶盖，尽管这样，啤酒还是如汩汩清泉溢了出来。这幅海报的广告标语是："××啤酒，精彩按捺不住！"

同样是一个拇指，仅仅是变换了一下位置，向上位移了一厘米，转换了一下姿势，就赢得了50万美元！在许多人看来，这未免太投机取巧了，然而，你可曾想过：这样短短一厘米的背后，境界要差多少米呢？

其实，一个真正富有创意的人，就是能从废墟中发掘到金矿的人！

资料来源：全刊杂志赏析网，见 http://qkzz.net/article/5d9957ab-60bc-477f-a188-72d65d039d3c.htm，作者：姚薇。

【龙鹏感悟】

让创意思维永不停歇

创意是在有选择记忆的基础上进行挖掘并加工，因为人接触了不同的事物，所以思想观念会有差异，在创意思维面前，就会形成不同的点子。

这个艺术系学生的创意成功无疑是站在另一个失败者的基础上，一厘米之遥，效果却是天壤之别。我认为这里教给我们一个挖掘创意的方式，天马行空的思维往往很难形成具有现实意义的创意，但是在别人的创意的基础上，换一个角度思考，却构成了另一个完美的创意。在我们的市场竞争中，有形形色色的产品，也有形形色色的宣传。在我们创业的阶段，做产品宣传是非常讲究创意的，一个好的创意很容易成就一个产品。

在我公司的产品宣传过程中，我比较注重差异化宣传。所谓"人无我有，人有我优，人优我精"。我们的团队也很重视这种思想。在订购服装领域，产品基本是大同小异，文化衫、制服、Polo衫、西服这些服装的款式基本是比较固定的，产品的创新往往需要很大的投入，当然也很少会有公司投资于这方面，我们公司的创新在于提高产品的附加价值。如果是学生来订购我们的服装，我们会为他们提供免费的设计以及精美的包装袋；如果是求职者来订购我们的西服，我们会为他提供合理的求职方案，以及介绍有权威的辅导老师……

我想，做一家有活力的企业，创意思维必须永不停歇。

不日新者必日退——快快训练一下自己的创新思维吧
方老师

应该说师行是我的学生中最有创意的一个，每次课堂上需要新点子，师行跳跃式的思维、生动的肢体语言总是给大家带来快乐和惊喜。每个人思维的模式不同，龙鹏相对来讲就要理性得多。但是创业过程也是不断在创新中战胜竞争对手的过程，同学们可以注意培养自己的创新思维，有意识地进行一些训练。创新思维能力训练方法有多种，这里介绍几个经典创新思维训练方法。

1. 讨论法

此法可归纳为每两人或三人自由成组，在三分钟限时内，就讨论的主题互相交流意见及分享。三分钟后，再回到团体中作汇报。

2. 头脑风暴法

头脑风暴法是最为人所熟悉的创意思维策略，鼓励参加者于指定时间内构想出大量的意念，并从中引发新颖的构思。头脑风暴法虽然主要以团体方式进行，但也可于个人思考问题和探索解决方法时，运用此法激发思考。该法的基本原理是：只专心提出构想而不加以评价；不局限思考的空间，鼓励想出越多主意越好。

3. 心智图法

这是一种刺激思维及帮助整合思想与信息的思考方法，也可说是一种观念图像化的思考策略。此法主要采用图志式的概念，以线条、图形、符号、颜色、文字、数字等各种方式，将意念和信息快速地摘要下来，形成一幅心智图（mind map）。结构上具备开放性及系统性的特点，让使用者能自由地激发扩散性思维，发挥联想力，又能有层次地将各类想法组织起来，以刺激大脑作出各方面的反应，从而得以发挥全脑思考的多元化功能。

4. 曼陀罗思考法

曼陀罗思考法是一种有助于扩散性思维的思考策略，利用一幅类似九宫格的图，将主题写在中央，然后把由主题所引发的各种想法或联想写在其余的八个格子内。

5. 逆向思考法

是可获得创造性构想的一种思考方法，此方法可分为七类，如能充分加以运用，创造性可加倍提高。

6. 属性列举法

这是由克劳福德（Crawford）于 1954 年提倡的一种著名的创意思维策略。此法强调

使用者在创造的过程中观察和分析事物或问题的特性或属性，然后针对每项特性提出改良或改变的构想。

7. 希望点列举法

这是一种不断地提出"希望"、"怎样才能更好"等等的理想和愿望，进而探求解决问题的方法的技法。

8. 优点缺点列举法

逐一列出事物优点，进而探求解决问题的方法。或者不断地针对一项事物，检讨此事物的各种缺点及缺漏，进而探求解决问题的方法。

9. 七何检讨法（5W2H 检讨法）

提示讨论者从不同的层面去思考和解决问题。5W 是指为何（why）、何事（what）、何人（who）、何时（when）、何地（where）；2H 是指如何（how）、何价（how much）。

六顶帽子，理顺你的思维

袁老师

方老师说的这几种方法都值得大家多多学习。有了创新思维能力的训练，还要将创新思维条理化。"思维最大的敌人就是混乱"，这些混乱不仅仅来自自身思维缺乏管理，由于习惯和外界影响而纠结，更来自团体思维的混乱。为了解决这些混乱，我们应该有方法、有规则，让自己和整个团体的思维最优化。

最近在与"BEST"学徒的交流中，我尝试着带领大家用"六顶思考帽"这种独特的思维工具进行思考，小范围地试下来，感觉效果不错。"六顶思考帽"是一种思维训练模式，一个全面思考问题的模型。

白色的帽子代表着没有任何色彩、以事实为依据的思考，它描述事实和数据。通过白色的帽子，我们能收到最基本、最真实的信息。红色与白色相对应，代表完全不需要理由和证据的预感、直觉和印象。通过红色的帽子，我们可以把情感表达出来，也可以利用有经验人士的直觉。它完完全全是个人色彩的。黑色代表悲观地指出错误。黄色代表肯定和建设性，象征着阳光明亮和乐观主义。绿色代表着创造性思维，蓝色则代表着控制。

在应用这六顶帽子的时候，可以一段时间只用一顶帽子，最后把这些帽子整合起来看，由此可以获得尽可能全面的信息。坚持使用六顶思维的帽子，并在团队中形成这样的机制，可以获得理想的效果。

如果大家还不太明白，可以去看《六顶思考帽》（爱德华·德·博诺著，山西人民出版社，2008）。

[网友围观]

网友 1

创新型社会离不开创新型人才。我们可以通过学习破解各种面试难题，全面开发自己的创新潜力，让自己的大脑"动起来"，学会运用各种思维方法，通过思维的灵活转换，适应时代的需要。

克隆的价值是有限的，策划贵在创新。只有创新才能保持竞争优势。这是一个创新的时代，永远不变的只有变化本身，但创新不能凭空想象，想当然地"创新"。太超前了要跳楼，不超前则要被淘汰，怎么适度超前？需要有对企业特性和中国国情非常深刻的把握，以及对社会及行业趋势的把握，在掌握规律的基础上创新。

网友 2

创新能力人人都有，但并非人人都能取得创新的成功。关键在于一个人能否最大限度地释放自己的创新能力。一个成功的创新者善于有目的、系统地思考问题，通过理性或感性的分析掌握社会的期望、价值观和需要，采取行之有效且重点突出的措施，从小处起步，集中满足一项具体的要求，从而使创新能力充分释放，产生良好的创新效果。因此，如何最大限度地释放一个人的创新能力，是一个很值得研究的问题。

1. 压力原理

一个饱食终日、无所事事的人，不需要追求创新，也不会有所创新。人的聪明才智只有在一定的压力场内才能得到释放。人们常说"压力就是动力"、"变压力为动力"，说的就是这样一个道理。

2. 欲望原理

一个人形成某种欲望，能够对释放创新能力产生积极的影响，因为欲望可以集中人的精力，集中人的注意力，使人深入到所研究的问题中去，专心致志，废寝忘食，乐此不疲，不断做出一些新的、与众不同的事情。托马斯·爱迪生给自己和助手确立了提出新想法的定额，以此来保证创新能力。他个人的定额是每 10 天一项小发明，每半年一项大发明。他生前拥有 1 093 项专利，这个纪录迄今仍无人打破。

3. 突变原理

突变（孕育性或瞬时性）是一种客观存在的普遍现象，人类的创新活动在于认识这一突变的规律，主动地发现与运用突变。创新的机理是突变论，是原有极限的突破、新生事物的产生。达尔文的渐进变化论，说明了生物在既定的道路上不断完善自身适应环境的能力。突变进化论（灭绝、杂交等）虽有风险性，却能开辟新路，产生新的事物。

4. 刺激原理

刺激在创新活动中具有特殊意义。金钱、实物等物质刺激和荣誉、地位、获得知识、成就感等精神刺激都会产生创新动力。这在体育竞赛中体现得最为明显。越是在巨额奖金的国际大赛中，越是容易出现刷新世界纪录的成绩，常常是奖金、荣誉越高，对手越强，竞赛的成绩越好，一些选手甚至可能超常规发挥水平，取得令人难以置信的成绩。可以说，几乎每一项新的世界纪录都是刺激使创新能力得到极大释放的结果。

身边的创业案例6

杨锐：大学生热卖万件"光棍T恤"

创业者小档案

创业者：杨锐

创业年龄：21岁

创业项目："单身派"服装品牌

人生理想：将"单身派"打造成中国"单身文化"领域的第一品牌。

创业感悟：经济学把成熟的市场称作红海，把未开发的市场称作蓝海，我要开发出社会当中潜藏的单身文化市场这片蓝海。

年轻的杨锐，是西华大学经济管理学院工商企业管理专业的大二学生。失恋的刺激让他意外发现"单身文化"这个巨大商机，创建了"单身派"服装品牌。随着首款主打产品"光棍T恤"一炮而红，他在半年内卖出2万多件T恤，销售额达40多万元，在网上被称为"最牛专科生"。把"光棍无罪，单身有理"奉为人生格言的杨锐，目前已申请了注册商标，誓将单身文化进行到底。

恢复单身萌生"光棍"创意

以恋爱为大学必修课的杨锐，在2008年末迎来了自己的初恋，可惜短暂的甜蜜只维持了一个月，便因性格不合而分手。尽管生活被排得满满的，但是情人节浓厚的甜蜜气氛仍旧给了他不小的刺激，市面上充斥着情侣装、情侣表等各种情人专用商品。刚恢复单身的杨锐觉得，这种日子对于"打光棍"的同胞来说简直就是末日，如果有标榜单身的商品出售，这种仿佛被全世界抛弃的感觉或许会冲淡许多。商科出身的他马上抓住了这个瞬间的灵感，萌生了创立"单身派"服装品牌的想法。有了创意，杨锐立刻行动起来，2009年3月，他在网上查到一组数据：全国的剩男、剩女超过6 000万人，但目前市场上还没有一款为这个庞大的客户群量身定做的文化产品。这些数据让杨锐决定，他要率先占领这个空白的"光棍"市场，"我要向世界宣布我单身、我自由，我要向大家证明光棍也能'一个人活得精彩'"。

"光棍 T 恤"两周卖出 500 件

由于考虑到制作成本，杨锐选择制作最简单、便宜的 T 恤作为"单身派"首个主打产品。为了"把脉"消费者心理，他开始"招兵买马"，游说了 5 名志同道合的同学，罗列了类似"你愿意穿'光棍主题'的 T 恤吗？""你喜欢以张扬还是含蓄方式表达单身身份？"等 12 个问题的调查问卷，在西华大学校园里搞了一次市场调查。经过 120 份问卷的"摸底"，杨锐惊喜地发现，有 80% 的被调查者愿意购买这种 T 恤。得到认可后，杨锐开始放开手脚，找来几个常做兼职、有些经济实力的伙伴，集资了几千元钱，到成都附近一家小工厂代工，生产 500 件白色 T 恤。最初的销售采取"两条腿走路"的方式，校园上门推销为主，周边小店寄售为辅。首批 500 件"光棍 T 恤"上市两周，全部售罄。初战告捷的杨锐看到了"光棍品牌"的生命力，马上到成都当地工商部门注册了"单身派"商标，准备乘胜追击，推出系列产品。

光棍论资排辈设计网上竞标

为了不让"光棍 T 恤"失去消费者，再度成为"光棍"，杨锐在细分市场上做足了功夫，开始给"光棍"们论资排辈。光棍中的"金领"当属才子佳人型，他们自封为单身贵族，很享受自由的现状；"白领光棍"表面心高气傲，实则凡心已动，在观望徘徊中；"蓝领光棍"则是在感情中比较弱势的，有的苦苦等待，有的为情所伤，还有的看破红尘，拒绝"脱光"。杨锐一边念叨他的"光棍经"，一边总结道："不同心理的光棍，对 T 恤的需求是不同的，我们在产品中设计的文字也不尽相同。"对于非诚勿扰的执著型，适合"光棍之路有多远走多远"的字样；受过情伤，不敢主动出击的保守型，则有"无情却似有情" T 恤相配；至于顺其自然的乐天派，则非"我来自 1111 年 11 月 11 日"这种自嘲方式莫属。有了产品细分，接下来的工作就是设计。虽然自己包办的第一款"光棍 T 恤"可以热卖，杨锐还是很有自知之明地请来了四川大学、四川师范大学等高校服装系的学生为他操刀，并把他们设计出来的样稿挂在学校和成都各类论坛里，让消费者自己把关。网上"竞标"中人气最旺的设计才能拿去生产。经过层层把关，"光棍 T 恤"越卖越火，小工厂逐渐承担不了庞大的订单，杨锐找到广东一家较大规模的制衣厂赶工，每单衣服都要上千件。同时，他利用网络寻找代理商，每个代理商负责一个区域的销售，截至目前，他通过 QQ 联系的代理商已达 500 多个，除了青海、西藏外，各省份均有代理。

招兵买马做单身文化"领头羊"

随着冬季的来临，"单身派" T 恤暂告停产。杨锐介绍："虽然目前设计的产品已有 30 多款，但还不涉及围巾、手套、帽子和冬装产品。"因此，今年冬天的任务有三个，首先是扩大设计团队，将目前的 20 多人扩充至 100 人左右，这样才能承担多元化产品的设计

工作。第二是精减代理商，将目前的 500 多个代理精减至 100 多个，集中火力抢占最具消费潜力的市场。第三，希望能与大企业合作。杨锐解释说："以我们目前的人力、物力、财力，想要扩充产品线还有些难度，秋冬季服装在工艺上更加复杂，而我们的设计师都是高校的学生，能力毕竟有限。如果有成熟的专业团队加盟，会事半功倍。"趁着天时地利，杨锐决定明年 3 月恢复生产，陆续推出冬装产品。他已经向国家工商总局提交了注册"dsp"商标的申请。申请成功后，他将以"dsp"为依托，开发时装，注册公司，走正规化经营。"我的目标是将'单身派'打造成中国'单身文化'领域的第一品牌"，杨锐对此胸有成竹，正如他在博客中写道："经济学把成熟的市场称作红海，把未开发的市场称作蓝海，我要开发出社会当中潜藏的单身文化市场这片蓝海。"

师行： 杨锐的创业从创意开始，在可以预见的未来，杨锐在创业路上可能会遇到哪些阻碍？面对阻碍，又应该如何去应对呢？

资料来源：大学生创业网，见 http：//www.studentboss.com/html/news/2009 - 11 - 23/43585 _ 2.htm。

【龙鹏感悟】

创意是创业的不二法门

创意与创业该如何完美结合？在我看来，创意的点子自然是层出不穷。在现实中，关键是如何把创意的点子转化成引导消费者接近目标产品的驱动力。杨锐撬动市场的营销支点在于他提出的创新概念——"单身派"产品，从而明确了其产品定位——单身族的 T 恤。并且杨锐对这一概念进行了细致的市场调查，它的受欢迎程度得到了肯定，杨锐便可以大胆创业了。我认为杨锐的一个重要成功因素在于他的创新，他提出的单身 T 恤是一个创新，后期的单身产品的品类延伸也是营销的创新。另一个重要的成功因素是，后期杨锐对团队的管理也是很有方法的，若仅凭他一人肯定难以做到上万件的销量，他运用的代销模式直接为他带来了更大的销售空间。

我之所以创立九尾服装有限公司，是因为自己在校一年多，发现很多班级和团队在举办各种活动时，喜欢穿一样的衣服来体现团队的凝聚力和一致性。每个人有自己的个性，每个团队也有自己的特质，针对不同班级与社团设计和销售衣服，同样需要更多的创意与创新，我正在摸索中前行。

【老师点睛】

单身不可怕，创意由此发——持续创新，你就是创业大赢家

方老师

聪明人能在生活中找到创业灵感，像杨锐，失恋也能给他带来好的创业项目。我想杨

锐的"单身派"就是逆向思维的结果，既然有彰告幸福的"情侣衫"，就也有遗世独立的"单身派"。最近很流行的 11·11 光棍节应该也是杨锐营销的大好机会吧。

好的创业项目应该有后续的成长空间，对于杨锐来说，最重要的莫过于产品的持续创新了。我们在消费者行为学中提到过，每个人都有多样化寻求的心理，"单身派"刚面世时很吸引眼球，穿上这样的衣服有一种与众不同的风格，所以吸引了很多单身甚至非单身青年男女购买。但是潮流产品的生命周期是最短的。延长"单身派"的生命周期，持续地保持大家对这个品牌的喜爱，是他目前亟须解决的问题。把握"单身派"这个独特的定位，或者开发新市场，将"单身派"产品从青年市场延伸到少年市场，从城市辐射到农村市场；或者开发新产品，从夏季服装到秋冬季服装，穿戴饰品，甚至日用品，"单身派"网站，"单身派"桌游。这样才能保持创业的持续性。

当然，年轻的杨锐从"单身派"获得第一桶金，有了创业的经验，即便不再经营"单身派"产品，也会有更多的好的创业机会在等待他。

跟着乔布斯学创新
袁老师

创新包括许多方面，有产品的创新、经营模式的创新、管理模式的创新等。以产品为例，经济越是发达，科技越是进步，市场越是发育成熟，产品的生命周期就越短，产品创新的任务就越重。推荐同学们去看视频：《苹果 CEO 乔布斯斯坦福大学演讲》。

分享一段给大家。

"但是渐渐地，我发现，我还是喜爱着我做过的事情，在苹果的日子经历的事件丝毫没有改变我爱做的事。我被否定了，可是我还是爱做那些事情，所以我决定从头来过。当时我没发现，但是现在看来，被苹果计算机开除，是我所经历过的最好的事情。成功的沉重被从头来过的轻松所取代，每件事情都不那么确定，让我自由进入这辈子最有创意的年代。"

【网友围观】

网友1

曾有一项调查：员工中最缺乏的是什么？99％的领导者的答案是缺乏创造性思维。21世纪拥有知识和信息的人越来越多，这就意味着知识和信息量的价值正在呈下降趋势，相反，拥有创造力和想象力的人，价值正在上升。爱因斯坦有句名言："想象力比知识更重要。"很多企业在招聘员工的时候，领导者会用下面这道测试题去观察候选人的创造力和想象力：你能用砖做什么？在企业中较量的不是知识和信息，因为你能获得这些，别人也

可以获得。真正较量的是灵活的创造力。或许在没有突破思维定式、没有学习创新思维方法时，我们一般只能想到砖能用来修房子，其实它还有很多种用途。可是我们很少注重思维方法的学习，遇到问题也没有选择行之有效的思维方法来指导自己，思维技能的训练也只有上课时才真正进行。要想突破思维定式，跳出逻辑箱，突破那堵墙，想出更有效、更简便的办法，加强我们的想象力，通过各种联想去找出解决问题的新路径、新方法，就必须加强对创新思维的学习。

网友2

一个年轻的工人从他女朋友穿的紧身裙上得到灵感，设计出可口可乐的瓶身。你能想象一条船和一个降落伞结合起来是什么吗？答案是：带降落伞的船。也许听起来很好笑，但它已经被发明并应用在实际生活中了，目的就是节省船的耗油量。当今社会，领导者一方面要求员工大胆创新，另一方面却没给员工足够的思考空间和时间，更多企业甚至鼓励员工加班加点，使员工疲惫不堪，认为工作时间的延长自然会作出更大的贡献，其实这样只会让员工的创造力下降：一个疲劳的人哪有精力去"灵机一动"？

创新不但需要学习，而且需要通过实践来学习。在校的学习仅仅是理论的认知，社会的实践才是感性的认识。理论的学习与实践的感悟仅仅是创新思维的基础。既然是创新就会涉及相关的知识，由此就需要在实践中不断地学习。

产品领域的创意能带来一个崭新的市场，而营销领域的创意则能更好地推广理念，宣传企业品牌乃至巩固市场。

我的创业新资讯

最具创新力的20家创业公司

在如今这个流行创业的时代，创业公司如雨后春笋般涌现，然而真正具有创新力的创业公司却是少之又少，这也是为什么大多数创业公司难以成功的重要原因。以下列出了当下最具创新力的20家创业公司，希望它们的创新想法能对读者有所启发。

1. 趣味编程网站Codecademy

创新点：Codecademy是一种基于网络的互动编程教程，手把手帮助用户了解JavaScript的一些基本原理，更重要的是，使用Codecademy学习编程充满了趣味性。用户一旦进入Codecademy.com页面，就能轻松完成编程的第一课，如：用户要想知道自己的名字有多少字母，只需将自己的名字输进双引号中，再输入". length"，最后点击enter键即可。编程课程本身也非常简单。网页左方的工具条会指导用户完成每一项任务。网页不仅会告知用户具体怎么做，同时还帮助用户巩固之前的编程知识。随着用户学习编程的不断深入，他们会得到一些积分和奖励，这些都会公开显示在用户的信息中，其他用户也可以看到。

2. Kaggle：一个连接全世界 17 000 多名顶尖科学家的网络，共同解决最深奥的问题

创新点：它将世界上最顶尖的科学家的知识整合起来，解决世界上存在的各种问题，从 AIDS 研究到外太空探测。美国国家航空航天局（NASA）等机构经常向 Kaggle 寻求帮助。

3. Skillshare：让每个人成为老师的 P2P 技能分享网站

创新点：在这个平台上，每个人都可以向那些感兴趣的学生教授自己的技能知识。要想在 Skillshare 上听课，每位学生每节课要交 15～25 美元不等的费用，Skillshare 拿 15％ 的提成，一个教师一堂课最多可以获得 1 000 美元的收入。公司并不会对各门课做任何评论，但会突出网站上最有趣的课程。例如，只要你具备一项技能，比如烹饪，你就可以发起一个课堂，或者你跟朋友一起发起课堂。然后，用户可以通过 Skillshare 平台参加，注意，这是实体真正的课堂，而不是网络虚拟的。

4. Sphero：智能手机控制的智能小球开发平台

创新点：Sphero 是一种大小与棒球差不多的智能小球，可通过 iPhone 或 iPodtouch 控制，通过蓝牙及一款免费应用与 iPhone 相连。作为一个开发平台，Sphero 期待第三方开发者利用此系统创造有趣的新游戏。开发者可以在此基础上构思出利用一个或多个 Sphero 小球的游戏，包括足球、保龄球等类型的游戏。

5. 社交问答网站 Quara

创新点：Quara 对网络搜索问答进行了重新考量。在这里，各个行业的专家都乐于分享自己的知识；在这里，你可以从你仰慕的专家那里获得专业的建议。

6. Dwalla：无须信用卡的全新支付平台

创新点：与移动支付大佬 PayPal 和 Square 不同的是，Dwalla 无须信用卡就能完成移动支付交易。由于不需要信用卡，用户也就无须支付高额的交易费，交易额无论多少，Dwalla 只从每笔交易中收取 15 美分的费用。Dwalla 现在每月处理 3 000 万美元至 5 000 万美元的交易。

7. ZocDoc：网上预约医生服务提供商

创新点：ZocDoc 解决了现实生活中预约医生的麻烦。公司旨在帮助病人在网上寻找和预约牙医及其他医务专家。要想加入 ZocDoc，每位医生每个月需要支付 250 美元的费用，用户则可以免费使用这项服务。ZocDoc 现在的预约量已达 530 万，用户数超过 70 万。

8. Simple：将用户的各个银行账户整合到一张卡里，帮助用户远离银行的离谱收费

创新点：很多人都有多张信用卡，而各个银行很多时候都会莫名其妙地收取用户的各种费用，这是很多人为之苦恼的地方。Simple 提供的就是一种新型的网络银行服务，它允许用户把所有的信用卡、储蓄卡等银行账户整合到一张银行卡里，用户可以设定自己的支出和储蓄目标，BankSimple 可以对这些账户进行动态管理，确保用户完成理财目标，让用户远离普通银行的收费和罚金困扰。

9. TaskRabbit：就业岗位的创造者

TaskRabbit 是一个社区网站，它把任务发布者（TaskPosters）和任务认领者（Task-Rabbits）联系到一起。前者需要帮助，详细描述自身需求；后者是由通过审核和背景调查的个人组成的一个网络，这些人具备完成任务所需的时间和能力。TaskRabbits 中最多的是那些有空闲时间和技能的退休人员、全职妈妈和全职爸爸等，失业的服务员、艺术家以及降薪的人也都是不错的 TaskRabbits，他们可以利用这个平台来赚钱。

10. H. Bloom：鲜花预订服务商

创新点：鲜花是很多公共场所和家里的必备品，然而，实体花店里的鲜花不仅贵，而且也难保证鲜花的及时配送。H. Bloom 的特点是请专业设计人员帮客户设计花束，价格却只有传统花店鲜花价格的 3 折左右。公司还提供一项个性化服务，例如，健忘的丈夫可以使用 H. Bloom 的预订服务，这样一来，H. Bloom 就会在妻子生日的时候自动将鲜花送过来。

11. BoundlessLearning：将网上丰富的免费内容转变成免费的教科书

创新点：它利用众包的形式，将互联网上的免费内容转变成免费的、具有互动性的教科书，市场前景非常广阔。这样一来，学生们就无须将太多的钱花在购买昂贵、无聊的教科书上了。

12. MoviePass：每个月花 30 美元，电影院电影随你看

创新点：MoviePass 用户每个月只需花 30 美元，他们就可以随意去电影院看电影，一天一场或一天几场都行。这对于那些上座率不高的电影院来说并非坏事。如果这种模式能够成功的话，它将彻底改变现有的电影票购票方式。

13. Joor：帮助时尚服装店更方便地订购品牌服装

创新点：以前，如果时尚服装店要想订一批品牌服装的话，它们需要和服装厂商进行烦琐的沟通，费时又费力。Joor 使得成批订购变得更为容易。Joor 和数百家品牌服装商建立了合作关系，服装店可以在 Joor 平台上同时大批订购数款品牌服装。

14. Kickstarter：大众集资服务平台

创新点：Kickstarter 为公司提供了全新的融资方式，该平台的目的是帮助那些有创意

的人面向大众筹集资金，而非传统的寻求风险投资或向家人和朋友寻求资金支持。

15. Singly：帮助用户收集和整理网上的个人信息

创新点：现在，人们都习惯将自己的信息放在网上，这些网上的个人信息往往非常混乱而且容易丢失，经常会遇到需要时找不到的情况。Singly 是一个开源的网上信息储备库，它将用户网上的所有信息整理到一个地方，保证用户在需要某些信息时就能立刻找到。

16. Dropbox：云储存服务提供商

创新点：Dropbox 是一款网络文件同步工具，通过云计算实现网上的文件同步，用户可以存储并共享文件和文件夹。它支持在多台电脑多种操作中自动同步，用户可以把它当作大容量的网络硬盘使用。Dropbox 采用免费试用＋高级服务收费的 Freemium 模式，最初 2GB 空间免费，此后则需按月支付存储费用。

17. Makerbot：3D 打印

创新点：Makerbot 可以把你的想象变为现实，将塑料等材料变成你想要的模样。

18. Roundtable：Quara 问答平台的"升华版"

创新点：大家应该都知道问答平台 Quara，任何人都可以在该平台上提出问题并且回答问题，而 Roundtable 则可以看作 Quara 的升华版，因为它所依据的理论是人的群体有专业与非专业之分，因此该平台是一个以专业人士为基础的问答平台。

19. Greplin：私人云端搜索引擎

创新点：在日常生活中你可能会使用很多账户服务，如 Google、Facebook 和 Salesforce 等，因此，你的日常信息也就不可能储存在一个地方。例如，朋友聚会的地址存储在 Facebook 上，而你工作中需要的某个重要文件却存在 Google 文件或 Dropbox 上，这就增加了私人数据的搜索难度，令人头疼。Greplin 能够把所有这些个人数据集中到自己的搜索引擎中来。用户在授权 Greplin 之后，就可以在这里检索自己保存在各大互联网服务网站上的数据了。

20. Instagram：运行在 iPhone 上的图片分享应用

创新点：作为一款 iPhone 图片分享应用，它允许用户在任何环境下抓拍下自己的生活记忆，选择图片的滤镜样式，一键分享至 Instagram，Facebook，Twitter 和新浪微博等平台上。目前，Instagram 应用的下载量已突破 1 000 万。

资料来源：创业邦，见 http：//News. cyzone. cn/News/2011/11/09/218050. html。

热门话题四：创业者的道德培养

> 我们遵循的最高准则：第一条是"唯一不变的是变化"；第二条是"永远不把赚钱作为第一目标"；第三条是"永远赚取公平合理的利润"。
>
> ——《马云谈创业》
>
> 除了赚钱以外没有其他价值的事业，是空洞的事业。
>
> ——亨利·福特（福特汽车公司创办人）

我的新鲜事

记得小时候老师教过我们："我在马路边，捡到一分钱，把它交到警察叔叔手里边"。在创业方面，我还处于"小时候"，因此本着道德培养要从娃娃抓起的原则，从创业一开始就很重视自身的道德素质，根正才能苗红，身正才不怕影歪。正巧我这周看到几个创业者道德培养的故事，在这里与大家分享一下，一个良好的开端是成功他爸爸嘛！

我的创业课堂笔记：创业者的道德培养

> **创业者的道德培养　理论阐述**
>
> ● 什么是道德？
> ● 我国公民基本道德规范
> ● 中国传统道德基本概念
> ● 什么是企业道德？
> ● 企业伦理（道德）的范围

● 什么是道德？

道德是一种社会意识形态，是人们共同生活及其行为的准则与规范，具有认识、调节、教育、评价以及平衡五个功能。道德往往代表着社会的正面价值取向，起判断行为正当与否的作用。然而，不同时代与不同阶级，其道德观念都会有所变化。从目前所承认的人性来说，道德即对事物负责、不伤害他人的一种准则。

● 我国公民基本道德规范

我国公民基本道德规范是"爱国守法、明礼诚信、团结友善、勤俭自强、敬业奉献"。

● 中国传统道德基本概念

四维：礼、义、廉、耻。

五常：仁、义、礼、智、信。

四字：忠、孝、节、义。

三达德：智、仁、勇。

八德：孝、悌、忠、信、礼、义、廉、耻。

● 什么是企业道德？

所谓企业道德（又称为企业伦理），是企业经营本身的伦理。不仅企业，凡是与经营有关的组织都包含伦理问题。由人组成的集合体在进行经营活动时，在本质上始终都存在着伦理问题。一个有道德的企业应当重视人性，不与社会发生冲突与摩擦，积极采取对社会有益的行为。

企业伦理观念是美国于 20 世纪 70 年代提出的，最近几年日本也开始对企业伦理问题进行研究。而我国对企业伦理的认识与研究尚处于起步阶段，对企业伦理的内涵尚缺乏了解。有人认为，企业是将赚钱作为主要目标的，伦理则是追求的道德规范，企业的经营目标与企业社会责任没有必然联系，甚至是水火不相容的，因此认为企业的经营目标和经营伦理是相矛盾的。其实这不过是表面现象，以追求利润为唯一目标的思维方式是落后于时代的。在当今时代，如果企业只追求利润而不考虑企业伦理，则企业的经营活动会越来越为社会所不容，必定会被时代所淘汰。也就是说，如果在企业经营活动中没有必要的伦理观指导，经营本身也就不能成功。树立企业伦理的观念，体现了重视企业经营活动中人与社会要素的理念。

● 企业伦理（道德）的范围

（1）企业与员工间的劳资伦理：劳资双方如何互信、劳资双方如何拥有和谐关系、职业训练（员工素质的提升，包括职前训练与在职训练）等。

（2）企业与客户间的客户伦理：核心精神是满足客户的需求才是企业生存的基础。客户是企业经营的主角，是企业存在的重要价值所在。

（3）企业与同业间的竞争伦理：不削价竞争（恶性竞争）、不散播不实谣言（黑函、恶意中伤）、不恶性挖角、不窃取商业机密等。

（4）企业与股东间的股东伦理：企业最根本的责任是追求利润，因此企业必须积极经

营，谋求更多的利润，借以创造股东更多的权益；清楚严格地划分企业的经营权和所有权，让专业经理人充分发挥才能，确保企业营运自由。

（5）企业与社会间的社会责任：企业与社会息息相关，企业无法脱离社会而独立运作。取之于社会，用之于社会；重视社会公益，提升企业形象；谋求企业发展与环境保护之间的平衡。

（6）企业与政府间的政商伦理：政府的政策需要企业界的配合与支持，金融是国家经济发展的重要产业之一，因而金融政策是政府施政的重点，企业不但要遵守政府相关的法规，更要响应与配合政府的金融政策。

身边的创业案例 7

北极光合伙人邓峰：向道德投资

创业者小档案

创业者：邓峰

创业年龄：27 岁

创建企业：北极光投资

创业感悟：一个企业将来能做多大，能走多远，关键要看创业前半年，甚至是前 90 天。往往在创业初期，就能够从创始人的价值取向中判断出企业的生命力。

俗话说：三岁看大，七岁看老。其实，判断一个企业也是这样。一个企业将来能做多大，能走多远，关键要看创业前半年，甚至是前 90 天。往往在创业初期，就能够从创始人的价值取向中判断出企业的生命力。

我记得很清楚，1997 年我创业时，手头十分拮据。我当时刚买了房，妻子刚生完小孩还在上学，又请了保姆照顾孩子，处处都需要花钱。而公司刚刚成立，还没有投资进来。当时公司需要购买一批研发用计算机，在美国买电脑，你可以一个月内无条件退换，然后再买第二台，一个月后再无条件退换。有一些刚起步的小公司，就是钻这种"无条件退货"政策的空子，通过"免费使用电脑"开始创业的。我们那时真的是很缺钱，可不可以也这样做？

现在看这可能是一个很简单的决定，但是当你正缺钱的时候，这就是一个很艰难的决定。或许你认为自己可以好好保护电脑，用一个月再退给商店，并不影响它继续销售；或者你想等自己以后赚了大钱，再来捐助这个商店。这样想，你的良心可以得到一些安慰。

到底要不要这样做？我们为此争论了起来，最后我坚持不能这样做，因为这反映出我们的创业团队秉持什么样的价值观，我们公司要建立什么样的企业文化。如果这件事你认为只是事关"小节"，下次再出现一个更大的事情你还是认为没关系，或者有一个更大的诱惑，你仍然不会拒绝，最后公司就会出大问题。

当初出来创业，我还面临着要不要从英特尔离职的选择。我在英特尔拥有很多股票期权，如果离开，将面临 100 多万美元的期权损失。而创业的话，当时根本不知道能不能找到投资、公司能不能做成功。有朋友建议我一边在英特尔上班，一边私底下打理自己的创业公司。这个"聪明"的建议被我拒绝了。一方面我考虑到，以"玩票"的心态去做企业，企业肯定做不好。另一方面我在想，我出来创业到底是为了什么？获得更多财富并不是我的最终目的，最终目的是要做一个受到社会尊重、有尊严的人。如果一边在企业里熬年头，一边偷偷忙活自己的事情，这种不道德的行为是很难得到社会尊敬的。

做企业就是做人。做人要有做人的原则，做企业也有企业的价值观与商业道德。对商业道德的坚守，体现在企业经营管理活动的每一步。比如，新招聘的员工告诉你，他能带来原来公司的技术和客户资源、商业机密等，你用还是不用？用的话，这些客户马上就变成你的客户，他的机密就能变成你攻击对手的武器。如果你用的话，我可以保证，这个人下次离开你的公司的时候，也会把你的客户全部带走。这种事情在我投资的公司就发生过。你都不用怀疑，他肯定会这样做。

在企业经营活动中，和商业伙伴、和客户打交道时我们会碰到更多如何坚守企业价值观的问题。

很多人的商业准则是，合作中我一定要谈到最好的条件，什么事情都是我方得大头、对方得小头。这样做的结果是，你传播的是一种错误的社会价值观，你不是在创造整个社会财富的更大化，你只是以损害你商业伙伴的利益来达到自己的利益最大化。我的观点是，对于商业伙伴，你不能以一种敌视的角度来看，一定要着眼于长远，创造双赢。

NetScreen 是生产网络设备的，当时我们的销售方针是全部通过渠道代理商销售。为了保证渠道的利益，我们出让了很大一部分利润空间，甚至渠道的纯利润比我们自身还多。而同行多采取一部分通过渠道代理、一部分自己直销的双轨制。通过代理，渠道肯定会分走一部分利益，两条腿走路表面上看好像可以使企业收益最大化，但是再细想却不尽然，因为两条腿走路，渠道与直销之间肯定有利益上的冲突，两边的销售员难免会彼此抢夺客户资源。而且渠道总担心你将来有一天甩开它，也不会用心去给你做。而我们百分百通过渠道，渠道就会全心全意地和我们合作。

到后来，随着产品用户的增多，企业知名度上升，越来越多的客户不通过渠道而直接找上门来。这时产生的销售利润，你还舍得返给渠道合作伙伴吗？如果这笔利润不返给渠道而直接纳入企业所得，从道理上讲也是说得通的，因为毕竟他们是直接找上门来的客户。但是，这样一来就会损害渠道的利益，影响到其积极性。因此，我们坚持不管是渠道介绍来的还是直接找上门来的，最后全部介绍给渠道，按规则返给渠道代理费用。

再比如，很多人讲客户至上，到底什么是客户至上？如何真正做到客户至上？我们遇到过这样的例子：一个老客户，他代理的一款产品不支持一种新的应用，他希望通过我们帮助他增加新的应用。而同时有一个新的潜在客户找上门来，要求我们为他提供服务，如果我们能够满足他的要求，他马上就能成为我们又一个新的客户。而我手头的工程师资源

就这么多，满足了新的客人就不能服务老客户。服务老客户没有利润，反而会产生服务费用，而服务新客户，马上就能增加新的销售收入。到底该怎么做？这又是一次对企业价值观的考验。

客户至上说起来很简单，遇到具体问题时怎么做，才是检验企业的标准。我们的原则是，永远把现有客户的重大要求放在第一位，为它们服务好。换句话说，其实我们并不特别注重新增加的客户有多少，而是注重老客户对我们的口碑，我们就是靠口碑来做市场的。

NetScreen 成立七年，我们没有花过一分钱的市场宣传费，但是我们获得了"消费者最满意产品品牌"称号，这些荣誉都是通过客户口碑获得的。正是由于有渠道的全力配合，有消费者的口碑，公司发展迅猛，不到两年就有公司出价 4.52 亿美元来谈收购，四年后就成功上市，后来又以 40 亿美元的价格被高价收购。企业在如此短的时间内获得商业上的价值认可，无疑是一次成功。NetScreen 的成功证明了：坚守商业道德，坚持为合作伙伴、客户创造更多利益，最终企业自身将得到更大的利益回报。

资料来源：中华人才思想道德网，见 http://www.zhrcsxdd.com.cn/read.asp? id＝2564，2009 - 11 - 24。

【龙鹏感悟】

创业，创守德之业

很赞同邓峰在创业之初对创业道德与企业文化的重视。我很少随意去评价他人做人的道德或企业的道德正确与否，因为个人心中有不同的道德标准，就会有不同的结果。但是总体而言，道德的大义是相同的，不触犯道德底线，就不会上升到法律层面，也不会有制裁的标准。我想这类问题都意义不大。我只能管好自己做企业的标准。

我的一些看法是，做企业就是做人，做人要有做人的原则，做企业也有企业的价值观与商业道德。对商业道德的坚守，体现在企业经营管理活动的每一步。管好自己的团队，制定属于本公司的原则与道德标准，才是我所为之。

【老师点睛】

诚信——企业的核心竞争力
方老师

师行选择的案例深得我心。不论做人还是做企业，道德总是如影随形，影响着你的成长。前几天，一个在国际著名奢侈品牌公司当实习生的男孩有些激动和兴奋地告诉我：

"老师，我遇上商业间谍了，他在店里和我聊了很久，开始还挺投机的，后来就暗示我把店里的销售数据透露给他，有报酬。"我问这个已经被保研、今后肯定不会继续在店里做下去的男生："那你怎么想呢？""我当然不会告诉他，这不符合商业道德。再有，我想说不定是总部故意派来考验我的呢。"可见，在就业与创业的过程中时刻都会遇到道德的陷阱，面临道德的选择。我不赞成过于夸大或缩小在创业过程中道德的影响力。但常识告诉我们：诚恳的员工会赢得顾客的心，诚信的企业会得到来自媒体公众、金融公众、社区公众、内部公众的支持，从而走得更稳更远。今天去一家店喝咖啡，有朋友发现今天点的重乳酪蛋糕比以往便宜，很惊喜，问这是怎么回事。店员回答："是这样的，以前这款蛋糕的价格是 14 块钱，但是最近把蛋糕做得比以前小了，所以价格降了。"店员的诚实让我们有一丝诧异。过后，听到她们在午间仪式上重复店训："我们的核心竞争力——诚信"，说明这样的企业文化已经逐渐渗透到了员工的行为当中。其实企业家们早就意识到道德不是虚无缥缈的东西，诚信确实可以成为企业的核心竞争力。

厚德助基业长青，仁爱筑美好家园

袁老师

近代企业，以福特汽车为例，其发展历程正是厚德载物、自强不息的真实写照。创始人福特先生的远见卓识奠定了福特汽车基业长青的根基。他建成了世界工业领域首条流水线，并以追求大量生产方式的根本动机为人类缔造福祉，改善大家的生活方式，而不是贪婪地赚取暴利。提高工人的薪资，最低日薪 5 美元——几乎两倍于当时的最低日薪。提高工人的生活质量，建立 8 小时工作制，使员工享受到天伦之乐。他说道："我认为我们的汽车不应该赚这么惊人的利润，合理的利润完全正确，但不能太高。因为这样可以使更多的人享受使用汽车的乐趣，还可以使更多的人就业，得到不错的工资。这是我一生的两个目标。"福特先生的思想对于今天的中国企业家们依然有重要的启迪作用。也正是由于福特先生的思想薪火相传，才会有今天的百年福特。福特先生的一言一行，无不忠实践行及诠释着"仁"的终极意义。仁者爱人。爱亲人，爱家庭，爱同事，爱国家。我们生活在爱人与被爱的环境和氛围中，岗位为我们提供了爱的条件，岗位是由企业提供的，企业依赖于我们的国家而生存，国家存在于我们的生态环境中。

【网友围观】

网友 1

不存在高尚的公司，企业也不需要用高尚来标榜自己，企业不是政府部门，也非公益机构，说到底是一个追求利润的组织。不管企业如何宣扬自己的道德诉求，它必须能够以

利润回报股东和员工，否则就无法生存。但同时大量的案例也告诉我们，以追求利润最大化为最高目标的企业，不可能成为伟大的企业，也不可能成为行业的排头兵。

马云和史玉柱都可谓中国企业家中的另类，他们在商界取得如此巨大的成就，我们很难用几句话概括个中原因。十几年来，马云和史玉柱为我们留下了太多关于生活、创业、管理、经营、竞争、成败等方面的精彩语录和成功智慧。这些精彩语录和成功智慧，激励启发无数人找到了自己的方向，继而迈向成功。

网友2

企业道德与企业经营，这是一场博弈，优秀的企业能够很好地去平衡。

一个人的一生是有限的。任何一个富豪，都不希望自己苦心经营的事业在自己身后"雕栏玉砌应犹在，只是朱颜改"，更不希望在自己的有生之年就已经出现这样那样的危机。更重要的是，如果这样那样的危机不是因为自己的决策失误或者管理不善，而是因为外界的动荡不安造成的，那将更让他们痛苦。

当然，任何一个富豪，对于整个社会环境的变化都显得力不从心。但是，和一般民众相比，他们肯定具有更大的"改变世界"的能量。"仁富指数"是否会让他们灰心于发展？绝对不会。相反，正因为有了更高的"改变世界"的目标，他们的事业将会装上一个功率无与伦比的发动机。做一个伟大的组织才能成为一个"基业长青"的组织，而成为伟大组织的第一步就是给自己设立一个伟大的使命。

身边的创业案例8

"偷艺"创业引发道德争论

在京沪深等大城市职场，新出现了一个群体——"卧底创业族"。他们行走在职业道德和法律的边缘，带着一颗"私心"来，想捧着一箱"金子"走，被企业雇主和伦理专家指责为"偷艺"。

1999年大学毕业以后，杨志在南方工作了几个月就辞了职，那时候空调行业，尤其是中央空调刚刚兴起，看到全国各地建筑行业的蓬勃发展和对中央空调的需求，杨志觉得这个行业前景很不错。

2000年，杨志学习了几个月制冷方面的内容，2001年来到北京，开始在一个软件公司工作。"我觉得以后既然要搞自动控制，首先就要会软件编程。"半年多以后，杨志到了第二家公司，学习数据库。

"非典"的时候，杨志和朋友合伙的公司开张了，公司定位是做空调行业的通信软件。回顾大学毕业后几年的工作经历，杨志坦言："与其说是工作，不如说是学习。"

像杨志这样的年轻人，如今被冠以一个新头衔——"卧底创业族"。他们的创业路径是：先在自己选定的行业里卧底，名曰打工，借助这个平台，了解行业资源；等拥有了足够的经验、业务轻车熟路之后，便另起炉灶，创一番自己的事业。

据某报统计，在深圳，有82%的白领表示，会在时机成熟的时候选择自己出来创业。记者采访在深圳工作的湛平时，电话打到了他工作的公司，他当着同事的面，很大方地谈自己创业的想法。湛平说，在他们办公室，同事之间经常会讨论创业的点子，"都是公开的，前一阵儿还有几个同事计划搞同城快递呢"。

"卧底创业族"的流行，体现了现在年轻人不安于现状、追求个性发展、追求自我实现的新动向。就像杨志所说："我骨子里就不想给别人打工。"但是，创业的梦想对于一无经验、二无客户的年轻人而言，实现起来谈何容易。于是在自己羽翼未丰之前，想办法进入同业中的优秀公司，边拿薪水边学习，成了许多年轻创业者的首选。

"卧底"不只是一种创业手段，对很多年轻人来说，已经成为一种生活方式。

半年前，因为合作和资金方面的问题，湛平离开了他自己创业的公司，找了个物流公司做企划，重新开始打工生活。湛平毫不讳言，到现在的公司也是做"卧底"来的："我看好物流这个行业，希望了解一下这个行业的操作方式，学到东西了可以自己出来创业。"

但是湛平并不认为自己创业和为老板打工就是截然对立的："我也有朋友自己干两年，后来被一个中小企业聘为老总，他就又回到公司里去了。"湛平开玩笑说，自己当老板的生活太不规律，现在回公司打工是为了"调整健康状态"。

杨志也表示："如果以后我缺什么的话，还要到这个行业的公司里去锤炼、总结经验，等待时机东山再起。"

"卧底创业族"被企业雇主和伦理专家指责为"偷艺"：他们是带着一颗"私心"来，想捧着一箱"金子"走，至少也要配一把打开这只箱子的钥匙。

师行：先"卧底"再创业是不是一个积累创业经验的好方法？是否跨越了道德的底线？是否还有更好的方法呢？

资料来源：www.harbindaily.com，2004-11-06，作者：王哲。

【龙鹏感悟】

"卧底"，让创业过犹不及

任何事情都有其两面性。不可否认，"卧底创业族"应是当今就业市场重压下催生出的一种就业形态，有其存在的合理性，这就需要"卧底族"在"卧底"的同时要严于自律，不要以牺牲道德和触犯法律为代价来获取创业信息，因为任何事情都有一个底线，超过了这个限度，性质就会发生蜕变，就会很危险。在信息时代里，社会变化一日千里，即

使"卧底"成功了，也并不意味着创业就可以成功，毕竟你学到的只是一层表皮，有很多细节性的、专业性的东西还有待深入学习挖掘，以至创新。往往"卧底"能得到的只是一种模板、一种模式而已。创业之路漫漫，不可能一蹴而就，照搬别人的模式、重走别人的道路不一定成功，创新才是创业的首选。

【老师点睛】

站在巨人的肩膀上做规矩的学习者

方老师

我们经常会谈论关于第一桶金的话题，焦点往往是可不可以先在道德的灰色地带赚取第一桶金，以后再回馈社会？同样地，可不可以先去学习别的企业的技术，学习别的企业的管理，再建自己的公司，甚至成为同业最有力的竞争者？

从这些年大学生创业的情况来看，先就业再创业，积累知识、经验和人脉，等待合适的市场时机，不失为一条不错的道路。袁岳先生也在他的博客中提出过大学生不妨采取"娩出型"创业的方式。可以学习就业公司的经营与管理模式，同业拷贝，也可以通过熟悉和了解相关的业务机会与资源，然后在适当的时机做些与原就业公司相关的业务。对于大三的学生而言，去一家比较正规的公司实习，其实也是很好而且很正当的偷艺方法。还记得我们在"创业者的知识储备与学习"那部分中的讨论吗？其实生活中处处都有创业知识，想要少走弯路，就要站在巨人的肩膀上。而那些成功的公司，就是巨人。

前两周为了营销专业的生产实习颇费脑筋。原来的几个实习基地都因为这样那样的原因不能在适当的时候接受我们的学生。把自己MBA专业的学生的人脉利用起来，才终于为每个实习小组敲定了实习的企业与实习内容。在实习动员时，我强调了在实习单位学习做人的问题。要求每个学生，尤其是去销售公司和市场研究公司的同学注意保护实习企业的商业机密，训诫中似乎带点"非礼勿言"、"非礼勿视"的意思。确实，企业在接受一批毛头小伙儿、小姑娘去实习的时候，多多少少对商业机密这方面有些担心。因此，需要提醒的是，不论是去实习，还是选择先入职场再创业，你们应该具有自己最起码的道德底线。例如：不把公司原有的客户"盗"出来；不把公司的商业秘密据为己有，或者大批地拉拢和抽空原有公司的人力资源，等等。

"鱼"之愚蠢，"渔"之明智——追求金钱也追求道德

袁老师

授人以鱼不如授人以渔。作为学生，去好的公司为创业做准备，所要学的其实最关键的也在于"渔"而非"鱼"。学到了"渔"而不执著于"鱼"，可谓得其精髓（管理的方

法、经营的智慧等），智慧、胆略、见识、仁义都有了，深谙"盗"之道，堪称"盗"；仅仅执著于"鱼"（眼前的客户、公司的进货单等），而不去理会"渔"的存在，不是明智的选择，还被称为人人喊打的"偷"。两字之差，境界一去千里，不言而喻。

给大家推荐一个视频：《金钱追求与道德追求能不能统一》——1995 年第二届国际大专辩论赛预赛时辅仁大学与新南威尔士大学的辩题。

【网友围观】

网友 1

赞成："盗亦有道"未尝不可。

小时候看过一本小人书，名字叫《偷拳》，讲的是杨露蝉为了学到陈式太极拳，不惜在陈家"卧底"，最终感化了太极拳师陈长兴，得到亲传，成为一代宗师。把这个故事拿到今天的职场上来看，杨露蝉属于先"打工"后"创业"的典范。我们可以用现代的方式来解释杨露蝉的创业经历：为让自己在同业中达到较高的造诣，他选择了到同业中最有影响力的陈式太极拳公司"卧底"，并利用自己的聪明才智，从一个打杂的一跃成为总经理助理，得到了公司业务精髓，这为他创业打下了坚实的基础。而他最成功之处在于他没有也从未想过把陈氏公司的精髓据为己有，而是在自己做大的前提下帮助陈氏上市，让自己与老公司实现双赢。这应该算是职场中人创业的最高境界了。

如今，许多人都想通过创业来实现自己的梦想，可对于一无经验、二无客户的年轻人而言，做起来却难上加难。于是他们想办法进入同业中的优秀公司，边拿薪水边学习，这成了许多创业者的首选。

网友 2

反对："创业卧底"需要道德约束。

用传统的道德观评价这种创业思路，肯定是不道德、不可取的。但现代人又有谁在意传统道德呢？更何况有的"卧底创业族"认为只要不触犯法律就行。但法律条款是有限的，而人的欲望是无限的，虽然法制在不断完善，却往往赶不上欲望面孔的不断变化，这有时也让法律束手无策。

从某种意义上讲，"卧底创业族"钻的就是知识经济时代公众道德没有完全形成的空子。因为人们习惯了以农业文明和工业文明时代的公共道德准则来关照现代人的行为，结果发现以往的道德标准似乎失去了效力。"卧底创业族"的行为从表面看，他们不是到农民的田里偷果实，也不是到工厂里偷生产资料，因此不会立刻引起公众道德的谴责，法律也奈何不了。所以，他们可以明目张胆地标榜"创业卧底"，作为一种时尚去推崇。

人性的弱点决定了人总是在寻找各种机会钻空子，总是千方百计地满足自己的欲望和需求，限制人性弱点的泛滥仅靠法律显然不够，需要社会公德意识的觉醒。在知识经济时代，经营者都需要建立一套自我保护机制，用以保护自己创造的平台以及自己发展和经营的资源，像农民要保护田里的果实、工厂要保护生产资料一样。

与此同时，还有一个问题必须引起我们的注意，也是不容我们忽视的。在知识经济时代，个人的创造力和影响力越来越得到尊重，但当客户对某个人的信赖大于对单位的信赖后，客户就会随着个人走，这也就使企业的客户随着业务人员流失而流失掉。这一现象在广告、旅游、出版等行业表现较为突出，而且有愈演愈烈的趋势。我不能说这种现象是违法的，但至少是有些不道德。如何解决，有待我们进一步思考。但我觉得，长此以往，对于企业和个人职业发展都十分不利，因为它打破了一种经济秩序。

在法制有待完善的今天，我们的许多行为更需要道德的保驾护航，"卧底创业族"自身也如此。

网友3

企业应学会自我保护。

在不少人谴责"卧底族"道德缺失的同时，不少企业家已开始正视这一现实，正是企业制度不完善、法律观念不强才给了"卧底"者一个空间。与其怪社会、赖别人，不如尽快完善自己的管理机制，"亡羊补牢"，为时不晚。

一些企业家认为，社会是在竞争中前进发展的，而法律制度也只有在社会发展的前提下才能得以完善，这是一个渐进的过程。或许在有些人看来"卧底"有悖于道德，但在现实生活中，违背道德的事情经常发生：如有人排队加塞了，有人从楼上往楼下扔东西了，他们侵犯了公众利益，他们必然会受到公众的谴责。

"卧底"这一行为则不能完全依靠社会的道德力量来约束它，因为它可能伤害的是企业的利益，所以企业应该考虑如何解决。如果"卧底"具有普遍性的话，那它伤害的不仅仅是企业利益，同时也影响了社会的经济秩序。所以当它发展到某种程度的时候，又上升为一个社会问题，这时就应有相关的法律出台加以制约。

据了解，国外企业在这方面有许多成功的经验可借鉴。如员工辞职是有规定的，在他们进入企业前，雇佣双方就要签订相应的"保密条款"，在离职后多长时间不能在同行业中服务等，这些其实都是对企业合法利益的保护，也是在有效地防范"卧底"行为的发生。

一位经商多年的老板认为，在我国法制尚待完善的今天，企业应该学会保护自己的利益，一方面是以相应的协议对员工加以约束，当然企业可能为此要付出经济代价，但与企业长远利益相比，这是值得的。另外，更应该在内部制度上加以完善，尽量保护自身的合法权益不受侵害。

我的创业新资讯

如何让道德血液流进企业家体内？

我国是一个缺少商业伦理传统的国家，一提到商业或商人，大家首先想出来的词语是"无商不奸"、"无商不恶"、"商场如战场"等，以次充好、假冒伪劣、霸王条款、缺斤短两、吃回扣等正是上述现象的自然写照。目前仅靠事后的法律救济和监管，显然不能治本。因为我国几十万家小作坊，防不胜防。如何避免目前的恶性事件反复发生？一个被欧美常用的治本工具被我国忽视了，那就是商业伦理教育与培训。

强制企业补上道德伦理培训这一课，不仅老总要接受培训，企业员工也要接受培训。国外全球 500 强企业员工入职的第一天不是接受人事制度或者财务制度培训，而是首先要接受商业伦理的各种培训课程，因为这是企业赖以生存的基础。反观我国企业进行的各种商业培训课，大都是在告诉大家如何赚钱，如何进行商战。温家宝总理大力推荐亚当·斯密的《道德情操论》，强调企业家要有"道德的血液"，以德养生、以德养心、以义止利是中国传统商道中人的修身之本，或许能疗救已然破损的商业伦理。在未来，国家必须强制性地规定企业要进行道德伦理的培训，尤其是加强普通员工的培训，毕竟生产管理的各种具体操作是由他们来进行的。伦理是人们的行为准则，通过培训教育，唤醒员工深埋的德性情感及对生命的无尽怜惜；企业承载着社会的道义、责任、使命与良心，通过培训，让员工骨子里对非良性的东西有一种天然的抵抗，从而确保整个企业的社会责任感。

从社会层面也要加强全体社会的道德体系建设。市场经济是法治经济，也是道德经济，市场经济必须以商业伦理做支撑。唯有这样，市场经济才能够有序、有活力、低成本、真和谐。所以，仅有企业的道德教育是不够的，还要加强社会全体的公民道德建设和核心价值观教育，让商业伦理成为社会关系的基础，成为社会伦理的灵魂和核心。推动商业伦理的重建，复兴商业社会之人文精神。商业伦理是指在我们的日常生活中，无论私人领域还是公共领域，"以正确的原因去做正确的事情"。因此，要正视我国商业伦理的严重问题，并从整体社会来进行重构建设。

从娃娃抓起，培养民众的道德观，树立正气。诚信是道德伦理的基础，而我国目前企业的最大危机就是诚信丧失，如果任其发展下去，会毁掉整个民族。不少企业不知何为荣、何为耻，没有道德标准约束，唯利是图，这是它们屡屡出事的根本原因。所以必须从娃娃抓起，在中小学就加强教育，才能重建社会的伦理价值。

要从制度上加强监管并且严惩。胡萝卜必须加上大棒，对于那些置若罔闻的企业必须严惩，奖罚分明才能形成正气。

资料来源：http://www.guancha.cn/Macroeconomy/2011-04-15-56170.shtml.

篇末小结

葛瑞格森指出：创业其实是一种习惯、一种实践及一种生活方式。促使创业者为实现目标而努力奋发的精神、潜能以及力量都在创业者的体内沉睡、休眠，等待召唤。大量事实表明创业者具有先天素质，并可以在后天被塑造得更好，某些态度和行为是可以通过经验和学习学到、被开发或被提炼出来的。

"Success. It's a mind game"是瑞士运动手表 TAG Heuer 的全球广告宣传的主题，它揭示了在激烈的竞技比赛中，运动员们为了获取成功而经历的精神压力极限。例如：游泳运动员与鲨共泳；接力棒是一根点燃了的雷管；帆船急驶向瀑布的边缘；跨栏运动员飞跃过巨大的刀片等。这个广告系列获得了无数奖项，包括戛纳国际广告节的金狮奖。广告创意不仅给我们带来震撼，更令人思考——对于创业者们而言，创业不仅仅是天赋与能力的比拼，也是意志的较量。

在本篇中，我们通过多个案例揭示了创业者的个性、知识储备与学习、创新思维以及道德法律意识对成功创业的重要意义。希望大学生创业者们懂得：只有认识、了解自己的个性特质，进而发挥、利用自身优势特质，并寻求外在资源协助以补足强化劣势，才能打拼出属于自己的一片天地。

第二篇
对话在路上的人们

商机的识别与筛选
商业模式的创新
商业计划书的撰写与点评
团队的创建与组织
创业融资决策

热门话题五：商机的识别与筛选

我极少能看到机会，往往在我看到的时候，它已经不再是机会。

——马克·吐温

19世纪末，美国加利福尼亚州发现了黄金，出现了淘金热。有一位17岁的少年来到加州，也想加入淘金者的队伍，可看到金子没那么好淘，淘金的人很野蛮，他很害怕。这时，他看到淘金人在炎热的天气下干活口渴难熬，就挖了一条沟，将远处的河水引来，经过三次过滤变成清水，然后卖给淘金人喝。金子不一定能淘到，而且有一定危险，卖水却十分保险。他很快就赚到了6 000美元，回到家乡办起了罐头厂。这人就是后来被称为美国食品大王的亚尔默。

成功者往往都是有独到见解的人，他们总是从不同的角度看问题，从而能不断产生创意，发现新的需求；不仅看到市场需求什么，还注意事物间的联系，从而发现新的商机。

我的新鲜事

前一阵子，我抽风似的想要去做生意，通过各种渠道搜寻商机。周末跑到学院去围观豪车，正巧碰到熙熙攘攘的MBA和EMBA学员下课出来，同我们一样讨论着人类历史上最伟大的命题：中午吃什么？猛然间，天空一道灵光闪过——这不是打雷，这是天机：为什么我不去做快餐，做高档一点的，专门针对花钱找感觉的有钱人的？急于求成的心情，让我很快陷入到整天琢磨着怎么跟人合伙在大学城周围开个饭馆的思考中。在学校周围提供档次较高的快餐到底是不是商机？这种机会难道别人就没看到？我是沉思者，尚不知道答案，恳请大家和我一起来探讨商机的识别与筛选吧！

我的创业课堂笔记：商机的识别与筛选

> **商机的识别与筛选　理论阐述**
>
> ● 什么是商机?
> ● 如何识别和筛选创业商机?
> ● 商机的分类

● 什么是商机？

商机就是商业经营的机遇，就如西部开发带来了许多创业的机会。

商机无论大小，从经济学意义上讲一定是能由此产生利润的机会。商机表现为需求的产生与满足的方式在时间、地点、成本、数量、对象上的不平衡状态。旧的商机消失后，新的商机又会出现。没有商机，就不会有"交易"活动。商机转化为财富，必定满足五个"合适"：合适的产品或服务，合适的客户，合适的价格，合适的时间和地点，合适的渠道。

● 如何识别和筛选创业商机？

归纳起来，创业商机有如下四大来源。

（1）企业的根本是满足顾客需求，而顾客需求没有得到满足就是问题。寻找创业机会的重要途径，就是善于去发现和体会自己与他人在需求方面的问题或生活中的难处。比如，有一位大学生发现学生放假时有交通难问题，于是创办了一家客运公司，专做大学生的生意，这就是把问题转化为创业机会的成功案例。

（2）变化：著名管理大师将创业者定义为那些能"寻找变化，并积极反应，把其当作机会充分利用起来的人"。产业结构变动、消费结构升级、城市化加速、人们观念改变、政府改革、人口结构变动、居民收入水平提高、全球化趋势等都是变化，其中都蕴藏着大量的商机，关键要善于发现和利用。比如，随着居民收入水平的提高，私人轿车的拥有量将不断增加，这就会派生出汽车销售、修理、配件、清洁、装潢，二手车交易，陪驾等诸多创业机会。

（3）竞争：商场竞争非常残酷，但既是挑战，也是机会。如果你看出了同行业竞争对手的问题，并能弥补竞争对手的缺陷和不足，这就将成为你的创业机会。因此，平时做个有心人，多了解周围竞争对手的情况，看看自己能否做得更好，能否提供更优质的产品，能否提供更周全的服务。如果可以，你也许就找到了创业机会。

（4）新知识、新技术：知识经济的一个重要特征，就是信息爆炸，技术不断更新换代，这些都蕴藏着大量的商机。当你看到创业商机之后，接下来就是考察商机的可行性。有想法、有点子只是第一步，并不是每个大胆的想法都能转化为创业机会。

如何判断一个好的商业机会呢？好的商业机会有以下四个特征：第一，它很能吸引顾客；第二，它能在你的商业环境中行得通；第三，它必须在竞争对手想到之前及时推出，并有足够的市场推广的时间；第四，你必须有与之相关的资源，包括人、财、物、信息、时间以及技能。

● 商机的分类

目前我们能认识的商机大致可归结为14种：

（1）短缺商机。物以稀为贵。短缺是经济市场中谋利的第一动因，空气不短缺，可在高原或在密封空间里，空气也会是商机。一切有用而短缺的东西都可以是商机，如高技术、真情、真品、知识等。

（2）时间商机。远水解不了近渴。在需求表现为时间短缺时，时间就是商机。飞机比火车快，激素虽不治病却能延缓生命，它们身上都有商机存在。

（3）价格与成本商机。水往低处流，"货"往高价上卖。在需求的满足上，能用更低成本满足时，低价替代物的出现也是商机，如国货或国产软件。

（4）方便性商机。江山易改，惰性难移。花钱买个方便，所以"超市"与"小店"并存。手机比固定电话贵，可实时性好，手机是好商机。

（5）通用需求商机。通用需求周而复始，永续不完。人们的生存需求如吃、穿、住、行每天都在继续，有人的地方就有这种商机。

（6）价值发现性商机。天生某物必有用。一旦司空见惯的东西出现了新用途，定会身价大增。板蓝根能防"非典"，醋能消毒，这些曾经习以为常的东西瞬时成为市场新宠，价格飙涨，新用途让这些平凡的东西拥有了在那个时段超出平凡的价值。

（7）中间性商机。螳螂捕蝉，黄雀在后。有些人爱急功近利，盯住最终端，不择手段。比如挖金矿时，不会计较水的价格，结果黄金不一定能挖着，却肥了卖水的。

（8）基础性商机。引起所有商机的商机。对长期的投资者来说，这是重要的。如社会制度、基础建设、商业规则等，中国如今已加入 WTO 十年有余，一系列商机都已重新排列。

（9）战略商机。未来一段时间必然出现的重大商机。时光倒流，20 多年前，中国人面临着这种商机，今天出现了"下岗"和"致富"的天壤之别，就是因为后者主动"下岗"，利用了这个商机。

（10）关联性商机。一荣俱荣，一损俱损，由需求的互补性、继承性、选择性决定。我们可以看到地区间、行业间、商品间的关联商机情况。

（11）系统性商机。发源于某一独立价值链上的纵向商机。如电信繁荣，IT 需求旺盛，IT 厂商盈利，众多配套商增加，增值服务商出现，电信消费大众化。

（12）文化与习惯性商机。由生活方式决定的一些商机。比如各种节日用品、宗教仪式用品。

（13）回归性商机。人们的追求远离过去、追随时尚一段时期之后，过去的东西又成为"短缺"物，回归心理必然出现。至于多久回归，取决于商家的理解。

（14）灾难性商机。由重大的突发危机事件引起的商机。

表 5—1 所示为商机的判断标准。

表 5—1   商机的判断标准

吸引力		
标准	最高潜力	最低潜力
行业和市场		
市场	市场驱动；市场识别；能取得重复收入的缝隙市场	不集中；一次性收入
客户	可以达到；购买订单	对其他品牌忠诚或者无法达到
用户利益	小于 1 年的回收期	3 年以上的回收期
⋮	⋮	⋮
经济性		
达到盈亏平衡点/正的现金流所需的时间	1.5 年以下	多于 4 年
投资回报率（ROI）潜力	25％以上；高价值	少于 15％；低价值
资本要求	低到中等；有投资基础	很高；没有投资基础
⋮	⋮	⋮
竞争优势		
固定和可变资本	最低；高运营杠杆作用	最高
对成本、价格和分销的控制	中等到强	低
所有权保护	已经获得或可以获得	没有
⋮	⋮	⋮
管理团队		
创业团队	全星级组合；免费代理	弱的或单个创业者
行业和技术经验	行业内顶级的；有绝佳的历史记录	未发展完全
正直	最高标准	可疑的
⋮	⋮	⋮
个人标准		
目标与匹配度	想要什么就得到什么；同时得到什么就想要什么	往往出现让人惊讶的事，就像"惊叫游戏"
好/差的方面	可获得的成功/有限的风险	线性的；在同一个连续统一体内
机会成本	可接受降薪等等	满足于现状
⋮	⋮	⋮
战略差异		
匹配度	高	低
团队	等级最高；极好的免费代理人	B 等的团队；没有免费代理人

身边的创业案例 9

黄拓与其团队的 365 私人飞机网

五年后，开跑车不如开私人飞机，你相信吗？

杭州下沙五个二十岁出头的小伙子，就把目光盯在了私人飞机上，准备在这个领域大干一番。他们很自信：根本不用五年，一年半到两年，私人飞机就会火。当然，无论是身边的朋友还是家长，对他们的这个想法，都是半信半疑。

先介绍一下这五个敢想敢做的小伙子。黄拓，法人代表兼董事长。他们刚成立了公司，注册资本 10 万元，都是打工赚的和家里帮忙筹的。李鹏和何浩森，负责网络技术、搭建互联网平台。陈志勇，负责市场信息化收集、网站推广和内容更新。周鑫科，负责一切对外联络事宜。

他们信誓旦旦地说，他们做的就是飞机，绝对不是飞机模型，更不是飞机票。他们也不是心血来潮，而是经过仔细的市场调研，和专业人士进行过多次讨论，又经过好几个月学习相关知识，才坚定不移地打算吃私人飞机这只"大螃蟹"。

说起来，他们正在做的事相当专业，也确实是目前国内比较空白的一个领域。专业词语叫通用航空，指除军事、警务、海关缉私飞行和公共航空运输飞行以外的航空活动。通俗点就是私人飞机，比如赵本山就有一架。

黄拓说，去年 11 月，他看到一则新闻，说国家将要逐步开放低空领域，之后出台的"十二五"规划里也明确写到通用航空发展将提速。他上网查了一下，发现这几乎就是一片空白领域，直觉告诉他，这是个创业机会。

于是，黄拓立即在学校网上发帖，找寻志同道合的人一起来做。结果提起"通用航空"，没几个人懂，说卖私人飞机，人家更当你开玩笑。黄拓说，其实他们做的类似于阿里巴巴，通过互联网搭好平台，把和私人飞机有关的一切都串起来，像二手飞机、航材、租赁服务、飞行员培训等，从上到下，涉及整个产业链。

黄拓好不容易聚齐了其他四位和他同样信心坚定的伙伴。其实他们本来不止五个人，但一听说要筹钱集资，而且工资还得自己想办法另赚，一个个都走了。创业最忌讳的就是光想不做，五个人决定先做起来，边做边学。

小伙子们心里有谱，因为时间才是他们唯一的优势，趁着现在别人都不敢打飞机的主意，他们整天废寝忘食地干。没人是航空专业的，没关系，找专业的；通过网上查资料、看书，向专业的通用航空企业了解咨询。

有人说，现在能把所有汽车品牌搞清就算不错了，可看看他们建起来的网站——365私人飞机网，上面200多个型号的飞机、44个品牌，全是高清图片，一张张从国外网站搜集来的，从100万元以下到5 000万元以上分类清清楚楚。

那"倒腾"私人飞机是不是真有戏呢？黄拓说，信心满满的，不说别的，他们已经和不少风险投资商接触过了，曾有风投愿意用300万元买断他们的网站。现在，尽管上线才半年，黄拓他们的网站在业界已经小有名气，很多航展、私人飞机展、通用航空的业内论坛，都有他们参与其中。

就算是卖二手飞机这个被很多人认为很不靠谱的事，在网站建起来没多久后，也真有人找上门来让他们帮忙选购。虽然最后和欧洲卖家没谈妥而未成交，可这番经历让小伙子们信心更坚定了。

师行独白：同志们啊！没有做不到啊！只有想不到啊！做到做不到啊！试试才知道啊！走过路过瞧一瞧啊！商机有没有啊！

资料来源：http://www.022net.com/2011/8-3/466056132985336.html.

【龙鹏感悟】

把握商机，给创业插上天使之翼

黄拓团队做的是让人眼睛为之一亮的大学生创业项目。他们敢想敢干，发现商机并迅速地启动创业，勇敢地在一个崭新的领域打拼，充分展现了大学生专业型和创新型人才结合的一面。不过能够像他们这样，迅速地抓住时代的脉搏，做行业排头兵的大学生毕竟还是少数。依我自己创业的经验，作为初出茅庐的大学生，做生意和把握创业项目的经验极其有限，大多数还不具备预测行业与产业发展的高度和水平，但是我们可以选择在自己熟悉的领域做出自己的特色来。

从2009年初，我和我的室友接触了"班服"这个概念。2009年下学期，我成了一家公司的代理。2010年底，我感觉自己在这一领域的市场行情已经有了足够的积累，于是开始了创业。在我的九尾服装公司里，我一度难以言明自己的企业定位，因为我的利润来源一直有两点：一是校园市场的服装业务；一是校外的企业订单。对此，我针对自己的项目进行了剖析，企业订单主要靠人脉关系来取得，数量少而批量大；而校园订单要面对的都是小群体客户，数量大而单批量小，客户比较看重品质和口碑。于是，我提炼了自己的产品定位：做专业的校园服饰品牌。当然，成就一个品牌的，不是三天五日的促销，而是常年的品牌价值积累。正如黄拓他们的 365 私人飞机网，只有不断积累自己在行业领域的人气，打造自己的品牌，才有可能找到更好的盈利模式。

【老师点睛】

机不可失，时不再来——创业商机等你发掘
方老师

想做餐饮的师行找来做民用航空的案例与大家分享，有趣。我在网上搜到了 365 私人飞机网，确实是一个内容十分丰富，看上去相当专业和成熟的网站。话又说回来，商机到底是什么？比尔·盖茨曾说过："在你最感兴趣的事物上，隐藏着你人生的秘密。"你对哪行哪业感兴趣，你喜欢做什么样的事情，你未来的成功就很有可能隐藏在那里。如果一件事情是你非常热爱的，哪怕与你所学的专业毫不相关，它也值得你投入心力去做。如果想要成就自己的事业，只需考虑一点，在你想进入的行业以什么样的方式能够赚钱。

我们一起按照你摘录的创业商机四大来源，来辨识一下你的想法到底是不是商机。

（1）问题。应该说你已经看到了问题所在。在 MBA 课堂教学之后，我最常听到的就是同学们互相询问：中午到哪里去，既能吃得健康又有空间交流和休息？

（2）变化。地沟油、香精包子等食品安全问题已经引起公众对外出就餐的极大不信任甚至是恐慌，食物的安全在很多细分市场都已上升为首要需求，做高端快餐是不是正好可以把握这个变化的需求？

（3）竞争。去调查一下他们常去的餐馆，分析它们的优势与劣势，看看自己有没有办法差异化，有没有可能提供更好的食品，或者提供更好的服务。

（4）新知识和新技术。除了日常餐饮，如果主打周六、周日 MBA 市场，学院的班级和人群都是固定的，有没有什么技术手段帮助你更准确地了解学员需求，帮助你节约运营成本？美国流动快餐店 Kogi 利用 Twitter 发布流动汽车会在哪里停下的消息，在短短三个月之内 Kogi 迅速成为美国知名度最高的流动餐馆之一。你是不是也可以考虑用微博来营销，用米聊来订餐？

如果以上这些问题经过慎重思考，答案都偏向于肯定，那你的机会真的就在这里。接下来，不妨把学校周边的高端快餐店作为你的一个创业假设，然后围绕这个假设进行定性与定量分析，并通过进一步的调研去确认。在头脑中也好，在纸上也好，你都有足够的机会去反复思考，重新修订。

盲目创业不可行，商机也要做评价

袁老师

从黄拓和龙鹏的创业历程来看，选择项目关键在如下几方面：应该有明确的目标市场，提炼出自己的产品定位，明确自己的产品与其他产品的差别性，锁定特定群体作为自己的客户，同时做简单的业务；一定要专注，选定一个目标市场，把业务做到极致，至少成为细分市场的行业前三名，否则很多东西都会成为空想或空谈；创业永无止境，如果我们暂时没有较大的资源与投入，缺乏有力的品牌作为支撑，就可以从一个小的利基市场切入，生意由小到大，给品牌留一些讲"后续的故事"的空间。

除了方老师帮师行分析的创业商机四大来源，大家可以仔细研究一下《创业学》（第6版）（杰弗里·蒂蒙斯、小斯蒂芬·斯皮内利著，人民邮电出版社，2005）中的完整的商机评价表格。表格很详细，在目标与匹配度，对成本、价格的控制等方面都有相关的评价标准。创业初期要考虑各方面的因素，且要对这些因素作出正确的评价，这样创业才不会盲目。

【网友围观】

网友1

私人飞机到底是不是商机，还有待市场的进一步检验。我认为本案例中的创业团队对市场的判断过于乐观，缺乏一种忧患意识。当然，我对私人飞机市场并没有多深的了解。但我认为，做市场必须要有危机感，我们的企业可能不是今天死，就是明天死。所以，现在我们要找出可能致死的原因，让自己的企业活得更长。

根据相关法律规定，我国私人驾机飞行有三个硬性条件：一是所驾飞机须获得民航局核发的"飞机适航许可证"；二是飞行员须有合法有效的飞行驾照；三是须向军民航空管理部门申请飞行区域和飞行计划，批准后方可飞行。可见在我国相关政策法律在这方面还比较严格，这个市场真正起飞，还有较长的路要走。

网友2

这还真是个大胆的想法。空白的市场，没有可以学习的前辈。他们敢打敢拼，失败了就是先烈，成功了就是先驱。但是空白市场是催生市场领导者的温床，一旦自己站稳脚跟，在这片土地上有所收获，后继者就将面临巨大的竞争压力，老大就在那里，你只有去做小弟。

身边的创业案例 10

林薇的左撇子专卖店

创业者小档案

创业者：林薇

创业年龄：21 岁

创业项目：左撇子商店

人生理想：不仅在北京开分店，更要把自己的商店打到国外。

创业感悟：下定决心，朝着目标努力奋斗，总有一天你将拥有自己的事业！

左撇子约占世界总人口的 9％！因为我们的生活用具都是根据右手习惯设计的，所以生活在"右手世界"里的左撇子们倍感别扭。

2001 年秋，20 岁的林薇从宁夏固原县农村孤身来京投奔一位在中关村打工的同乡。一天，林薇无意中听到公司的两位女孩在大倒左撇子的苦水。其中的一位左撇子女孩抱怨说，别人可以轻松操纵的小鼠标，一到她手上就不听使唤了，本来用右手点击鼠标左键是"执行"程序，点右键可以查看文件"属性"，可让她这个左撇子用起来就乱了套。这个女孩说，因不能灵活地操作鼠标，有时候为公司查资料、制作报表什么的，也比惯用右手的人工作效率低，甚至还为此挨过老板的骂呢！

而另一位搞服务设计的女孩同样是左撇子，她说，8 月 13 日是"国际左撇子日"，可是在这天，她和几位左撇子朋友逛了半个京城的商场，却没有买到一件适合左撇子用的商品。听到这些，林薇眼前一亮：中国有那么多的左撇子，但左手用品市场却还没有人开发，这不是一个绝好的创业契机吗？经过一番思考，林薇决定离开那家公司，尝试着自己去创业！

林薇把心思全放到了做左撇子的生意上。很快林薇发愁了：到哪儿去搞创业资金呢？这时，林薇想到了那位在中关村打工的同乡。就这样，林薇在几位热心老乡的帮助下筹到了 8 万元。

"左撇子专卖店"有了本钱，等待她的还有另一个难题：哪里才能进到左手商品呢？考虑到左手用品在欧洲开发得较早，林薇决定到网上去查。果然，林薇在电脑上查到一家设在法国里昂的"左手用品大全"商场。她立刻请人用英文发了一封求购信过去，对方的答复也很爽快——他们可以提供任何左撇子用品。

然而，林薇还没有来得及高兴，却被这些左撇子用品的高昂价格吓住了：一把和普通剪刀质地相当的左手剪刀，价格却是国内普通剪刀的十几倍；一只看似普通的左手高尔夫球杆，批发价格高达万元！这时林薇才意识到，从国外进货显然不现实，只能在国内寻找左手用品的货源。

此后经多方查询，林薇惊喜地发现了几家生产左手用品的厂家。但他们的产品都是向欧美国家出口的，根本不搞内销，何况林薇要的量又很小。起初得知林薇想代理他们的产品，广东阳江、福建厦门等地的几位老板都表示"不感兴趣"。不过，在对这些厂商进行多次拜访之后，他们最终勉强答应，让林薇从那些出口的左撇子产品中"截留"一小部分。拿到了一些专门为左撇子设计的鼠标、剪刀、转盘电话、高尔夫球杆等"特种商品"后，林薇就在距王府井大街很近的一个繁华地段，租下了一个 20 平方米的小店。2002 年国庆节这天，林薇的"左撇子专卖店"终于诞生了。

"左撇子专卖店"这个店名一打出来，立刻在当地引起了轰动。虽然光顾专卖店的多数是左撇子，但也不乏一些"右撇子"顾客。由于是"特种商品"，左撇子用具的价格比同类产品要高出好多倍，一根高尔夫球杆能卖 6 000 元，一把小巧、别致的左手剪刀也要几十甚至上百元，而左撇子医用剪、美容剪的售价就更高了。但顾客不会太计较价钱，因为这毕竟给他们的生活和工作带来了很大的便利。

此后，又不断有顾客反映"左撇子专卖店"里的商品不够丰富，比如左手吉他、左手刮皮器、左手奶锅等，都是他们向往已久的产品。于是，林薇就找到北京周边地区的一些乐器、五金等生产厂家，请它们在生产右手产品的同时，也为左撇子制作一些同类产品。不料，这些厂家竟对左手用品一无所知。于是，林薇就耐着性子为它们讲解左手用品的情况，以及市场前景多么诱人。京城周边地区的 8 个厂家终于被林薇说动了心，它们先后开发了几十种左手用品。林薇的生意也渐渐火暴起来。

发展到 2003 年 8 月，林薇已从鲜为人知的"左手市场"掘金 20 多万元，当初入股的朋友也都高高兴兴地拿到了分红。这时考虑到店面过于狭小，根本"应付"不了潮水般涌来的顾客，林薇就干脆把原来的小店交给忠实的雇员管理，自己又在西单商业街租下一个 80 平方米的门面，成立了一家分店。

为使更多人真正了解左撇子的世界，2004 年初，林薇请几位搞电脑的朋友在互联网上建了一个"左撇子俱乐部"网站。不光在网上推介自己的左手商品，还开辟了本市电话订货和全国邮购服务，而且介绍有关左撇子的各方面知识以及训练左手、活化右脑的方法。令人喜出望外的是，当一些都市白领从网站上了解到左撇子的诸多好处后，都纷纷开始锻炼左手，有的人"功夫"练到了家，左、右手竟然一样灵活。这样一来，随着"后天性"左撇子人数的不断增多，林薇的顾客群也越来越庞大了。

韩国和香港两家生产左撇子用品的大公司，还慕名发来电子邮件，主动邀请林薇在中国代理它们的产品。经过两年打拼，林薇猎获到百万财富，并拥有了自己的车子。

师行提问：如果林薇想做大她的左撇子生意，她需要做些什么努力呢？

资料来源：http://nc.mofcom.gov.cn/news/P1P64I3009101.html.

把冷门小生意做成豪门大生意

林薇用善于发现的眼睛找准了左撇子用品这一个细分市场，直接避开了来自那些大型日用品牌的市场冲击。我们的市场中，不乏这样的利基市场，虽然是冷门行业，但是把它集中起来，是足够支撑一到几个品牌的生存的。这样的创业项目一旦运作起来，短期内不必遭受巨大的竞争压力，可以充分利用前期的市场空白吸金，等到市场火热的时候，已经有了足够的底气来抵挡其他品牌的竞争。林薇的创业就是一个典型的找偏门下手的案例，集中零散的客户需求，小生意也可以成就豪门生意。

【老师点睛】

充分运用网络资源可助林薇一臂之力

方老师

我们在课堂上讲过长尾理论。美国人克里斯·安德森认为，由于成本和效率的因素，当商品储存流通展示的场地和渠道足够宽广，商品生产成本急剧下降并且商品的销售成本急剧降低时，几乎任何以前看似需求极低的产品，只要有人卖，都会有人买。这些需求和销量不高的产品所占据的共同市场份额，可以和主流产品的市场份额相比，甚至更大。不过长尾理论统计的是销量，并非利润。销售每件产品需要一定的成本，增加品种所带来的成本也要分摊。对于林薇的实体小店来说，每个品种的利润与销量成正比，当销量低到一个限度就会亏损。林薇的左撇子生意要继续做大，单靠开小店是绝对不够的，应该更多地依靠网络销售。淘宝的左撇子商城中目前可供顾客选择的左撇子商品有500多种，林薇最好通过网络销售进一步降低单品销售成本。网站维护费用比王府井附近的店面租金要低，同时不被地域所局限，还可通过网络访问找到更广大的顾客群体，将众多零散流量汇集成更大的商业价值。

林薇不妨更多地投资网站的建设，通过网站与供应商沟通、与顾客交流。用足够的耐心与等待培育消费者，培育市场，甚至可以通过网站搭建一个左撇子商品从定制到物流的平台。这样才更有可能像龙鹏所说，把小生意做成豪门大生意。

在社会大趋势中开拓属于自己的蓝海

袁老师

左撇子商机虽然不是很新的案例，目前关于左撇子市场到底有多大的潜力也有不同意

见，但是林薇能够从少数消费群的立场出发独树一帜，发现一个利基市场，提供顾客需要的产品和服务，还是相当不错的。在任何国家、任何时代都存在着大量的创业机会，到处都是前景广阔的"蓝海"，关键就在于我们用什么样的视角和思维模式去看待它。我偶然翻过一本书，书名是《老板是怎样炼成的——商机发现》（刘世忠著，西安交通大学出版社，2009），这本书正是针对"我想自己创业，但是不知道做什么好"的同学们编写的，其主要内容是：如何从社会大趋势中找到商机，让没有构想的创业者找到适合自己创业的行业和项目，成就创业者百万、千万、亿万的梦想。正在创业途中陷入迷茫的同学们不妨看一看，也许豁然开朗、柳暗花明了呢！如果有什么想法，也欢迎找个时间，约一些"BEST"学员一起讨论。

【网友围观】

网友 1

在校园周边做快餐确实是个商机，但是怎么能够做下去且做起来是个大问题。作为高你们三届的学长，大二那年，我们班几个人合伙开了个快餐店，主要做的是盒饭套餐等，针对广大的本科生客户群。刚开业的那些天，我们发了好多传单出去，价格优惠力度大，人气超旺，忙的时候全班十来个同学逃课到店里帮忙，还被方老师批了一顿。不过后来，随着同学们新鲜劲儿一过，顾客日渐稀少，大厨越来越难控制，成本直线上升，我们只好在寒假到来之前把店低价盘了出去。比较深刻的教训是，没有差异化，靠低价吸引顾客。合伙的几个同学中没有特别懂餐饮的，只是发现大家不满意食堂，加之做餐饮门槛比较低，就直接冲了上去。如果小师弟想做餐饮，一定要慎重考察，想清楚了再动手。

网友 2

如果想做餐饮，我推荐一家一直做得比较好的面馆——中原面吧（据说开店之前，有工管院的老师指点，做过很详细的市场调查）。那家店已经开了四年了，每到中午客流不断，提供的食品种类不算多，以面条为主。汤味好，分量足，面条筋道，价格实惠。不光是北方同学喜欢去吃热乎乎的面条，南方同学也好这一口。店里的装修倒是很一般，但是架不住大家喜欢去啊，据说一年收入好几十万元。尽管不是高端快餐，但是食物、服务、价格、环境都十分匹配，师行应该去考察一下。

看样子现在林薇的货源是不成问题的，她想继续做大还要做更多的宣传，像她已经选的网络就是一个很好的宣传途径，而且传播速度也比较快。如果有了一定的积蓄，就开全国连锁吧，这样既能够为更多的人服务，也可以扩大宣传。相信只要加大宣传力度，左撇子生意会红遍全国的。

我的创业新资讯

中国市场中隐藏的十七大创业商机

（1）高新科技产业。高新科技产业通常是指那些以高新技术为基础，从事一种或多种高新技术及其产品的研究、开发、生产和技术服务的企业集合。这种产业所拥有的关键技术往往开发难度很大，而一旦开发成功，却具有高于一般领域的经济效益和社会效益。

（2）房地产行业。未来的几十年，中国城市的住宅买卖和租赁市场依然会保持一个相对红火的状态。

（3）特许加盟。共享品牌金矿，共享经营诀窍，共享资源支持——特许加盟凭借诸多的优势，越来越成为备受广大创业者青睐的创业模式。

（4）新媒体。新媒体是相对于电视、广播、报纸、杂志等传统媒体而言的，是在新的技术支撑体系下出现的新的媒体形态，包括数字杂志、数字报纸、数字广播、手机报、移动电视、网络、桌面视窗、数字电视、数字电影、触摸媒体等，也被形象地称为"第五媒体"。

（5）休闲娱乐。随着全国人民生活水平的提高，休闲娱乐已经成为大众生活中不可或缺的一部分，这是一个相当庞大的产业。

（6）精致服务。如今，人们早已经不再仅仅满足于"吃得饱、穿得暖"的状态，而开始追求精致化、个性化、品质化、品位化的高端生活。因为在现代社会中人们享受的往往是过程，所以提升服务品质，用心为顾客提供更加精致化、品位化的服务，甚至让自己的服务不仅仅是满足客户需求，而且能够超出客户的期望，必将获得更多的认可和信任。

（7）医疗保健。得益于中国巨大和多样化的医疗需求市场，医疗保健行业将会随着政策的变化、市场需求导向、产业转型以及研发创新等背后力量的推动，体现出巨大的商业价值，特别是创新药物、医疗器械、医疗服务等新兴领域将获得更好、更大的发展机遇。

（8）教育培训。随着工作竞争压力越来越大和高校人才培养体系与社会需求脱节问题的日益严峻，作为学校教育（体制内教育）的衍生和补充的教育培训（体制外教育）行业，越来越受到人们的关注和重视。而且现在的教育培训围绕着校内和校外同时展开，两者之间的界限也越来越模糊，逐渐走向了多极化、竞争化，所以这是一块非常巨大而拥有无限潜能的利基市场。

（9）民族习俗。民族的就是世界的，传统的就是经典的。国际市场对具有中国文化元

素的产品的兴趣日益浓厚，这为我国的文化产品顺利进入国际市场创造了非常有利的条件，提供了难得的机遇，随之也掀起了一股弘扬民族文化、传统习俗的热潮。

（10）能源环保。中国作为仅次于美国的世界第二大能源消费国，在努力增加能源供应量的同时，实现可持续发展的唯一选择就是提高能源使用效率，改善能源消费方式，发展清洁能源技术。因此，新能源及节能环保产业必将成为未来社会发展的一个大趋势，除此之外，还将带动冶金、建材、电器、机械等多个行业的发展，这其中所蕴含的商业价值是不可估量的。

（11）汽车配套。汽车是一种拥有高附加价值的载体，随着中国汽车消费的快速增长，与之相关的汽车配套行业也开始大幅发展，平安符、香味剂、靠垫、定位导航仪、车载音响、音像制品、车载冰箱、车载电视、售后维修、汽车装饰、汽车护理等配套市场也越来越受到人们的关注，并呈现出十分强劲的发展势头。

（12）乐活生活。随着"乐活族"群体的不断扩大，"乐活"已由单纯个人化的生活方式、生活理念，逐渐发展成为最受欢迎的产品设计与推广思路，创造出一个又一个受人瞩目的商业模式，这包括持续经济（再生能源）、健康生活形态（有机食品、健康食品等）、另类疗法、个人成长（如瑜伽、健身、心灵成长等）和生态生活（二手用品、环保家具、生态旅游等）。值得一提的是，在未来，它很有可能变成人们的一种信仰，从而引领未来的生活潮流。

（13）资源整合。资源整合现在已经成为众商家所关注的议题，但是真正正规化、产业化的道路才刚刚开始，这样一个新兴的行业必然会蕴藏无限商机。从目前的状况来看，资源整合这一产业会一直发展下去，似乎根本没有极点，所以这个商机不可不察。

（14）国际交流。这个产业包括了国际交流和民间交换平台，在未来其蕴藏的产值空间将会十分巨大。自中国走向改革开放的那一刻起，中国就真正地向世界敞开了怀抱，与外界的联系越来越多，中国的经济也在与各国的交流中得到了极大的发展。有人曾这样说："任何国际交流都会创造更大的价值；联络整合资源，同样可以获得更多的收入。"

（15）农地流转。当前，农业领域的投资机会主要存在于与规模化经营的大农业相关的领域及农村消费市场。如果能够依靠资金力量在农地流转过程中获得土地，对农村土地进行变革，从而去推动城市化的进程，并促成产业化经营或者创新农业，其效率和回报率都将得到巨大提升。

（16）文化产业。随着经济的发展，动漫、电影、电视等文化产业均实现了快速增长，其发展速度甚至超越了其他产业。同时，国家对文化市场进一步开放，新闻出版业即将向民营资本开放，其间蕴藏着十分巨大的商机。

（17）创意产业。创意产业是一个以创意创新为核心，以知识资本运作为手段，统摄生产、传播、流通、消费等产业发展全过程的复合概念，是向大众提供文化、艺术、精神、心理、娱乐产品的新兴产业集群。作为一种"无污染、微能耗、高就业"的产业，创意产业目前在我国正处于快速上升期。近年来，以软件、动漫等为代表的创意产业发展迅猛，上海、深圳、北京等城市积极推动创意产业的发展，正在建立一批具有开创意义的创意产业基地，可见，创意产业的发展前景不可限量。

资料来源：http：//www.boraid.com/darticle3/list.asp? id＝150939.

热门话题六：商业模式的创新

> 一块钱通过你的公司绕了一圈，变成一块一，商业模式是指这一毛钱是在什么地方增加的。

——罗伯森·斯蒂文

用最直白的话告诉大家：商业模式就是公司通过什么途径或方式来赚钱，其本质是关于企业做什么、怎么做、怎么盈利的问题，实质是商业规律在经营中的具体应用。

我的新鲜事

今天中午去周边考察餐饮业，在学校附近小胡同口一家小馆子吃到一盘巨好吃的麻婆豆腐，辣得有层次、麻得有内涵，绝对的高手啊！于是乎赶紧溜到后厨跟老板（老板就是厨师）去套近乎。他告诉我一个非常日常的道理：豆腐有南豆腐、北豆腐之分，不同的豆腐的烹调方法也不一样。南豆腐质地比较软嫩、细腻，不适合炒菜，但用来凉拌或者做汤等，非常美味；北豆腐的含水量比南豆腐低，硬度、韧性都较南豆腐强，但比南豆腐香，用来做炒菜再合适不过了。而他做的麻婆豆腐是用特别挑选的南豆腐，再配以独家秘制的调料精心烹制而成，方成如此绝味。治大国，若烹小鲜，古之人诚不我欺也！咱这辈子也治不了大国，不过好不容易开个餐馆，必须选对餐馆的商业模式，最好还是具有独创性的，才能立于不败之地啊。于是乎，这周就边回家研制谢氏麻婆豆腐，边跟大家分享有关商业模式塑造的案例，诸位有空就过来尝尝哈，第一口免费。

我的创业课堂笔记：商业模式的创新

> **商业模式的创新　理论阐述**
>
> ● 什么是商业模式？
> ● 商业模式九要素
> ● 商业模式创新

● 什么是商业模式？

早在 20 世纪 50 年代就有人提出了"商业模式"的概念，但直到 40 年后（90 年代）

才流行开来。泰莫斯定义商业模式为：一个完整的产品、服务和信息流体系，包括每一个参与者和其在其中起到的作用，以及每一个参与者的潜在利益和相应的收益来源与方式。在分析商业模式过程中，主要关注一类企业在市场中与用户、供应商、其他合作伙伴的关系，尤其是彼此间的物流、信息流和资金流。

● **商业模式九要素**

价值主张：即公司通过其产品和服务所能向消费者提供的价值。价值主张确认了公司对消费者的实用意义。

目标消费群体：即公司所瞄准的消费者群体。这些群体具有某些共性，从而使公司能够针对这些共性创造价值。定义消费者群体的过程也被称为市场划分。

分销渠道：即公司用来接触消费者的各种途径。这里阐述了公司如何开拓市场。它涉及公司的市场和分销策略。

客户关系：全方位地看待客户，不仅向客户提供个性化的产品，还要根据客户的特定要求来设计企业自身的分销、物流模式，以期方便客户，提高客户满意度。

资源配置：即资源和活动的配置。

核心能力：即公司执行其商业模式所需的能力和资格。

合作伙伴网络：合作伙伴网络牵连很广，它包括各个供应商、渠道商以及各种战略合作伙伴关系等，总的来讲，它描绘了企业的商业联盟范围。

成本结构：即所使用的工具和方法的货币描述。成本结构可以根据成本的经济用途进行划分，如产品成本、服务成本等，也可以根据成本的服务对象等来进行划分。不同的工具与方法能让企业从不同的角度对优化成本结构进行思考。

盈利模式：即公司通过各种收入流来创造财富的途径。

商业模式的九个要素环环相扣，相互影响（见图6—1），而商业模式恰恰就是包含这九个要素及其关系的概念性工具，并用以阐述某种实体的商业逻辑。

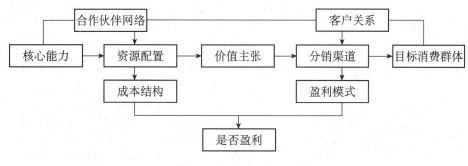

图6—1 商业模式

创业案例集锦

● 商业模式创新

商业模式创新属于企业最本源的创新。成功的商业模式也不一定只是单纯地在技术上进行创新，而有可能是对企业经营某一环节的改造，或是对原有经营模式的重组、创新，甚至是对整个游戏规则的颠覆。商业模式的创新贯穿于企业经营的整个过程之中，同时也贯穿于企业资源开发、研发模式、制造方式、营销体系、流通体系等各个环节。每个环节的创新都可能塑造一种崭新的、成功的商业模式。为了帮助中国企业尤其是在路上的创业者以最短时间了解当前对中国管理界影响最大的商业模式，下面选出十大商业模式（见表6—1），希望给中国新生代创业者以启发。

表 6—1　　　　　　　　　　　　　十大盈利商业模式

	B2B电子商务模式	娱乐经济新模式	新直销模式	国美模式	C2C电子商务模式
代表公司	阿里巴巴、环球资源、生意宝	湖南卫视、上海东方卫视、北京电视台	安利、雅芳、完美、天狮、玫琳凯	国美、鹏润、苏宁、大中	淘宝网、Ebay易趣网、飞鸽传书、腾讯拍拍
影响领域	网上交易	娱乐文化	化妆品、日用消费品、保健营养品	家电零售业	网上个人交易、零售业
模式关键词	汇聚大量市场信息，提供增值服务；在线贸易、信用分析、商务平台	独特的价值链与品牌内涵；娱乐营销、事件营销、整合营销	多层次人力直销网络	资本运作，专业连锁，低价取胜，利润主要来自供应商的返利和通道费	网上支付、安全交易、免费模式、娱乐营销
	分众模式	虚拟经营模式	经济型连锁酒店模式	网络游戏模式	网络搜索模式
代表公司	分众传媒、IZO企业电视台	耐克、美特斯邦威	如家、锦江之星、莫泰、7天	盛大公司、网易、第九城市	百度、谷歌、雅虎等垂直搜索网站
影响领域	户外广告、品牌传播、商务视频	服装业、零售业	酒店、餐饮	互联网、网络游戏	互联网搜索
模式关键词	提供准确投递广告的新媒体；即时互动多媒体整合平台	虚拟经营外包，降低生产成本	酒店连锁低价，快速地加盟、复制、扩张	免费模式互动娱乐，满足用户需求，延长游戏的生命期，提供更持久的现金流	竞价排名、网络广告、搜索营销

身边的创业案例 11

哎呀呀的快时尚商业模式

创业者小档案

创业者：叶国富

创业年龄：27 岁

创业项目：哎呀呀女孩饰品连锁

人生理想：建立全球最大的饰品连锁系统

创业感悟：如果你要做全球第一品牌，那就不仅要理念超前，而且要技术领先。

创办于 2004 年的广东哎呀呀饰品连锁股份有限公司（以下简称哎呀呀）近年来创下了行业奇迹。自 2007 年以来，这位新秀始终以每天开两家新店的速度稳步扩张，目前在全国的连锁门店超过 3 000 家，终端年销售额超过 18 亿元。"平价连锁＋快时尚"的商业模式成就了哎呀呀的"小饰品，大生意"梦想。

三个核心竞争力：产品、渠道和用户

哎呀呀是饰品企业，是连锁零售企业，是服务女性消费者的"快时尚"企业。这三句话对应着哎呀呀品牌的三个核心竞争力：产品、渠道和用户。

哎呀呀的产品主要为小饰品，而小饰品面向的目标消费群是 13～26 岁的年轻女性，这一年龄段的女性喜爱时尚装扮，这就需要抓住产品时尚的"快"。所谓的"快"是指产品的更新速度要快，可以让年轻女性随时在你的店铺里发掘新产品。哎呀呀的"全国 3 000 家店，每周上新货"正是迎合了年轻女性"善变、喜新"的这一特点。

有了快时尚的核心理念，哎呀呀开始围绕快时尚进行多维度的资源配置，在全国范围内招募时尚买手游走于巴黎、东京等国际大都市采购潮流美饰；每天开发数十款时尚饰品作为备选产品，通过网友的评测和试用后挑选最受欢迎的饰品投入市场；寻找年轻女生最为喜欢的亚洲第一组合 S. H. E. 和台湾迷幻王子林宥嘉进行品牌代言。

精准的商业模式：连锁零售

看好了市场，选对了行业，接下来就要找好自己的商业模式。哎呀呀的商业模式是连锁零售模式。饰品保证了市场，连锁则保证了贴近市场、深耕市场。而连锁要想锁得起来，价格、品牌、IT 系统缺一不可。哎呀呀从成立之初就强调"平价是一种战略"。哎呀呀的定位就是"平民时尚"，让产品"买了不心疼，丢了不可惜"，让顾客重复消费，表面上她们买的是一款产品，事实上买的是一种欢乐的心情。但仅仅平价并不能引起消费者和加盟商的兴趣，还需要"品牌"效应。这就是哎呀呀创立伊始就斥巨资请明星做代言的一

个重要原因。历年来，哎呀呀在品牌方面的投入不断升级，良好的品牌保证了连锁加盟体系的快速推进，也让消费者越来越多地认识、了解哎呀呀。

在 IT 系统建设方面，早在 2008 年时，哎呀呀就投入上千万元，建设信息化管理系统，为加盟商订货提供了便捷，率先步入了精细化管理时代。

"什么叫最佳商业模式？最佳商业模式应该是一个企业最具有核心竞争力的因素，哎呀呀用了三年开到两千家店靠的是什么？是商业模式。别人开发的首饰卖得很贵，而哎呀呀把饰品作为快速消费品来卖，每天研发数十款新品，其实就是快文化下的快时尚！"这是哎呀呀饰品连锁股份有限公司董事长叶国富在获 2010 年度最佳商业模式大奖后的激情感言。让叶国富高兴的不仅仅是跟淘宝、苏宁、凡客诚品等国内大牌同台领奖，更是哎呀呀的商业模式终于得到权威机构的认可。

师行：天下武功，唯快不破。快时尚概念能不能被快餐业所借用呢？

资料来源：http://www.cb.com.cn/1634427/20101229/177173.html.

【龙鹏感悟】

"哎呀呀"的商业模式引发了我的思考

为了学习与借鉴，我们会经常总结他人成功的创业模式。我觉得哎呀呀的成功模式关键在于三个方面：

其一是消费者的需求。现在年轻女孩们对时尚饰品的喜爱构成了源源不断的订单。

其二是哎呀呀时尚饰品的供应。搜集全球的时尚概念，开发出时尚的产品，构成了这套商业模式中的水源。

其三是哎呀呀终端的大面积推广。3 000 家店面的终端销售将产品供应与消费者需求完美对接。而哎呀呀最重要的工作莫过于将这三个点连成一条线，维护好这条生产供应线的秩序就可以为哎呀呀不断创造"秩序管理费"。

在我的服装公司经营过程中，我不断告诫自己多看多想，不必急功近利，应该在模仿中创新，对商业模式做长期的思考。对我而言，客户是中学与大学学友，货源也比较稳定，但制约这套管理秩序成熟的关键点在于如何让我的客户接近我的产品。所以加强终端的销售力量，改进终端销售方案，建立自己的品牌价值，将成为九尾服装有限公司在商业模式上的重要探索。

【老师点睛】

将"快时尚"引入快餐经营中未尝不可

方老师

案例很好地诠释了哎呀呀的商业模式，根据商业模式九要素来分析，哎呀呀的商业模式就是：针对 13~26 岁的年轻女性，以"新产品的快速开发与推出"为核心竞争力，提出"时尚＋平价"的价值主张，采用连锁经营构建合作伙伴网络以及渠道网络，在品牌推广以及产品开发、IT 系统建设方面配置优势资源，轻资产运行，虚拟化经营，从而达到企业的盈利与扩张。

服装界的"Zara"和"HM"早已将"快时尚"作为行业比拼角逐的核心竞争力。同样在服装行业创业的龙鹏，不妨把眼光从工厂、产品、客户的直线思维中脱离出来，看看自己的核心竞争力是什么。有没有可能构建合作伙伴网络？有没有改变成本架构的可能？是不是也应该提出更明确的价值主张？利润的来源除了一件一件地卖衣服，有没有可能卖设计、卖服务？

师行的思维很活跃，把快时尚和快餐联系在一起，这的确是创新的好思路。在我看来，"快时尚"的核心一方面是紧跟潮流更新快，另一方面就是平价。既然平价的时尚饰品与服装受到广大消费者的欢迎，那么平价的时尚餐厅肯定也有很大的市场。什么是时尚餐厅呢？不妨定义为时尚的年轻人常去的就餐与聚会场所。年轻人喜欢去星巴克，那在长沙的罗莎蛋糕店辟出店内幽静一角，售卖与星巴克味道不相上下，但价格便宜 40％ 的各种咖啡以及美味的蛋糕，是不是也会受欢迎？把快时尚的概念运用到快餐的经营中，应该还有很多可以挖掘的地方，师行不妨再仔细想一想。

商业模式创新的四个标准
袁老师

哎呀呀的商业模式很有创意，商业模式创新属于企业最本源的创新，离开商业模式，其他的管理创新、技术创新都失去了可持续发展的可能和盈利的基础。其实很多中国过去 10 年成功企业的商业模式都源于美国。想要做到本质上的商业模式的创新，可以依照四个标准：（1）借助新技术和整合新资源；（2）开拓新的盈利模式；（3）模式具有可持续性，具有良好的业绩；（4）模式给其他行业很好的启发，并带动各行业模仿和创新。是否有必要在快餐业进行商业模式创新？有没有创新的空间与余地？大学生创业者有没有创新的资源与能力？如何创新？建议师行仔细思考，拿出一个商业计划书来，我们再进一步讨论。

身边的创业案例 12

"人人购"商业模式

2007 年底，在浙江大学哲学系读研究生的赵子龙，受到美国购物网站"Woot"的启

发，决定创办一个新模式的购物网站——每天更换商品，以"购物狂"销售的形式来推广产品，这是以往实体销售和传统电子商务中所没有的。2008 年 2 月，"人人购"网站正式上线。创建不久，网站便受到美国和上海两位风险投资家的青睐，获得了 100 万元的投资基金。

2009 年春节刚过，很多厂家瞄上了"人人购"，纷纷找上门想在网站上销售商品。同时，"人人购"新颖独特的网络模式也逐渐受到人们的追捧，不少白领成为"人人购"的购物狂。或许，"顾客就是上帝"这句话到购物网站"人人购"面前要打不少折扣，因为这家颇有个性的网店里每天只卖一种商品，而且是仅售一天，零点整上架，最迟 23 点 59 分下架，过时不候，买不买随你！什么"商品齐全"、"类型多样"、"供长时挑选"等众多商家眼中抓住顾客的法宝在此通通被淘汰。

因为单品奇货可居，十足的神秘感又勾起了不少网友的好奇心。"人人购"很快培养出一群"忠实买家"，每天晚上在网上抢便宜货，有的限量商品一推出没多久就消失了——抱歉，下单太慢的朋友，商品已经卖完了。

复制美国 Woot 网站

2 月 2 日 14 点 10 分 4 秒，离购买截止时间还有"9 小时 50 分 56 秒"——到 2 月 3 日凌晨整点，这件韩国疯抢的时尚 LED 表将宣告准时下架，市场价 280 元，抢购价 56 元，只卖一天。登录"人人购"网站，首页里设置着社区、日志等几个不太显眼的分类，只有今日出售的一件商品的大幅图片和相关信息出现在醒目位置，与淘宝网上让人眼花缭乱的购物网店相比，它简单得几乎不像是一个购物网站。

据了解，"一个交易日模式"是得克萨斯州的 Woot.com 网站首先开始实行的。Woot 网站是由电子批发商 MattRutledge 创立的，Woot 网页上的产品精品集中在电脑元件和电子小配件上，所有产品均以存货的价格出售。"一个交易日模式"就是在网上销售产品时实行限时限量打折，参与的物品从珠宝到电子产品，折扣力度不一。这种销售网站与博客相似，更新频率很高，网站通常提供以前成功交易的情况，而且顾客可以浏览这些交易概况。现在网上大约有 100 个"一个交易日模式"的网站，很多都是由电子零售商创建的，而且都在寻求扩张。赵子龙就是那些电子零售商中的一位。

每天保持神秘感

"人人购"每天只卖一种商品，如果不到一天卖完了就立马换下一档，生意好时一天可以狂卖几档商品。但是如果某类商品一天没有卖完，第二天凌晨也坚决下架。这就是网站奇怪的规矩：一天只卖一种东西，最多只卖到当天 23:59，新货每天零时准时上网，此前网友不知道第二天会卖什么，买家也不知道商品有多少存量，反正先到先买，售完为止。这种模式有些类似《阿甘正传》里的经典之语：生活就像一盒巧克力，你永远都不知道下一块是什么味道。在电影里这句话曾让阿甘义无反顾地去奋斗，而在电子商务中它又使得众多网友好奇地翘首等待新的惊喜。

更有趣的是，"人人购"网站每个月还会出售一次"哆啦 A 梦的口袋"——3.99 元。买到的袋子在收到前完全是个谜，因为它里面有可能是一个法棍面包键盘手腕垫，也可能是一个触碰式感应台灯，这个神奇的"口袋"幻化成了能变出百般花样的宝贝盒。

当然，为了便于购买者获知所买商品的性能，网站下方还以长篇给出了类似"使用说明"的文字，只不过这个说明书延续着网站一贯的另类风格——在所有网站商品下面，都会配发极具搞笑、幽默、诙谐等特点的故事性"产品说明书"，不少人就是因为这些小故事而喜欢上了这个网站。

不过，你可能会觉得便宜的东西一定没好货，如果你是这样想就错了。比如"人人购"曾推出的一款盛大已经停止运营的产品易宝，其在盛大的官方网站报价 498 元，一般渠道售价 355～400 元，但"人人购"只卖 29.9 元，给出的价格显然更符合物美价廉的购物标准。尽管在下一个商品开卖之前你并不知道接下来要卖的是什么，不过，只要你耐心，在"人人购"上面还是可以捡到许多便宜的好东西，你只要查看每日商品的浏览量和留言以及网站做出的一些数据图标，就能明白哪类东西是如何惊人的好卖，然后直接下订单。

打通渠道玩转电子商务

"人人购"在线网站什么都卖，大到汽车、音响、笔记本电脑，小到闹钟、键盘、T恤，大多是一些新奇好玩的东西。赵子龙说，他销售的商品能够普遍低于市场价两成，甚至五成。这些都得益于他曾经做过电子商务，有很多相熟的供应商，同样的货物，他能拿到市场价的五折、六折。同时，由于省去了进货环节和实体店成本，"人人购"保持着价格优势。

"一天只卖一种商品让网站人气大增，其实流量本质上等于给这个商品的生产厂家打广告。"当厂家有新品上市需要推广与试销售，或者有大量库存需要立即清仓，就会找到赵子龙。他依靠独特的模式，目前已建立了完善的供应商服务制度，当供应商为网站提供低价货品时，网站会视与供应商合作的程度，给予不同的广告、市场推广支持服务，如正文中的介绍、首页出现的供应商广告、友情链接提供、相关视频广告制作等。

虽然现在还未实现大幅盈利，但连续几个月不断增长的销售额和注册用户使得赵子龙对未来信心满满。"一切顺利的话，我们下半年能开始产生稳定的盈利。"赵子龙说。"人

人购"以后不仅会通过购物平台稳定地提升人气，还会开展其他的特色服务，如特色物品定制频道、女性购物频道等，同样是通过特色来吸引流量。即便不可能做到像阿里巴巴那样辉煌，但这种盈利模式简单清晰、运作成本低、能为客户提供最低价位的商品模式，没有理由不成功。

师行："人人购"之后，团购之风来袭，商业模式极为相似，"人人购"还能成功吗？

资料来源：http://xueyuan.cyzone.cn/moshi-moshi2/71688.html.

【龙鹏感悟】

学为我所用——寻找属于自己的成功商业模式

赵子龙通过学习创造了自己的商业模式，选择的行业也是最热门的电子商务行业，并成功得到了风险投资商的青睐，确实做得很好。我刚去"人人购"的网站登录，发现网上挂的还是9月底的产品，产品是普通的男女保暖内衣。可见，"人人购"必须寻找更新更好的商业模式才能进一步发展。电子商务上的商务模式创新空间比较大，但容易被模仿，也容易被新的模式所冲击。

我做服装，师行有意做餐饮，对于我们而言，不用过于执著于商业模式的创新，还是先对所在行业现存的商业模式做一个全面分析，或者通过创业导师的指点来降低创业风险。清醒地认识到自己的盈利模式，塑造自己的核心竞争力，或许才是我们走上成功商业模式的出路。

【老师点睛】

江山代有才人出，商业模式需一直在创新的路上

方老师

如果说"人人购"在最初的一年多取得了一定的成功，对于消费者猎奇心理的把握是一个关键，案例充分说明了抓住消费者的消费心理意义重大。青年人的特点是热情奔放、思想活跃、富于幻想、喜欢冒险，这些特点反映在消费心理上，就是追求时尚和新颖，喜欢购买一些新的产品，尝试新的生活。

好的商业模式必然带来模仿与竞争，"人人购"的货源问题以及用户黏性的问题还没来得及寻找最佳解决方案，就迎来了风起云涌的"千团大战"。几乎所有的团购网站都是从"每日一单、一单团购产生上万购买"的商业模式中脱胎而来的。按理说，只要商家有库存产品与闲置服务，有做广告的需要，消费者有以较低的价格获得较高价值的产品与服务的需求，团购网站作为一个实现了线上与线下循环、将商家与消费者有效对接的平台，

创造了价值，应该有经营利润以及生存和发展的空间。

目前，对团购网站危机的报道越来越多：团购网站的鼻祖"Groupon"上市之前也被诟病为"迎合消费者利益的同时不可持续地伤害着本地商家的生态圈"；国内的很多团购网站被曝"跑马圈地"、"赔本赚吆喝"，处于亏损以及资金烧完的困境；团购网站的不少用户从最开始的每天兴致盎然地登录网站寻找吃喝玩乐的好去处，逐渐陷入被几十页的团购引擎搞得头晕目眩，最终不得不放弃团购的境地。

现实最终又将逼着"人人购"以及其他团购网站寻找新的商业模式。以实体商品团购为主的"聚划算"将团购软件植入智能手机，只要按"我饿了"或者"我很无聊"的键，就能出现周边餐馆与娱乐设施的折扣信息等。智能化、个性化、精准化都是未来电子商务以及团购网站商务模式创新的方向。

探索最佳商业模式

袁老师

电子商务如今已经成为人们生活的重要组成部分。作为电子商务的翘楚，淘宝网以免费的模式将最大的竞争对手置于被动地位，并吸引了众多网上交易的爱好者到淘宝开店。淘宝网还打造了国内先进的网上支付平台"支付宝"，其实质是以支付宝为信用中介，在买家确认收到商品前，由支付宝替买卖双方暂时保管货款的一种增值服务。最近关于淘宝的新闻很多。作为亚洲最大的电子商务渠道商，淘宝面对快速前行、日新月异的行业环境已经有些步履沉重；依附于淘宝成长的大小商家，也因缺乏制定规则的话语权而感到生存压力倍增。商业模式的改革与创新，是电子商务永恒的话题。

有一本关于商业模式的书，推荐给大家：《最佳商业模式》（刘旗辉主编，清华大学出版社，2008）。在该书中，《商界评论》、长江商学院和北大纵横管理咨询公司等三方合作，选择了案例调研的方式来完成最佳商业模式的甄别，用独立、独家的评选标准和视角解剖了中国近三年的最佳商业模式。成功的企业都有其赖以成名的商业模式，每一个成功的模式都有其价值创新的核心链条。该书的创作团队正是基于一种对企业的全新评价方法，引领大家关注一个公司的内在表现，关注其创造价值的核心逻辑与成长的根本动力。

【网友围观】

网友1

很多人总喜欢把一个简单的东西复杂化。比如商业模式，有时候表述得连自己都不理解！殊不知简单的东西才更具有力量。"哎呀呀"把自己的商业模式概括为三个字：快时尚，既简单又生动，我认为这样的商业模式表述方式才是真正可取的！

网友2

我喜欢打电游,我觉得盛大就独自开创了在线游戏的新的商业模式。在 2005 年 12 月,盛大主动宣布转变商业模式,将自己创造的按时间收费的点卡收费模式改为实施道具增值服务的计费模式。盛大希望以一种有效的运转模式发现和满足用户需求,延长游戏的生命期,并为公司的互动娱乐战略提供更持久的现金流。经历了一段低迷期后,由于免费模式的推行,盛大的在线游戏的核心竞争力不断强化,收入得到了快速恢复和增长。盛大游戏转型免费前,国内在线游戏还未流行免费,而现在越来越多的在线游戏运营商摒弃了按时间扣点的单一收费模式。久游网也是一家摒弃了单纯地按时间收费模式,而为用户提供一站式服务的网游公司。

网友3

阿里巴巴被誉为全球最大的网上贸易市场,不仅推动了中国商业信用的建立和发展,也为广大的中小企业在激烈的国际竞争中带来更多的商机。阿里巴巴汇聚了大量的市场供求信息,同时通过增值服务为会员提供了市场服务。特别值得一提的是诚信通,由于能够协助用户了解客户的资信状况,因此对电子商务市场的诚信度的建立深有意义。阿里巴巴的成功因素之一就在于它的 B2B 电子商务模式。

我的创业新资讯

21 世纪中国最佳商业模式评选颁奖典礼圆满谢幕

未来企业明星逐一亮相,展现成长中的中国力量,2011 年 11 月 7 日,21 世纪商业模式盛典暨 21 世纪中国最佳商业模式评选颁奖典礼在北京海航万豪酒店圆满谢幕。21 世纪中国最佳商业模式评选由《21 世纪商业评论》、《21 世纪经济报道》主办,迄今为止已成功举办五届。《21 世纪商业评论》自 2004 年创刊,持续关注"商业模式"概念,通过追踪研究大量企业案例,并进行深入分析,率先科学定义商业模式的概念,建立商业模式内涵分析框架体系。

"21 世纪中国最佳商业模式评选"的举办,旨在为中国企业的创新树立新标杆,通过全面评估中国企业的商业模式创新能力,褒扬传播中国公司的最佳"商业模式创新"实践,从而推动中国公司商业创新转型,为国内外投资者提供高价值的企业投资指引。

如今,商业模式创新作为一种新的创新形态,其重要性已经不亚于技术创新。有经济学家预言，商业模式创新给在复苏期希望取得领先优势的企业以启迪与思考。商业模式创新在中国非常重要，甚至有可能是现阶段与未来 10 年、20 年的一个发展引擎。

"21 世纪中国最佳商业模式评选"以鼓励并表彰企业商业模式创新为目标，本届有电子商务、医疗、食品加工、物流、证券金融、投资理财、环保产业、汽车租赁、珠宝首饰、房地产、社区服务、传媒、酒类、软件制造等涉及近 20 个行业的企业获奖，相信通过对这些商业模式创新实践的表彰，将使这些有着精妙商业模式和理念的公司的成功经验影响更多的创业者、领导者。

2011 年的"商业模式"发展，总结为"开放·聚合·创新"，涵盖了商业模式开放吸收、商业模式平台聚合、商业模式发展创新三项内容。商业模式如何在开放的环境下创新、如何进行商业思想的聚合、如何保持商业模式的不断创新，引起了参会嘉宾的浓厚兴趣，大家从商业模式创新的路径，以及新技术在商业模式中的应用等角度进行了深入透彻的讨论。

附："21 世纪中国最佳商业模式评选"获奖榜单

● 2011 年 21 世纪中国最佳商业模式创新奖

苏宁电器股份有限公司

首汽租赁有限责任公司

神州数码控股有限公司

上海浦东发展银行

中信银行（中小企业最佳融资伙伴奖）

每克拉美（北京）钻石商场有限公司

诺亚财富管理中心

宜信集团

● 2011 年 21 世纪中国最佳商业模式奖

北京荣昌科技服务有限责任公司

深圳德润环保投资有限公司

北京亿佰优尚信息技术有限公司

上海信泽传媒

四海商舟电子商务有限公司

上海红酒交易中心

返利网

浙江迪安诊断技术股份有限公司

北京五百城电子商务有限公司

客多传媒（中国）有限公司

● 2011 年 21 世纪中国最佳商业模式单项奖

最具投资价值商业模式奖　北京东方车云信息技术有限公司（易到用车）

最具潜力商业模式奖　广州乐行信息科技有限公司

最佳服务商业模式奖　24 券

最佳资源整合商业模式奖　天安数码城（集团）有限公司

最佳平台商业模式奖　泛高尔夫网

资料来源：和讯网。

热门话题七：商业计划书的撰写与点评

> 对于创业而言，计划尤为重要。商业计划书是创业活动的指导性文件，商业计划绝对不是一个销售计划，里面有无数细节，无数人才的运营。

——马云

任何工作都要有计划性，否则就会像没有明确航向的船，永远不能到达成功的彼岸，创业更是如此。

我的新鲜事

昨天听一个同学在抱怨自己大学生活空虚无聊，除了打 DOTA 就是瞎倒腾，我见堪怜。曾忆否，有一个学长，他每天的生活丰富多彩，无论是学习还是活动方面都做得十分出色，乃我辈楷模。这是因为他在进大学之初就给自己制定了一份详细的计划，并且按照计划一步步执行，这就是他成功的秘籍。学长的故事给了我很大的启发，详细周密的计划对于正在创业的我非常重要。按方老师和袁老师的要求，在这周我要把快餐店的商业计划书拿出来进行讨论，可是一个接一个的小组作业正在跟我缠绵悱恻，哀怨地对我说："来嘛……还没完呢……继续……"所以朋友们，力气大的帮我踹它一脚，脑袋好使的咱一起学写商业计划书吧！

我的创业课堂笔记：商业计划书的撰写与点评

商业计划书的撰写与点评　理论阐述

- 什么是商业计划书？
- 为什么要写商业计划书？
- 如何撰写精简版的商业计划书？
- 商业计划书写作要点

● 什么是商业计划书？

商业计划书（business plan），是公司、企业或项目单位为了达到招商融资的目的和其他发展目标，在经过前期对项目科学地调研、分析、搜集与整理有关资料的基础上，根据

一定的格式和内容的具体要求而编辑整理的一个向读者全面展示公司和项目目前状况、未来发展潜力的书面材料。商业计划书是目前市场应用最多的应用写作文体之一。

● 为什么要写商业计划书？

（1）商业计划书促使你找出自身（以及你的公司）的优势和弱势。思考你所拥有的以及你所缺乏的，都可以让你大致了解现实的成功机会。你的目标应该集中于自身的优势，并解决可能阻碍企业成长的任何问题。

（2）商业计划书帮你计算出你需要多少资金。初创企业家习惯于低估创业所需的资金。切记：资本短缺是企业在第一年就举步维艰甚至关门大吉的主要原因之一。撰写商业计划书促使你了解资金从哪儿来、到哪儿去，以及资金是否足够——不仅能使企业起步，还能使其在后续年份中持续成长。

（3）商业计划书为你指出明确的方向，这有助于消除压力。作为企业所有者，你经常要扮演多重角色——这会让你感到头绪纷杂、混乱无序、筋疲力尽。一份概述未来任务与计划的文件可以避免负担过重，帮助你制定现实目标、保持有序经营并提高生产率。

（4）当你寻找贷款人、投资者或合作伙伴时，商业计划书的作用就好比简历。即使你目前没有从外部融资的打算，商业计划书在租赁场地（房东可能会要求阅读商业计划书）或寻找商业合作伙伴时也会有很大的帮助。对于一起创业的合作伙伴而言，撰写商业计划书确保每个人对公司宗旨和战略的理解都一致。

（5）商业计划书会促使你评估自己的产品或服务的市场。撰写商业计划书时，你会对当前的市场进行调研，了解你的产品或服务如何与现有产品或服务竞争。通过分析竞争环境，你将了解如何为产品或服务定价，如何进行正确的顾客定位，以及如何让你的公司脱颖而出——尤其是在激烈的市场竞争中。在整理商业计划书的内容时，你将看到许多机会，利用这些机会，可以进行细致的理念调整，避免可能酿成灾难的问题并最终增加成功的机会。

● 如何撰写精简版的商业计划书？

精简版的商业计划书即执行摘要（executive summary），一份有效的执行摘要可能包括下面几个部分。

（1）问题：你正在解决的最紧急、最重要的问题是什么？或者你正在瞄准的机会是什么？

（2）解决方案：你如何解决这个问题或者如何抓住机遇？

（3）商业模式：谁是你的客户？你如何赚钱？

（4）潜在的魔力：你的公司如何做到与众不同？

（5）营销和销售战略：你切入市场的战略是什么？

（6）竞争分析：你跟谁竞争？你与竞争对手各自的优势何在？

（7）预测：未来三年你的财务预测是怎样的？实现这些预测的假定条件有哪些？

（8）团队：你的团队包括哪些人？他们各有什么特长？

（9）现状和未来安排：企业现在的发展情况如何？近期将达到哪些重要目标？

执行摘要的内容不应该超过两页纸，因为其目的是向别人推销企业，而不是描述企业。

● **商业计划书写作要点**

商业计划书写作要点见表7—1。

表7—1　　　　　　　　　　　　　商业计划书写作要点

要	不要
力求表述清楚简洁。	对产品或服务的前景过分乐观，令人产生不信任感。
关注市场，用事实和数据说话。	数据没有说服力，比如拿出一些与产业标准相去甚远的数据。
解释潜在顾客为什么会掏钱买你的产品或服务。	导向是产品或服务，而不是市场。
站在顾客的角度考虑问题，提出引导他们进入你的销售体系的策略。	对竞争没有清醒的认识，忽视竞争威胁。
在头脑中要形成一个相对比较成熟的投资退出策略。	选择进入的是一个拥塞的市场，企图后来居上。
充分说明为什么你和你的团队最合适做这件事。	用含糊不清或无确实根据的陈述或结算表。
声明公司的目标。	没有仔细挑选最有可能的投资者，而是滥发材料。

身边的创业案例 13

师行快餐店创业计划书

目录：概要、餐饮店概述、市场分析、市场营销战略、餐饮店管理结构、财务状况分析。

1. 概要

本餐饮店的创业计划书主要是围绕如何创建一个学生营养快餐店而展开的调查分析和计划，阐述了在学校附近开办此餐饮店的具体内容，属创业计划类。

2. **餐饮店概述**

餐饮店地段：××大学附近商业街。

餐饮店定位：中高端自助式餐饮店。

主要消费人群：大学生和 MBA、EMBA 学员等。

经营面积：100 平方米左右。

服务内容：主要提供早餐、午餐、晚餐以及特色冷饮和休闲餐饮等。早餐以湖南等南方小吃为主打特色，北方小吃作为辅助。品种多，口味全，营养丰富，就餐者有更多的选择。午餐和晚餐则有南北方不同口味菜式。而非餐点又提供各种冷饮，如果汁、奶茶、甜酒酿、咖啡、水果拼盘等。

服务方式：本餐饮店采用自助快餐的方式，使顾客有更轻松的就餐环境与更多的选择空间。

装饰格局：本餐饮店装饰自然、随意，同时富有现代气息。墙面采用偏淡的温色调，厨房布置合理精致，采光性好，整体感观介于家庭厨房性质与酒店厨房性质之间。

3. 市场分析

总体概况：市场容量较大，仅××大学就有在校生 2 万多人，有较为庞大的基础消费人群。再加上 MBA、EMBA 学员这部分高端消费者，能够较大提升餐饮店的盈利水平。

SWOT 分析：具体分析见图 7—1。

strength（优势） 口味丰富，卫生有保障。 方便快捷，节约时间。 装修舒适简洁。 市场覆盖更广。	weakness（劣势） 规模较小，能力有限。 知名度、美誉度尚未建立，市场开启较难。 对消费者的心理把握不是很到位。
opportunity（机会） 消费群体庞大。 大学周边自助餐饮店几乎空白。 管理学院MBA、EMBA学员消费能力较强。	threat（威胁） 餐饮行业竞争激烈。 大学生喜好变化较大。 各地口味差异较大，很难满足这种差异性需求。

图 7—1　师行快餐店 SWOT 分析

4. 市场营销战略

（1）本餐饮店开业之前，要做广告宣传，因为主要客户群是学生，而学生中信息传递速度快，覆盖面广，所以宣传上可不用太大的力度，只需进行传单或多媒体（如音响）等形式的简单广告即可。

（2）本餐饮店采取自助餐的方式，提供免费茶水和鲜汤。米饭的质量相对竞争者要好，可采用不同的做法（如蒸熟，是一种南方饭馆常见的米饭做法），使口感与众不同，以求有别于竞争者，给顾客更多的优惠，吸引更多的客源。此外，本餐饮店还推出水果沙拉、薯条冰淇淋等休闲食品。

（3）餐饮店使用不锈钢制的自助餐盘，既节约又环保。废弃物也不随便倾倒，可以与养殖户联系，让其免费定期收取，如此可以互利。据悉，竞争者在这方面做得并不到位，因此良好的就餐环境是可以吸引更多的顾客的。

（4）暑假期间虽然客源会骤降，但毕竟还有部分留校学生，届时可采取减少生产量、转移服务重点等方式，以改善暑期的经营状况。寒假期间可考虑休业一个月，以减少不必要的成本支出。

（5）市场经济是快速发展的、变化的、动态的，因此要以长远的眼光看待一个企业的发展，进行分析，并制作出长期的计划。每过一个阶段就该对经营的总体状况进行总结，并作出下一步的计划，如此呈阶梯状发展模式。在经营稳定后，可以考虑扩大经营，增加其他服务项目。也可以寻找新的市场，做连锁经营，并慢慢打造自己的品牌，可以往专为学生提供饮食的餐饮行业发展。总之，要以长远的眼光看待问题，如此才能有企业的未来。

5. 餐饮店管理结构

店长1名，收银员1名，热菜厨师1名，服务生2名，洗菜小工2名。

6. 财务状况分析

（1）初始阶段的成本大约为 13 100 元（场地租赁费用 3 000 元，餐饮卫生许可等证件的申领费用 600 元，场地装修费用 3 000 元，厨房用具购置费用 4 000 元，基本设施费用等 2 500 元），流动资金 5 000 元。

（2）根据每日经营财务预算和分析以及对市场的调查，可初步确定市场容量，并大致估算出每日总营业额约 1 000 元，收益率 30%，毛利润 300 元。由此可计算出投资回收期约为两个月。

师行：这是我创业的初步构想，比较简单，请老师和同学指点。

【龙鹏感悟】

创业不可无计划——我也要写商业计划书

像我这种人总是喜欢实实在在的东西。自己的小公司也是边做边看，商业计划书我还真没有研究过。刚从师行的创业课堂笔记中看到，对于一个创业者来说，不管你是把计划书写给风投看，还是梳理自己的创业项目，商业计划书都是很有好处的。

一份具有实际意义的商业计划书必须经过一系列的调查过程才能完成。经过实地的市场调查或者二手资料的收集，能够弥补靠经验判断市场的不足。另一方面，它还要求你对

你未来的发展方向有一定的规划，可以避免自己在创业的过程中头脑发热、急功近利、贸然发展，也能在你处于创业的低谷的时候为你指明前进的方向。

师行能够就自己想做的事情写一份商业计划书，应该是一个很好的开端吧。我也要找个时间静下来好好想一想，是不是应该为下一阶段的发展拟一份完整的商业计划书。

【老师点晴】

从师行商业计划书中看看你还有哪些不足

方老师

师行做了一份商业计划书。小生意小店面，商业计划书简单点没有问题，不过这份商业计划书的确过于敷衍了。

第一，没有对市场做仔细调研。主要目标顾客是谁？大概会有多大的客流量？你所提供的自助餐能满足他们的需要吗？他们的价格敏感度如何？餐饮竞争情况如何？大学校区周边存在多少家餐饮店？各有什么特色？平均价位如何？大学城周边的场地租用费3 000元是一个月还是一年？初始成本是不是拟得太低了？有没有进行实地调查？

第二，对于自助餐馆的经营情况还没有仔细地进行规划。是早中晚都做自助餐吗？每餐大概提供多少菜式？大概是什么档次？采取什么定价策略？每天营业时间从几点到几点？店内的布局与装修具体是什么样的？餐饮的采购流程是什么样的？成本核算采用什么方法？时间周期为多长？员工的招募与培训如何进行？

第三，计划书没有对餐厅的核心竞争力进行分析和阐述。这家餐厅与周边餐厅的不同之处在哪里？凭什么获得目标顾客的青睐？有没有获得持续客流的能力？营业收入估算的依据是什么？

最重要的是，从计划书里找不到资金的来源、项目发展的长期目标与阶段性目标等关键信息。撰写商业计划书不是写一份作业给老师看，真正的创业者需要具备战略思维能力，规划大局的同时也要对细节有仔细的思考。要知道，一份完整的商业计划书实质上是企业创建和发展的基石，从开始充满热情地要写商业计划书，到后来简单了事，我猜师行是发现这中间牵涉到大量工作，自己很难完成。师行，创业除了自己有热情、有毅力外，还需要团队的支持。创业起步，不容易啊！

和袁老师一起构思商业计划书

袁老师

师行给的还算不上一份真正意义上的商业计划书，比较像是一种事业构思的练习。只要产生一个创业的想法，就调动头脑中已有的知识和数据，或者在网上查找资料，构想未来事业的理念和开展的过程，进行虚拟创业。大前研一先生也提到过，如果能通过不断的头脑训练掌握事业构想的方法，在真正要创业或者目前的事业不顺利的时候，就能够轻松找到合适的方案。

即便是构想，也是有规律和章法可循的。我们不妨来看看下面这张思考路径图（见图7—2）。

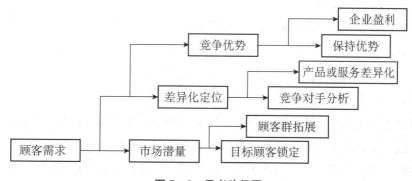

图7—2　思考路径图

创业构思的起点是顾客的需求。师行找到了需求点，然后开始考虑创业计划。这个起点很好，接下去就应该遵循图7—2中的路径将思路深化与明确。如果瞄准了餐饮市场，想要真正做起来，建议师行组建一个团队，从市场调研入手，写一份详细的计划书，只有这样才能真正地着手去做。如果真的想创业，就要赶快行动。如果对创业只是好奇或者目前还在知识储备阶段，也不妨多参考别人的创业计划书，找到自己的不足，为今后做准备。

身边的创业案例 14

"玩美"的商业计划书

一、商业计划书摘要

1. 公司概述

玩美网络技术有限公司是一家新型的电子商务公司，于 2011 年在湖南长沙成立。其以以"玩转美丽"为宗旨建立的玩美网站为依托，提供专业细致的服务，在网站上提供各种指导类的视频，以娱乐性和知识性的内容向用户传达化妆品、保养品及各种小工具的正确用法，以引导消费者在现实生活中的消费行为，并通过即时通信工具 SaySay 为用户提供互动平台。通过提供专业化、便捷化、个性化、时尚化的全新服务，以方便快捷为导向，以顾客满意为目标，努力满足顾客需求，通过各种盈利方式获取利润，并创造知名

品牌。

（1）商业模式。

1）广告收入，点击付费或者按效果付费。

2）网页销售比例提成。

3）基于数据库的精准营销。

（2）品牌介绍。

1）"玩美"品牌，指导性视频的展示推广平台。

2）"玩美社区"品牌，支持用户互动和资讯交流。

3）"SaySay"即时通信工具，支持用户随时随地互动交流。

2. 研究与开发

本公司志在打造一个个性化的行业领先网站，为企业和消费者构建一个平台，更好地传达产品信息，保障沟通，最终提升消费者的购买欲望，促使实现购买行为。

（1）在网站建设前期，资金投入主要有两方面，一是设备资金投入，二是人员薪酬。

（2）研发人员情况。主要有软件设计师、网站策划师、网站美工人员、网站编辑人员和网站维护人员。这些人员以各自的专业性分别承担网站和项目不同的责任。

（3）网站建设。

1）网站将在 2011 年 9 月投放市场，部分推广活动会提前展开。2011 年 8 月 1 日起进行为期一个月的网络测试。

2）页面吸引力的加强和内容的丰富。

（4）网站维护与推广。

1）网站安全性措施。制定防黑防病毒方案。

2）相关程序开发，如网页程序 ASP、JSP、CGI、数据库程序等。

（5）监测与统计。

1）用户和流量增长 KPI。

2）内容效率 KPI。

3. 市场概况和机会

（1）行业发展现状与动态分析。网络媒体以其灵活、精准、互动等特性，将赢得更多广告主的青睐，网络媒体将成为互联网经济寒冬的受益者。

新兴的很多互联网媒体在加入中国网络广告市场，包括很多网络服务，各种网络服务逐渐走向前台。5%～20%的网站的收入自身呈现增长的趋势，但是在整体的市场份额当中是下降的，这样给更多的网络媒体带来了希望。

（2）机会。"玩美"正处于研发阶段，市场上很少有同类的竞争品牌。我们初定的目标市场就是中国的网络广告市场，目标客户群则是最容易受到网络影响的 15～45 岁的中国网民。

我们的市场机会包括以下两点：1）宽带普及。宽带网络的普及使更多的人有机会加入互联网这个"大家庭"。2）服务区隔。我们以知识性、娱乐性的内容引导消费者的日常消费行为。

4. 产品和服务的竞争优势

（1）产品定义。以知识性、娱乐性的内容来引导消费者在现实生活中的消费行为，同时在虚拟世界之中研究、分析消费者未来可能的行为。主要通过视频、数据库、即时聊天工具和论坛等方式来营销我们的产品。

（2）产品优势。首先，我们的优势在于产品。其次是玩美网站——我们的综合营销平台。再次就是客服。和淘宝的形式相近，我们会有专门的客服人员 24 小时在线，并通过即时通信工具 SaySay 为用户提供互动平台。

（3）服务宗旨。

1）服务理念：服务专业化、服务规范化、服务多样化以及服务新颖化。

2）服务原则：A. 做到客户满意为止。B. 如果客户不满意，按 A 继续。

3）服务价值：共赢——我们与客户、网民共同受益。

5. 营销策略及计划

（1）产品策略：1）通过各类企业提供的视频进行视频营销；2）数据库营销；3）论坛发帖；4）创建即时聊天工具。

（2）价格策略：1）渗透稳定策略；2）组合产品的价格策略；3）差别价格策略。

（3）渠道策略：主要有友情链接、个人通信设备、登录各大引擎等，建立网站所在行业的专业网站目录系统，网站联盟，同业扩张，利用个人即时通信工具，利用论坛灌水机推广，利用图片素材，电子邮件群发等。

（4）促销策略：主要是折扣、会员制以及巡演扩大知名度。

（5）生产经营计划：网站的经营主要分成四个阶段。

第一阶段（2011—2012 年）：网站平台的构建和试运营期（7 个月到 1 年半的时间）；

第二阶段（2012—2014 年）：打响网站品牌阶段（1~2 年时间）；

第三阶段（2014—2018 年）：成就知名网站（2~5 年时间）；

第四阶段（2018 年以后）：赢取核心网站竞争（5~10 年时间）。

后三个阶段分别从整体运作、网站平台、网站推广、人力资源、公司管理以及销售管理六个方面来进行分析。

6. 核心技术

基本研发人员：

（1）软件工程师 1 名，开发时间 15 天；

（2）网站策划师 1 名；

（3）网站美工人员 1 名；

（4）网站编辑人员1名；

（5）网站维护和内容更新人员1名。

7．财务规划与资金运作

（1）财务规划。网站的建设、维护、推广费用合计约340万元，其中自有资金50万元，银行贷款50万元，现缺少资金240万元。预计3～5年可收回成本，此340万元为三年所需资金。

（2）资金运作。在网站建设前期，资金投入主要有两方面：一是设备资金投入，二是人员薪酬。

投资者介入公司管理程度：风险投资商投资金额为240万元，拥有公司40％的股份。公司的决策权和管理权归玩美网络，风险投资商对决策有建议和咨询权，风险投资商根据其投资金额和股份进行分红。

8．经营计划及股权结构

（1）网站的经营主要分成四个阶段，即前面提到的试运营阶段、打响品牌阶段、成就知名网站阶段、具备核心竞争力阶段。

（2）股权结构。风险投资商投资240万元，拥有公司40％的股份；公司法人注资100万元，拥有公司60％的股份。

公司的决策权和管理权归玩美网络，风险投资商对决策有建议和咨询权，风险投资商根据其投资金额和股份进行分红。

二、市场概况及机会

1．市场概况

经济寒冬中，企业营销预算纷纷削减，广告营销活动对效果的要求非常严苛，而网络媒体以其灵活、精准、互动等特性，赢得了更多广告主的青睐，成为互联网经济寒冬的受益者。

根据艾瑞发布的数据，2010年第四季度中国互联网广告收入达105.6亿元；整个2010年，中国互联网广告收入达到356亿元，较2009年全年的216.9亿元增长64％，增势喜人。这块硕大无比的蛋糕催生出众多新闻网站、社交网站、视频交换及博客网站等。

新兴的互联网媒体层出不穷，而网络服务也在逐渐走向前台。当前，5％～20％的网站盈利在逐年增加，但网络市场利润空间的迅速膨胀，使得它们在其中所占的份额逐渐萎缩，这就给更多的网络媒体带来了希望。

网络广告的形式在朝着多元化的方向发展，互动营销、体验营销、社区营销等正以燎原之势快速扩散，而新兴的网络媒体也开始在营销中承担更多的责任。目前来看，中国网络广告的发展历程可以分为四个阶段：第一个阶段是图文营销；第二个阶段是搜索引擎营销；第三个阶段是互动营销；第四个阶段是新营销。眼下的网络营销市场百花齐放、百家争鸣，每一种网络广告投放技术都会给相应的网络服务公司和广告主带来可观的收益。

2. 机会

"玩美"正处于研发阶段，市场上很少有同类的竞争品牌。我们初定的目标市场就是中国的网络广告市场，目标客户群则是最容易受到网络影响的 15～45 岁的中国网民。

经过缜密分析，我们的市场机会包括以下两点：

（1）宽带普及：宽带网络的普及使更多的人有机会加入互联网这个"大家庭"。"学习"、"工作"和"娱乐"是网上生活永恒的主题，尤其是闲暇时的冲浪娱乐，能为用户带来身心的放松。我们的机会在于更好地把握更多用户的需求。

（2）服务区隔：现在的广告大都是以直接向消费者传达产品信息为主，我们所架构的网站偏偏要打破传统广告的"规则"，以知识性、娱乐性的内容引导消费者的日常消费行为。我们的网站以视频为主，这些视频将会以简明、清晰的画面向消费者传达保养品、化妆品以及其他工具的正确使用方法，为他们的生活带来便利。

三、产品和服务的竞争优势

从目前网络广告业的发展趋势来看，虽然网络广告市场尚未完全开发，但竞争还是很激烈的。进入市场之后，我们又该拿什么和别人竞争呢？

首先，我们的优势在于产品。我们用一种全新的营销方式帮助企业推销产品和服务，以一种从未有过的姿态向消费者传达信息，吸引他们的注意力。视频主要以真人或卡通模特的现身使用向消费者展示产品的出色效果及前后对比。通过强烈的视觉冲击和详细生动的语言描述来刺激消费者产生购买冲动。

其次是玩美网站——我们的综合营销平台。在网站上会有大量的产品信息以及配套的广告，而在产品主页上的链接更是为消费者进一步了解产品信息以及购买提供了方便。专业的网站和丰富的信息不亚于一个淘宝街，而我们的广告又赋予了它生命。

再次就是客服。和淘宝的形式相近，我们会有专门的客服人员 24 小时在线，并通过即时通信工具 SaySay 为用户提供互动平台。通过提供专业化、便捷化、个性化、时尚化的全新服务，以方便快捷为导向，随时在网上解答客户的疑问。同时，我们会为不方便上网的特殊客户提供热线电话服务。这样，完善的服务将会成为我们的第三个竞争优势。

虽然拥有核心竞争力，但"玩美"毕竟是一个没有名气的小公司，建立初期遇到困难是必然的。然而，当前的网络广告市场还没有完全开发，发展潜力很大，因此我们以一个新的姿态进入并存活下来的概率很大。相信我们富有创造力的团队、完善的机制和新奇的产品，都是我们在市场竞争中所具备的优势。

四、营销策略

1. 产品策略

（1）通过各类企业提供的视频进行视频营销。视频营销指的是企业将各种视频短片以各种形式放到互联网上，达到一定宣传目的的营销手段。网络视频广告的形式类似于电视视频短片，平台却在互联网上。"视频"与"互联网"的结合，让这种创新营销形式具备了两者的优点。视频营销的厉害之处在于传播精准，目标消费者首先会产生兴趣，关注视频，再由关注者变为传播分享者，而被传播对象势必是有着和他一样的兴趣的人，这一系列的过程就是在目标消费者中精准筛选传播的过程。网民看到一些经典的、有趣的、轻松的视频，总是愿意主动去传播。通过受众主动自发地传播企业品牌信息，视频就会带着企业的信息像病毒一样在互联网上扩散。病毒营销的关键在于企业需要有好的、有价值的视频内容，然后寻找到一些易感人群或者意见领袖帮助传播。

（2）数据库营销。数据库营销（database marketing service，DMS）是在 IT，Internet 与 Database 技术发展基础上逐渐兴起和成熟起来的一种市场营销推广手段，在企业市场营销行为中具备广阔的发展前景。它不仅仅是一种营销方法、工具、技术和平台，更重要的是一种企业经营理念，它改变了企业的市场营销模式与服务模式，从本质上讲是改变了企业营销的基本价值观。通过收集和积累消费者大量的信息，经过处理后预测消费者有多大可能去购买某种产品，并利用这些信息给产品以精确定位，有针对性地制作营销信息，达到说服消费者去购买产品的目的。通过数据库的建立和分析，各个部门都对顾客的资料有详细全面的了解，可以给予顾客更加个性化的服务支持和营销设计，使"一对一的顾客关系管理"成为可能。

（3）论坛。论坛又名 BBS，全称为 bulletin board system（电子公告板）或者 bulletin board service（公告板服务），是 Internet 上的一种电子信息服务系统。它提供一块公共电子白板，每个用户都可以在上面书写，可发布信息或提出看法。它是一种交互性强、内容丰富而及时的 Internet 电子信息服务系统。用户在 BBS 站点上可以获得各种信息服务，发布信息，进行讨论，聊天，等等。

（4）即时聊天工具。即时聊天是指通过特定软件来和网络上的其他同类玩家就某些共同感兴趣的话题进行讨论，使交流更顺畅。

2. 价格策略

（1）渗透稳定策略。因为我们是市场的新加入者，初期可以依靠产品的新鲜感，分不同商家进行差异化定价，以中等价位进行市场渗透，获取市场占有率，打击市场竞争者。

（2）组合产品的价格策略。我们可以同时提供广告制作和平台，节省商家自己制作广告的时间和精力，并为其进行宣传。把广告制作与平台展示捆绑销售，并给予适当的价格折扣。

（3）差别价格策略。对不同的目标市场、不同顾客群、不同的时段采取不同价格，即对不同市场区隔采用不同的价格，以获取更多的订单。

3. 渠道策略

（1）营销渠道的选择和营销网络的建设。我们公司本身拥有一个属于商家与客户的电子中间商渠道，类似于当当网，连接买家和卖家。我们营销渠道的选择则是无店铺营销模式，利用互联网的互动性，使得信息沟通不仅是直接的，而且是双向的。

（2）渠道推广策略。

1）登录各大搜索引擎。投放 Google 广告词需要两笔费用：

a. 开户费。开户时一次性收取，每个账户 50 元。

b. 广告费。按点击付费，每次点击人民币 0.15 元起，达到一定广告费用额度后支付。

2）添加友情链接。这里添加的网站是指行业外的、与本行业无关的网站，这样可以相互过滤用户。可采用下拉菜单、分页面等形式进行添加。

3）建立网站所在行业的专业网站目录系统。对提升网站在其所在行业的地位作用非常大，而且会成为我们和同行网站互换链接、用户资源共享的主要平台。

4）网站联盟。

5）同业扩张。以用户身份到别的网站上发帖子，使用本网站信息，任何人发帖都去顶。

6）利用个人即时通信工具。利用 QQ、MSN、飞信、泡泡和旺旺等群发工具群发信息。

7）利用论坛灌水机推广。在非本行业的网站中，利用各种免费的灌水机软件，大量发帖。但是对于本行业的网站的操作要慎重。

8）利用图片素材。搜集大家喜爱的图片素材，例如 QQ 表情、宠物等，把网站网址做成图片水印。至少收集几千张，做成不同的专题，到各个地方去贴图或者上传。

9）电子邮件群发。

10）公司全国巡演活动。当公司有一定的营业基础后，在发达地区的知名院校做全国性的巡演活动，扩大企业的知名度。

4. 促销策略

（1）在公司建立初期给予商家一些折扣，来增加客户，扩大影响。

（2）可以建立会员制，以积分等方式给予不同级别的客户不同的价格折扣。

（3）当公司有一定的营业基础后，可以通过公关营销方式拉赞助，然后在发达地区的知名院校做全国性的巡演活动，扩大企业的知名度，并在活动中利用有奖竞猜等方式吸引目标受众的注意。

五、核心技术与研究开发

1. 基本研发人员

（1）软件工程师 1 名，开发时间 15 天；

（2）网站策划师 1 名；

（3）网站美工人员 1 名；

（4）网站编辑人员 1 名；

（5）网站维护和内容更新人员 1 名。

软件工程师：主要进行软件前期的项目需求的分析，然后对项目进行风险评估并试图解决这些风险，之后开始进行软件的开发，后期对软件的进度做相关的评估。主要工作内容是：指导程序员的工作；参与软件工程系统的设计、开发、测试等过程；协助工程管理人保证项目的质量；负责工程中主要功能的代码实现；解决工程中的关键问题和技术难题。

网站策划师：网站策划是一项比较专业的工作，包括了解客户需求，网站功能设计，网站结构规划，页面设计，内容编辑，撰写"网站功能需求分析报告"，提供网站系统硬件、软件配置方案，整理相关技术资料和文字资料。负责网站规划，包括内容建设、网站布局、网站结构方面的规划；组织策划和完成网站相关专题；完成各种信息的归类整理，根据客户需求提供解决方案。

网站美工人员：负责呈现网站的效果图片，使得网页的布局和设计尽量吸引浏览者的眼球。

网站编辑人员：负责网站的内容编辑工作，网站面向客户的服务的策划、管理工作；网站结构与内容的策划与组织；栏目内容的采编与日常维护；信息合作渠道的建立与维护等。

网站维护和内容更新人员：负责运用网站流量分析工具，提供网络营销分析数据；监控网站运行情况，及时处理各种故障；产品资料的平台管理及技术维护；网站版面风格的更新及维护（技术支持）；网站域名、主机（服务器）的维护；企业邮局的管理与维护；网站资料备份服务；能够根据网站访问日志报告，提出改进网站的方案和建议；随时监控网站信息内容，发现问题及时上报并处理；编写阶段性的网站运营情况汇总及分析；经常浏览网络安全站点，查阅网络安全刊物，获取最新网络安全、电子商务交易安全的各种软硬件漏洞的信息；借助工具经常检测、判断目前系统是否存在新的漏洞，并及时采取修补措施；借助工具，对网络安全状况进行监控，出现故障及时处理。

2. 网站建设

网站将在 2011 年 9 月投放市场，部分推广活动会提前展开。2011 年 8 月 1 日起进行为期一个月的网络测试。主要测试内容有：

（1）服务器稳定性、安全性，备用服务器是否可靠。

（2）程序和数据库测试。

（3）网络兼容性测试。

（4）网络链接是否清晰便利。

（5）页面吸引力和内容的丰富。

3．网站维护与推广

（1）网站安全性措施。制定防黑防病毒方案。

（2）相关程序开发，如网页程序 ASP、JSP、CGI、数据库程序等。

（3）用户和流量增长 KPI。密切关注流量增长和用户数量变化趋势，作出相关数据分析，实施有效的绩效管理。

（4）内容效率 KPI，统计以下各方面的数据，做好监测：每次访问的页面数；每个独立访客的平均访问次数；回头客的比率；网络访问者在页面逗留的时间；不同访问深度的访客数量；跳出率（指仅浏览了一个页面就离开的用户占一组页面或一个页面访问次数的百分比。跳出次数是指访问者不访问网站的其他任何一页便从进入页退出的次数。所以跳出率＝浏览了一个页面就离开网站的次数/进入网站的次数）。

六、财务规划及资金运作

1．财务规划

网站的建设、维护、推广费用合计约 340 万元，其中自有资金 50 万元，银行贷款 50 万元，现缺少资金 240 万元。预计 3～5 年可收回成本，此 340 万元为三年所需资金。

表 7—2　　　　　　　　　　资金使用计划及分期　　　　　　　　　　单位：万元

项目	固定支出	平台构建支出	研发支出	人事费用支出	其他	合计
第一年	10	40	20	20	10	100
第二年	10	20	30	40	10	110
第三年	10	10	40	60	10	130
合计	30	70	90	120	30	340

表 7—3　　　　　　　　　　财务预期收入明细表　　　　　　　　　　单位：万元

年份	广告费	销售比例提成	数据库营销	合计
第一年	20	10	20	50
第二年	80	20	50	150
第三年	150	50	100	300
合计	250	80	170	500

表 7—4　　　　　　　　　　　　　　收入支出表　　　　　　　　　　　　　单位：万元

年份	收入	支出	盈余
第一年	50	100	—50
第二年	150	110	40
第三年	300	130	170
合计	500	340	160

2. 资金运作

在网站建设前期，资金投入主要有两方面：一是设备资金投入，二是人员薪酬。

设备上的资金投入：

（1）电脑等固定资产，约 10 台，10×3 000 元/台＝30 000 元。

（2）租用虚拟主机费用。由于网站初建，用独立服务器投入太大，也有些浪费资源，选择租用虚拟主机一年试运营。

域名费用：1 000 元；

服务器费用：2×8 000＝16 000 元；

机房托管费用：1 000 元。

（3）选择合适的操作系统。从成本和速度考虑，选择免费的 Linux 操作系统。

以上三项费用合计 48 000 元。

基本研发人员：

（1）软件工程师 1 名，开发时间 15 天，薪酬 3 500 元/月；

（2）网站策划师 1 名，薪酬 3 000 元/月；

（3）网站美工人员 1 名，薪酬 3 000 元/月；

（4）网站编辑人员 1 名，薪酬 2 500 元/月；

（5）网站维护和内容更新人员 1 名，薪酬 3 000 元/月。

人员薪酬预算约 20 万元/年。

七、经营计划及股权结构

1. 网站的经营主要分成四个阶段

第一阶段（2011—2012 年）：网站平台的构建和试运营期（7 个月至 1 年半的时间）。

以一年为中期经营点，以半年或三个月为短期经营目标，根据此期间需要做哪些操作，哪一阶段配以哪种资源，进行宏观规划。第一至第二个月属于平台打造期，此期间聘请少量的开发人员，节约成本；在开发完成时再进行其他人才的招聘；第三至第七个月为品牌打造和公司内部资源整合阶段，此阶段投入资金会多一些，同时在这个阶段注意分阶段招聘人才，并在品牌建立期间就开展销售业务，以不断补充资源。在实际操作过程中，我们会聘请专业的网站运营人才，也可以让网站运营顾问给出一个详细的资源规划解决方案，以避免后期运作时产生人员投资浪费、网站推广投资浪费、时间浪费。

第二阶段（2012—2014年）：打响网站品牌阶段（1～2年时间）。

（1）在整体运作方面，我们应该看到网站正处于初创业阶段，以打响品牌知名度为目标，以迅速建立支撑品牌运作的基础工作为重点展开运作。

（2）在网站平台方面，第一阶段的试运营和内测应该使得网站能够满足网民的基本需求。一个优秀的网站平台是打响品牌的基础，此阶段我们应该大力进行网站平台的建设。网站平台包括以下几个方面：网站平台策划符合网站定位；网站设计美观大方，具备国际特色；网站功能操作方便快捷，符合客户需求；网站内容和信息丰富、有价值。

（3）网站推广方面，制定正确的品牌目标，以短期目标为主，能够保证目标成功完成。目标具体包括：增强运作信心；务实整合现有可利用的资源（人才、资金、时间等）；系统规划（什么阶段做什么事，思路要清晰）；拿出团队认为客观的评估标准，并努力达成。

（4）在人力资源方面，此阶段是网站运营的关键阶段，对人才的需求量也比较大，因此我们应该聘请专业的运营团队或者聘请经理级核心人才，他们的经验与才能是整个计划的关键。在这方面，要大胆任命与放权，给出长期的个人回报。这一阶段的人力成本可能较高。

（5）在公司管理方面，这一阶段只需建立基本的沟通流程和基础的员工行业管理制度。避免制度多、实施少的情况；在打响网站品牌期间，沟通比管理更重要。

（6）在销售管理方面，优厚的销售激励方案是基础，每日的非正式交流是手段，充分调动员工积极性，发挥其主观能动性是关键。

第三阶段（2014—2018年）：成就知名网站（2～5年时间）。

（1）整体运作方面：此时网站已进入二次创业阶段，扩张、成长、占领市场是重中之重。这一阶段重要的是保持头脑冷静、细致调研、缜密分析，避免因盲目扩张导致的时间、金钱、人才浪费。

（2）网站平台方面：网站平台优化是关键，把第二阶段运作中发现的问题进行系统优化，使网站整体看上去像一位精干的业务人员，身上没有一块烂肉。使其真正成为网站营销平台，让已有客户和潜在客户愉快地使用平台。

（3）网站推广方面：继续做好第二阶段的基础推广工作，力求与其他网站资源、其他传统资源有大型合作，提升网站品牌影响力。做好市场调研、数据分析工作，有效利用技术实现对网站平台的监控，把平台的数据转化为有价值的决策数据。

（4）人力资源方面：注重高质量的新血引进、扩大队伍，做好原有员工的思想工作，把内部提拔、外部招聘骨干人员纳入工作重点，以保持公司正常的新陈代谢。聘请一位优秀的人力资源经理是此时最重要的事情。

（5）公司管理方面：建立公司业务培训体系、各部门培训体系，公司架构优化和部

门责任制必须建立。公司制度完善并走向正轨，避免因队伍扩张而产生的驾驭失衡的问题。企业文化是网站经营的长久基石，把公司过去成功的经验提炼为符合企业长远发展的企业文化，能够使公司真正建立核心竞争力。现状、未来、新资源引进，都应基于此文化。

（6）销售管理方面：整个销售团队须从单兵作战提升至整体作战，为适应新竞争必须专门聘请或内部提拔销售总监。在一切具备之后，迅速将个人销售经验转化成符合本网站特色的优秀销售模式至关重要。好的模式经过良好的复制，能够让网站迅速占领市场。

第四阶段（2018年以后）：赢取核心网站竞争（5～10年时间）。

（1）整体运作方面：此时网站已成功创业，以股东利益最大化为终极目标，以战胜竞争对手为己任，做好新市场或新领域的开发。

（2）网站平台方面：高层面的竞争中网站平台是重要的竞争区域，此时需要将竞争中产生的资源有效整合于平台上，使网站的竞争力更强。在网站营销方面，我们更应该凸显网站的文化特色，使网站的内涵更丰富，以留住潜在客户，吸引新客户，形成网站平台的核心竞争力。

（3）网站推广方面：网站推广已进入专业水准，此时总结成功的推广模式，并继续实施。也很可能会根据公司新市场的拓展产生即时性的推广策略，因此，平时多做功课、用时全力以赴的精神更重要。

（4）人力资源方面：保持良好的高级人才和普通人才流失率；为公司的员工设立良好的职业生涯规划；充分调动员工的创造力是重点。

（5）公司管理方面：制度和执行是公司管理的难题。组织大了，如何保持灵活性是关键，此时更应该与第三方顾问公司或培训机构合作，以保持企业良性运作。

（6）销售管理方面：在第三阶段，我们已拥有了成熟的销售模式，此时更关键的工作是继续优化模式，随时准备突击新的市场或新的领域。

2. 股权结构

风险投资商投资240万元，拥有公司40%的股份；公司法人注资100万元，拥有公司60%的股份。具体的资本结构及股权结构如表7—5所示。

表7—5　　　　　　　　　　　　　资本结构及股权结构

	公司法人	银行	风险投资商	合计
资本结构（万元）	50	50	240	340
股权结构（%）	60	0	40	100

公司的决策权和管理权归玩美网络，风险投资商对决策有建议和咨询权，投资商根据其投资金额和股份进行分红。

师行：这是我在网上找到的一份商业计划书，果然比我的计划书更全面，以它为榜样，我会加油的！

给自己写一份完美的商业计划书

我觉得"玩美"的商业计划书做得相当全面，内容很丰富，不失为一篇榜样型的商业计划书。那么如何写好自己的商业计划书呢？本人由于以前忽视了这方面的学习，所以这段时间关注了这方面的内容，现在就把在下学习的收获与大家共享，希望对大家有所帮助。

写好商业计划书，大概要注意以下几点：

(1) 成功的商业计划书应有好的启动计划。你的计划是否简单，很容易理解和操作？连自己都不怎么明白的商业计划书，效果是很难体现出来的。

(2) 你的计划是否具体及适度？计划是否包括特定的日期，特定的人负责特定的项目以及预算？

(3) 你的计划是否客观？你的销售预估和费用预算是否客观、准确？计划并不是主观臆测，必须有实际的数据加以支持。拍脑袋式的计划决策，看了都叫人觉得害怕。

(4) 这个计划是否完整？是否包括全部的要素？前后关系的连接是否流畅？实际操作过程中既要讲求完整性，又要讲求连贯性。如果各部分之间联系不够紧密，缺乏一定的逻辑，风投们是很难看重的。

最后，我想说的是，商业计划书不是写给别人看的，而是自己创业的一面明镜，所以它可以不华丽，但是必须真实。

这样可以让"玩美"的商业计划书更完美

方老师

看到这份计划书，就像看到了一个整装待发的创业者。他已经对自己要走的路、要做的事、要出的招都做了细致的准备。唯一准备不足的是，他似乎没有想过路上会遇到哪些对手。对手实力有强有弱，出现时机有早有晚，该如何应对？笼统地认为"玩美"在产品、网站、客服等方面有优势是件很危险的事情。有没有竞争对手在这些方面比你更有优势？淘宝、当当、卓越、京东、新蛋都扮演着互联网广告平台与渠道平台的多重角色；宝洁公司自己的网站也起到新产品推广和教育消费者的作用；电视购物媒体正在吞噬网络广告与电子商务的份额；一系列的竞争与替代品的存在都提示着"玩美"有过于乐观的迹象。

竞争对手很多，为了避免分析的杂乱，需要建立一个分析框架。可以按照提供的产品的市场占有率、产品种类、产品定价、品牌资产等进行比较分析；如果可能的话，还可以对竞争对手的内部业务流程、客户与市场、创新能力与财务状况等进行评估，按照不同的行业特点建立自己的竞争对手的分析模型。

要达到真正完美，还有很多功课要做

袁老师

除了方老师提到的竞争分析部分缺失以外，我觉得这份计划书还存在不少问题：(1) 对于自己的核心优势语焉不详，显得没有底气。(2) 缺乏对未来风险的预期及对策。(3) 管理团队的构成及优势没有说明。(4) 行业的进入门槛比较低，竞争激烈，对持续创新能力要求非常高，但计划书里没有显示出创业团队在这方面的特质。(5) 盈利模式的描述不够清晰，对未来收益的预期过于乐观。这份计划书如果只是一份作业，那显然比师行那份要好很多，但是如果希望借此得到 240 万元的风投，依我看有点儿悬。

给大家推荐一本书——《商业计划书编写指南》(第 2 版)(国家科技风险开发事业中心编，电子工业出版社，2012)。这本书以大量翔实的资料全面讲述了风险投资、创业融资和商业计划书的基本内容，重点说明商业计划书的编写要求、内容、程序、规范等，对商业计划书的各个部分相应地列举了典型示例。内容包括摘要、企业的业务发展、管理团队和组织模式、产品（服务）、市场竞争、营销策略、生产经营、风险、财务以及附录。有兴趣的同学可以看看这本书。对于创业者来说万事开头难，希望大家在做商业计划书这一环节克服畏难情绪。祝同学们创业成功！

【网友围观】

网友 1

这真是一份全面而又具体的商业计划书，但在可操作性方面有些问题吧。我之前看过一个视频，叫做《梅萌：商业计划书必不可少》，大家不妨百度一下。视频会详细讲解商业计划书的写法，大家可以参考一下。

网友 2

这份计划书虽然全面，但是没有将预期的风险列出来，如资金风险、运营风险、管理风险等，这些都是很必要的。商场中总是存在风险的，只有考虑全面，才能防患于未然，大家共勉！

我的创业新资讯

一个风险投资人的自白：商业计划书的 21 条军规

创业者们，商业计划书是你们找风险投资（VC）的敲门砖。没有一块有分量的敲门砖，恐怕你们敲不开风险投资人的大门。

不客气地说，相当一部分创业者过分自信，他们并不了解风险投资人的思维方式，以为风险投资人都是些盲目来送银子的冤大头，只要去侃、去忽悠就能搞到钱。不是吗？每天我的邮箱里收到的商业计划书当中，相当一部分不外乎以下三大类型：

1．大排档类

估计是在网吧里花了一刻钟完成的，寒碜到了极点，白底黑字的 PPT，总共不超过 10 页。除掉第一页标题和最后一页 "Thank You!" 以外，有 7 页是从网上复制和粘贴的："Web 5.0 将改变我们大家的生存方式……iResearch 预测到 2050 年，中国的 Web 5.0 市场规模将达到 5 000 亿元……我们将成为中国 Web 5.0 的最大的门户……"外加 1 页需花 5 000 万元钱的消费清单。插入了商业计划书的附件之后，创业者在邮件里又补充了几句："之前没有写过商业计划书，在网上搜索了一下，说是商业计划书里面还要对公司目前的财务状况和人员构成做详细介绍。我们目前还处在筹划阶段，资金一到位，马上可以启动。下星期一上午我们是否可以和你面谈？"

兄弟们呀，不是我不喜欢简洁的风格，不是我不愿意和你们见面，只是你不给我足够的有用信息，我没法判断这个项目是不是适合我们投资。要是每个创业者写个白条过来就要立刻见面，我的办公室大概也会挤成了劳动局的上访室了，从早到晚都接待不过来。

2．八股文类

用某个律师或财务顾问挂在网上招揽客户的那类"商业计划书模板"，写上 80～100 页的文字……可以想象创业者们在发出邮件前的那副得意的样子："这份商业计划书写得够认真了吧？我花这么多工夫，你不好意思不从口袋里摸钱出来了吧？"花了半天时间读完，我发现自己还是一头雾水，不知道商业计划的核心内容在哪里。

3．精心包装的实心馒头类

还有些商业计划书是请了平面设计师精心设计排版的，粗看一眼会为之眼睛一亮，但是反复看了几遍，除了精美的 PPT 画面以外，还是找不到实质性的内容。就像肚子饿的时候有人端上一屉热气腾腾的包子，吃了半天发现原来里面全是实心的，肉在哪里呀？

还是一句话，商业计划书要把一个项目的要点讲清楚，不必在乎排版、美术设计和花言巧语，把正事交代清楚为重。

简单地说，风险投资人在商业计划书里要看出三大要点及其证据：

（1）验明正身，你到底是谁（who）？

（2）你要做什么（what）？——你的产品或服务到底有什么价值。

（3）怎么做（how）？——你是不是有执行能力和成功的把握。

有效的商业计划书要涵盖以下21个方面，分前面的"七项基本内容"、中间"七项必不可少的内容"和最后"七项建议性的内容"，加在一起一共21条。为了方便记忆，暂且让我们戏称为商业计划书的"21条军规"吧。

1. 七项基本内容

（1）项目简介。一页纸的"项目简介"是商业计划书中最重要的内容，也是最挑战你笔杆子功夫的内容。好比电视广告，它如果不能在15秒钟内引起观众的兴趣，观众就会按遥控器换频道。

虽然"项目简介"像是你的商业计划书的"迷你版"，但它并非要包含商业计划书的每一个方面。

用一句话来清晰地描述你的商业模式，即你的产品或服务；

用一句话来明确表述为什么你的创新及时解决了用户的问题，填补了市场的空缺；

用一句话（包括具体数字）来描述巨大的市场规模和潜在的远景；

用一句话来概括你的竞争优势；

用一句话来形容你和你的团队是一个"梦幻组合"；

用一句话（包括具体数字和时间）来概述你将如何在最短的时间内让投资人赚翻；

用一句话来陈述你希望融多少钱、主要用来干什么。

（2）产品/服务。产品和服务就是你的商业模式，换言之，你的公司将靠什么赚钱？别说什么"我们要成为中国最大的……"也别说自己是"最好的……"相信你准备创业，一定会对这项内容有特别的想法，胸有成竹地说出来吧，多讲些具体的细节，我洗耳恭听。

（3）市场。市场可以从三个方面看：宏观的、微观的以及你如何具体开发自己的市场。

宏观的：你所能得到的宏观市场数据大概诸如从 iReaserch 网站上下载的免费报告之类，这一类的信息适可而止，大多数风险投资人对此都一清二楚。重要的是与你的产品直接相关的市场数据，即你的微观市场、你力所能及的市场，这些数据越详细越好。即使你没有这些数据，风险投资人自己也会去找，你有"服务意识"的话，不如先把风险投资人要做的工作做了，这样你拿到钱的时间可能会提前。

然后，你要说明你如何行之有效地做市场。别斗胆说你需要1 000万元去做媒体广告建立企业品牌等等，初创的公司是没钱玩那些奢侈游戏的。你不如说："我们已经和联想达成合作意向，通过其渠道进行捆绑，在全国推广……"

（4）竞争对手。我不相信有哪家公司没有任何竞争对手。

假如你研发了一种全新的节能空调，风险投资人会去行业老大那里打听，比如看看海尔是不是有同类的产品，或者问问海尔为什么自己不研发这类产品，再让海尔谈谈对这类产品的看法和观点……

要是竞争对手也是创业公司，别怕，你应该比它们做得更好。只要你的产品比竞争对手的更先进，我们会支持你，到时候也许我们把对手给收购了，这不就解决了竞争的问题吗？

（5）团队。对于清华、交大等名牌学校的毕业生，这自然是一个千载难逢的亮相机会，"海龟"们也不例外，即使在西半球的某个偏僻小镇上的学校里只泡了几天，照样可以在自己脸上贴金。每个人的工作经历也都是重要的内容哦，要是你在大公司比如Google、微软工作过，人们就有可能想象你的水平和谢尔盖·布林、比尔·盖茨也不相上下。悲哀的现实是，我们总是根据每个人身上的标签来判断一个人的能力。不过，最能引起我注意力的常常是那些以优异成绩考入顶级名牌大学，然后留级、逃学、退学、辍学的人，就像比尔·盖茨和迈克尔·戴尔这类人，他们的歪脑子里常常会有奇特的名堂。

如果你既没有进过名牌的大学，也没有在著名大公司里工作过，千万不要有失落感。你最好不要含糊其辞地说："我经验丰富，曾在某某公司工作……"你可以具体挖掘一下你的真实才能：你是学习什么专业的，曾在公司里担任什么职务，做过些什么项目等等。团队是风险投资人投资的对象，也是风险投资人重点关注的内容。除了包装你自己以外，别忘了把你的团队成员作一个详细介绍。

（6）里程碑。创建公司就像盖一座高楼，什么时候地基落成、什么时候封顶、什么时候交钥匙都是工程中的关键节点。

对于早期的创业公司来说，我最关心的是：什么时候公司的产品能够顺利通过各种测试推向市场？什么时候公司账上开始有收入进来？什么时候公司达到盈亏持平？

当然，持平并不是我的最终目的，公司收支打平了，我就有信心给你更多的钱去扩大规模、去进一步发展。创业者们应该明白，无论你创立什么样的公司，账面收支持平越早越好。一个公司开始有收入了，说明公司的产品有市场价值；一个公司盈亏持平，说明它是有盈利潜力的；只有具有盈利能力的公司，才是真正有价值的公司，才会有更多的风险投资人青睐你，给你送来更多的钱。

仔细想好你将迈出的每一个重要的脚步，确定你的公司在走向成功和辉煌道路上的每一个重要的时间节点。

（7）财务计划。财务预测是商业计划书中最重要的部分之一。但是在早期的创业企业中，这是最被忽视的方面！早期创业的财务计划是一个可以讲三天三夜的主题，让我改天再专门自白一下吧。这里只是先做一些要点提示：

除了在PPT中有大概的财务计划介绍外，风险投资人对有兴趣的项目一定会要求详细的Excel文件。记住：至少做三年的财务计划，最好做五年，把重点放在第一年。写清

楚三张表：

——假设（assumptions）；

——收入预测表（income statement）；

——现金流表（cash flow）。

2. 七项必不可少的内容

其实你给客户看的公司介绍中，上面七项内容差不多也是这么写的。但是商业计划书是写给你的投资人看的，不是给客户看的，读者不同，内容、定位、写法、要求都不一样。以下七项内容都是投资人特别关心和敏感的。

（1）股权结构。你要拉我进来当股东，还不想让我知道我将来可能要和哪些人朝夕相处、一起共事？我迟早要问你这个问题，你何不一开始就和盘托出呢？

（2）公司的组织构架。这个问题有两层含义。

1）公司注册在哪里？注册在海外还是国内？有哪些分公司、子公司、关联公司？投资人的钱从哪里注入？公司的架构关系到股东利益是如何体现的，你最好用图表来表达清楚。

2）你的公司是如何运转的？有哪些部门？你的COO、销售副总、技术总监们是否分工明确，各就各位？还是你既是董事长，又兼任CEO、CFO、系统构架师、人事总监……？你最好也能提供详细的图表。

（3）目前公司的投资额。你有这么宏大的愿景，那么你在你的创业企业里投入了多少自己的钞票呢？如果你自己一分钱都没有投入，风险投资人通常会非常怀疑你自己对这个创业项目的信心和创业态度。

不要怕丢脸，如果你告诉我你自己投入了仅有的几块钱积蓄，但是已经把事业做得像模像样，我绝对不会嫌你寒碜，而是会把你当成英雄。我会放心地把大把的钱交给你去打理，同时也会再三关照你，把我的钱当作你自己的钱那样去花，千万不要把它拿去点火烧。

（4）合约和订单。是骡子还是马，你最好有合同、意向书或者订单之类的东西让我看看。

（5）收入模式——清晰的、可信的、明确的、精准的、看得见摸得着的收入模式。对于一个创业公司来说，没有任何东西比收入更重要。

千万不要对我说，你是一个可以赚大钱的人，不在乎赚那么几个小钱。我和你恰恰相反，我从来不计较明年我是否能吃到红烧肉，我只关心今晚睡觉前我能不能有一小口米饭吃。我不在乎你未来能不能成为一个亿万富翁，你肯定会，但我最关心的是你什么时候赚进你的第一块钱。

你也许知道，我是一个死亡谷里的蹦极者，你赚到的第一块钱对我来说有多么的重要，它可以买到你和我的救命稻草！老老实实地告诉我，你的第一块钱怎么来、从什么地方来、什么时候来。

（6）估值。这也是一个创业者和投资人不可回避的问题。你需要多少钱？准备出让多少股份？不管你的心理价位是多少，你应该明确提出你的要价，不妨让它作为谈判的一个起点。

（7）资金用途。即使你有详细的财务预测，也建议你在商业计划书里有一张清晰的列表，把主要的资金用途罗列出来。

3. 七项建议性的内容

（1）写商业计划书到底是用 Word 的形式好还是用 PPT 的形式好？

回答是：没有差别。

（2）商业计划书最好写多少页？写多少字？

字数没有限制，核心要点说明白就好，不必多写。页数嘛，14 页足够写出一份出色的商业计划书，外加一页封面，一页封底（联系方法），共 16 页。总之，"七项基本内容"和"七项必不可少的内容"都要包含进去，一条也不能少！

（3）怎样才能找到风险投资人？需不需要有人引荐？

自己找风险投资人和有人引荐的效果差别至多是，如果是熟人介绍的商业计划书，风险投资人可能会找时间快点读而已。对于投资这个项目与否的决定，引荐人起不到任何作用。

风险投资人是一个非常小的圈子，你在网上搜索一下，几分钟内就可以找到全世界所有风险投资人的名单。你千万不要将商业计划书用群发的形式发给所有人。你最好稍微花些时间做点作业：到这些风险投资人的网站上去看一下他们各自的投资方向和领域，对症下药。如果你做的是生物医药项目，把你的商业计划书发给只投 TMT 的风险投资人，那只会有去无回。归根结底，找风险投资人融钱就是在私募市场上兜售自己公司的股份，就像卖任何一件产品一样，要找对自己的可能买主，做精准营销。不过你要做好思想准备，出售创业公司股份和卖脑白金不一样，只有很小一个圈子里的很少一部分人会对你的项目有兴趣，你千万别做梦风险投资人会争先恐后踩平你家门槛。

（4）我可以让财务顾问帮我写商业计划书吗？

商业计划书是核心创业团队的任务，是 CEO 们的 war plan（作战计划），我从来没听说过巴顿将军出征身旁离不开财务顾问。通常财务顾问对你的行业并不熟悉，也没有运营的经验，他们只能对你在财务方面的问题做一些解答和帮助。比如在做财务计划时，如果你对此不太熟悉的话，可以找一个财务顾问咨询一下，但是万万不可将商业计划、财务计划，甚至融资这件大事统统承包给财务顾问。风险投资人面对的是你，投资的也是你，如果你没有清晰的业务思路、完整的财务预测，说不清财务数字和你的业务发展之间的有机联系，你搞到风险投资的可能性极小。

建议你即使用了财务顾问，也要把他们安排在你的幕后，你自己出面演示并与风险投

资人谈判，不要让你的财务顾问到处为你张罗，成为你和风险投资人之间的一堵挡风墙。

（5）我是否要带律师去见风险投资人？

否。律师的工作在你收到风险投资协议（term sheet）以后才有必要。

（6）我把商业机密发给风险投资人，他们会偷走我的 idea 吗？

不入虎穴，焉得虎子。怎么连这么一点冒险精神都没有？

有些创业者会要求风险投资人签保密协议之后才发出商业计划书，我不知道这是否是明智的策略，但这样做你会过滤掉一大堆风险投资人，其中不乏正在寻找你的风险投资人。

遇到不客气的风险投资人，你一提出这样的要求，人家便就此挂断电话，省掉了下面那些婆婆妈妈的琐事。客气的风险投资人会要求你签他们的标准保密协议版本，而不是你的律师为你起草的那一份。有些风险投资人甚至明文规定不签任何保密协议。

有意思的是，我每天收到大量商业计划书——并不是我要求他们发过来的，而是他们主动发给我的，封面上密密麻麻地注明了严格的"保密协议"，意思是只要我收到、看到这里面的内容，出了问题我就得负责。幸亏我是个好人，从不偷东西。要是你错发到一个贼的信箱里，那岂不是派人把一个百宝箱送到一个贼的面前，同时留给那个贼一张条子说："你不要偷啊。"

我敢说，绝大部分风险投资人都是品行端正的专业人士。为什么风险投资人不愿意签所谓的"保密协议"？原因很简单：这个风险投资人桌子上有五份太阳能的项目计划书，如果和 A 签了保密协议，结果投资了 B 的项目，A 到时候会不会把这位风险投资人告上法庭？

（7）怎样才能知道风险投资人对我的项目是否有兴趣？

问得好！教你一个小诀窍。你准备三个钓风险投资人的诱饵：第一，项目简介；第二，16 页的商业计划书；第三，完整的财务预测计划。

垂钓步骤：

1）根据你回家作业中找到的对口风险投资人名单，写一封简短的邮件，包括一两句甜言蜜语，附上你的"项目简介"发出去。

2）如果风险投资人马上回信，问你有没有更详细的商业计划书，你应该兴奋地立刻把 16 页的那份商业计划书发出去。

3）在你发出商业计划书之后，风险投资人又主动和你联系，问你有没有详细的财务计划，你应该兴奋地立刻把详细的财务计划发出去，并独自一人去哈根达斯买一杯最好吃的冰淇淋自我暗地里庆祝一下。瞧，你在商业计划书上所花的工夫见效了！你应该开始做准备，很可能这位风险投资人过几天会主动邀请你去他的办公室面谈。

4）如果两个星期以内风险投资人对你的"项目简介"没反应，你可以再次发邮件，包括一两句甜言蜜语，并主动附上你的"商业计划书"。

5）如果该风险投资人有正面回复，请把 C 步骤重复一遍。如果两个星期内该风险投资人对你的商业计划书没反应，你不妨主动再发一封邮件询问一下他对你的商业计划书的反馈。如果还是没有反应，你不必再浪费诱饵了，这池子里没鱼。

资料来源：http：//blog. sina. com. cn/s/blog _ 5ce0a6480100b5ax. html.

热门话题八：团队的创建与组织

当今世界拥有丰富的技术、大量的创业者和充裕的风险资本，而真正缺乏的是出色的创业团队。如何创建一个优秀的团队将会是你面临的最大挑战。

——KPCB 合伙人约翰·都尔

对于创业团队来说，像蚂蚁一样的团队精神尤为重要，没有完美的个人，只有完美的团队。

我的新鲜事

这段时间，我一直忙着创业开餐馆的事情，我家里一直在忙着装修房子的事情。放假的时候准备忙里偷闲回家休养一下，结果是满心欢喜地以刘翔的速度跳进了另一个坑，回到家也得跟着一起当帮工。这天看见几个工人在搅拌水泥，发现原本松散细小的水泥粉粒，在用适当比例的水调和之下，抹到墙上，经过一段时间的风干就变成一堵坚硬的水泥墙。问了师傅，发现这水泥和水的比例非常重要，水多则稀，水少则干，多了少了都不行。从理论上来讲这就跟组建团队是一个道理，相互之间的搭配磨合是成败的关键。最近和班上几个好兄弟讨论这个自助餐厅挺多的，大家提了好多想法和建议，可见，创业不能单挑，我们要的就是群殴的感觉。不过关键怎么个群法，不如下面大家一起来探究探究。

我的创业课堂笔记：团队的创建与组织

> **团队的创建与组织 理论阐述**
>
> ● 什么是创业团队？
> ● 如何组建创业团队？

● 什么是创业团队？

管理学家罗宾斯认为：团队就是由两个或者两个以上相互作用、相互依赖的个体为了特定目标而按照一定规则结合在一起的组织。创业团队是指在创业初期（包括企业成立前和成立早期），由一群才能互补、责任共担、愿为共同的创业目标而奋斗的人所组成的特殊群体。

● **如何组建创业团队?**

根据团队的特征,创业者在建立创业团队时,应该尽可能把"主内"与"主外"的不同人才、耐心的"总管"和具有战略眼光的"领袖"、技术与市场等方面的人才都考虑进来,保证团队的异质性。

创业团队的组织还要注意个人的性格与看问题的角度。如果一个团队里能够有一个总能提出建设性的可行性建议的成员和一个能不断地发现问题的批判性的成员,对于创业过程将大有裨益。

作为创业企业的核心成员的领导者还有一点需要特别注意,那就是一定要选择对团队项目有热情的人加入团队,并且要使所有人在企业初创就要有每天长时间工作的准备。任何人才,不管他的专业水平多高,如果对创业事业信心不足,都将无法适应创业的需要。

有人建议按以下基本步骤进行团队的组建:

(1) 明确创业目标。创业团队的总目标就是要通过完成创业阶段的技术、市场、规划、组织、管理等各项工作,实现企业的从无到有、从起步到成熟。总目标确定之后,为了推动团队最终实现创业目标,再将总目标加以分解,设定若干可行的、阶段性的子目标。

(2) 制定创业计划。在确定了一个个阶段性子目标以及总目标之后,紧接着就要研究如何实现这些目标,这就需要制定周密的创业计划。

(3) 招募合适的人员。招募合适的人员是创业团队组建最关键的一步。关于创业团队成员的招募,主要应考虑两个方面:一是考虑互补性,即考虑其能否与其他成员在能力或技术上形成互补。二是考虑适度规模,适度的团队规模是保证团队高效运转的重要条件。一般认为,创业团队的规模控制在2~12人之间最佳。

(4) 职权划分。为了保证团队成员执行创业计划、顺利开展各项工作,必须预先在团队内部进行职权的划分。

(5) 构建创业团队制度体系。创业团队制度体系体现了创业团队对成员的控制和激励能力,主要包括团队的各种约束制度和各种激励制度。

(6) 团队的调整融合。完美组合的创业团队并非创业一开始就能建立起来的,很多时候是在企业创立一定时间以后随着企业的发展逐步形成的。因此,团队调整融合也应是一个动态持续的过程。

如果是创建科技型企业,创业团队要体现三方面人才的有机结合(见图8—1)。

一个好的创业团队对新创企业的成功起着举足轻重的作用。创业团队的凝聚力、合作精神、立足长远目标的敬业精神会帮助新创企业渡过难关,加快成长步伐。另外,团队成

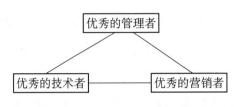

图8—1　创业团队三方面优秀人才

员之间的互补、协调以及与创业者之间的补充和平衡，对企业起到了降低管理风险、提高管理水平的作用。

身边的创业案例 15

选择创业伙伴，感觉比理性更重要

> **创业者小档案**
>
> 创业者：黄明明
>
> 创业年龄：32 岁
>
> 创业项目：互联网公司 ZCOM
>
> 创业感悟：选择创业伙伴时，有时自己的感觉比理性判断更加重要。不过，还是要尽量选择与自己价值取向吻合的创业伙伴。

两年前，32 岁的黄明明从美国归来，整天游走在互联网业界，寻觅着商业机会和创业伙伴。

一开始，他将目光锁定在一些比较大且已成型的互联网公司，但一个偶然的机会，使黄在北京四合院里找到他第一个创业伙伴。

感性与理性的较量

"有一个没有上过大学的高人，你应该去见见。"在一个朋友的介绍下，黄明明在北京南池子附近的一处四合院里与 A "一见钟情"。

黄回忆，当时的四合院其实就是一个大杂院，进去后找不到一点 IT 创业者居所的感觉，但是经过一番品茶论道后，黄明明感觉 A 是一个非常了解本土市场，对中国互联网草根用户理解得非常深刻的人。"没在国外读过书，甚至没有受过高等教育，但他对中国互联网市场形势以及用户需求的深刻了解令我震惊。"

黄明明当时的感觉，就像近一个世纪前，海外留学的归国学子遇到寄居在窑洞里的毛泽东——事实上是对本土问题了解得最透彻的人。

那天，他们谈得很投缘，用黄明明自己的话说是，"海龟"和"土鳖"产生了化学反应。于是，又连续约了两天的彻夜长谈，两人聊到第三天时，A 建议黄明明不用再去已经成型的公司中寻找机会了，并且当场对这类公司的优劣势作了分析。

黄明明心动了，决定和 A 一起创业。

黄明明承认，一般选择创业伙伴需要花很长时间考察对方，但是他和 A 只接触三天就决定了。对于那一刻的他来说，感觉比理性判断更有参考价值。

他的理由是，一个人身上的个性，只有真正在一起工作后才会发现，不是经过多谈几次或者考察就能够了解，更多品质要在遇到困难和压力时才能体现出来。因此，选择创业伙伴时，有时自己的感觉比理性判断更加重要。

A 的优势是对本土用户需求的了解，同时，他也需要有黄明明这样背景的人——能够和境外投资人沟通，帮助公司正规化运营并且做大。

黄明明告诉记者，他和创业伙伴创办的公司 ZCOM，要做数字内容，包括电子杂志、数字音乐、数字视频以及游戏的发行和共享平台，而电子杂志是 ZCOM 的一个切入点。

人品好是必要条件

"要坦诚，要正直，如果创业合作伙伴品质有问题，公司一定走不远。"黄明明一再强调。黄相信最初与 A 见面的那个四合院是一个福地，因此，他时常约朋友和重要的客人去那里喝茶。两年时间过去了，公司和团队也不知不觉地壮大起来。

在四合院喝茶时，难免会聊到 ZCOM 公司的发展方向，如果当时在座的正好有公司需要的某方面人才，黄明明和他的创业伙伴就会说服其加入公司团队。"在公司发展过程中，到了一定阶段，就会缺某一方面的人才，因此需要越来越多的高手加入。"黄明明说，不排除 ZCOM 发展到下一个阶段，还将引入新的合伙人的可能。公司有开放心态，才能一步一步迈上下一个台阶。

让黄明明最欣慰的是，ZCOM 四个创业合伙人，至今没有因为个人利益而出现过争执。

选择创业伙伴时，黄明明与候选人之间的谈话范围很广，并不局限于具体商业模式的探讨，"最好能东拉西扯，在闲聊中会显现出很多细节，也就是生意之外的价值观，尽量选择与自己价值取向吻合的创业伙伴"。

一位投资银行人士也同意这样的观点，选择创业伙伴时，首要条件是人品过关，如果这一点不合格，其他方面再强，也不能成为创业型企业的创业伙伴。

IDG、凯雷等投资公司内部一些专业人士就此问题总结出：中国 90% 以上创业型企业的失败，不是因为商业模式不对，不是因为市场不成熟，而是因为创业合伙人的问题，是因为合伙人之间的矛盾或者合伙人的人品问题。

师行： "选择创业伙伴时，有时自己的感觉比理性判断更加重要"，真的吗？

资料来源：http://www.techweb.com.cn/people/2007 - 03 - 06/162532.shtml。

我的创业团队：有热情、彼此了解、知识互补

我觉得黄明明的话很有道理。我最开始的合作伙伴是同寝室聊得来的室友，都有对创业的一腔热情，而且敢想敢做，两人凑了小小的一笔资金，就做起了在文化衫上印字、定制班服的生意。随着业务的开展，我们遇到了一个问题，我们总是同时有课，同时需要完成重要作业，同时准备考试，有业务要积极跟进的时候，时间很难排开，这不仅直接影响到生意，还影响到两个人在校的学习。慢慢地，我们又发现同样作为营销专业的学生，虽然对市场的嗅觉以及对商机的把握确实优于其他专业的学生，但完全一致的专业背景和知识结构使我们在面对某个问题的时候同时一筹莫展，这使我们意识到了互补的重要性。正好有个在专科学校读书的中学同学跑到我们寝室来玩，大家聊起创业的事情都特别兴奋。他的社会经验比我们足，功课轻松，对美术造型方面很有感觉，我们把他拉进来，不仅进驻了周边的职校与专科院校的市场，而且增加了班服和团体服装设计的业务。我们设计的服装融合时尚元素，又有独特之处，得到客户的好评，业务也逐渐有了起色。

我觉得创业团队组建是一个渐进的过程。都有创业热情，彼此了解，知识或性格能够互补，是最好不过的组合。

多渠道寻找创业团队成员

方老师

大家其实都经历过很多团队合作训练，即便是那些没有参加过任何社团的同学。大学期间几乎每门课都会有小组作业，老师很少强制按学号分组，自告奋勇的组长们召集组员的过程就是团队组建的过程，评估能力，考虑人品，发起邀约，最后形成团队彼此合作。在项目完成过程中，组长要组织会议，分配任务，协调关系，推动进程，并对团队最终成绩负主要责任。最后上交的报告是组长领导、团队成员互动与合作的产物。师行应该当过组长吧？挑选组员的时候你主要考虑的是什么？是不是比较投缘的同学能够更好地合作？这就是案例中提到的"有时自己的感觉比理性判断更加重要"的原因。

面临市场的种种不确定性，把个人的事业构想转换为集体行动当然比组建一个项目团队的难度要大得多。创业伙伴要有近期创业的想法，要有投入的热情，要有高度的责任感，要有合作的心态，如果对进入的行业感兴趣或者有过从业经历，那就最好不过了。没有找到创业伙伴，单打独斗，会遇到很多困难；没有经过认真沟通随意搭建的团队，在创业过程中会带来更大的危害；合适的创业伙伴、稳定的创业团队，是创业从初期到发展期顺利过渡的保证。

我建议师行寻找创业伙伴时不要局限于本专业的，可以从学校的"BEST"学徒的定期讨论中寻找志同道合的伙伴，从调研、写计划书开始磨合，为组建一个成功的团队做准备。

你是一个优秀的团队领导者吗？

袁老师

我觉得师行想要组建一个靠谱的团队，难点不在于怎么去选择合作伙伴，而是如何成功地推销自己。优秀的人才不是那么容易碰到的，要凭借自己的工作能力和人格魅力去吸引他们来关注你以及你未来的事业。如果你自己创业的信念不够坚定，创业的想法相对肤浅，不愿意为创业投入和付出，又怎能获得别人的认同？

要当好一个团队的领导者，应做到如下几点：第一是明确团队的目标和方向；第二是协调和控制。协调的是队员之间的矛盾，优秀的团队总是有着各种不同类型的人才，他们之间因为互异和互依性必然产生矛盾，此时只有领导能够充当协调员的角色；而控制的是团队的前进方向、工作流程。第三是决策。团队的决策方式有很多种，也是比较复杂的一件事情，但无论如何，领导在团队的决策问题上有着绝对的重要性。第四是帮助确定团队中的角色分工、责任和工作界限。希望师行能够做到！

身边的创业案例 16

俞敏洪：成功来自团队而非个人

创业者小档案

创业者：俞敏洪

创业年龄：31 岁

创业项目：新东方教育

人生理想：当我们拥有梦想的时候，就要拿出勇气和行动来，穿过岁月的迷雾，让生命展现别样的色彩。

创业感悟：如果你想创业成功，必须用很强的耐心和毅力去磨砺自己，忍受挫折，因为"这是创业必需的气质"。

创业如同拔河比赛，人心齐，才能泰山移。

对于迅速发展的初创企业来说，也许有多个关键因素决定其能否取得更大的成功，但其中最重要也最困难的要数"团队建设"。原因很简单，没有人会拥有企业不断发展扩大后所需的全部技能、经验、关系或者声誉。因此，一个创业者至关重要的工作是组建一个核心团队。

新东方的成功，在很大程度上就

是团队的成功。俞敏洪对此深有感触。

教育是一种氛围，而不是一栋楼或多少资产，新东方的上空笼罩着一股"气"，这是人才的积淀形成的。人散了，"气"也就散了，事业就不可能做大，这也是许多培训机构想要模仿新东方而无法做到的。

新东方之所以在众多英语培训学校中脱颖而出，要归功于它拥有一群堪称当时国内最优秀的英语老师。这些王牌老师构成了新东方独特的魅力和良好的口碑，最终奠定了新东方在中国英语培训市场上 No.1 的地位。

俞敏洪曾有一个独特的人生价值运算公式：

你想知道自己的价值有多少，看看你身边的朋友，选出 5 个朋友，他们价值的平均值就是你的价值。

俞敏洪喜欢交朋友，新东方的发展轨迹也画出了他交朋友的轨迹。新东方第一个阶段是夫妻店阶段，规模小，业务范围狭小。进入第二个阶段后，新东方实现了突飞猛进的发展，主要是因为在这一时期他从前的许多同学、朋友受他邀请纷纷回国，这些在大学时代就已经是俞敏洪非常崇拜的精英人才的加盟，使新东方如虎添翼，不仅在业务组成上实现了多元化，而且由于这些新锐人才的激情演绎，"新东方"的品牌知名度大幅度提升。

在新东方的创业团队里，有俞敏洪过去的师长兼同事徐小平，后来被俞敏洪说服，从加拿大回国，他创造了独特的出国留学咨询、人生咨询思想和方法，归纳了流传甚广的"新东方精神"。其新浪博客访问量达到 900 万人次，在总流量排行榜上名列前 200 名。在一大堆娱乐明星中，一个教育学者能有如此排名，足见他在网友心目中的地位。

王强则是一个有名的"书痴"，他曾在著名的贝尔实验室工作，并已经拥有"软件工程师"的小康生活，但是当他和俞敏洪走在美国的街上，看到那么多中国留学生碰到俞敏洪都会叫一声"俞老师"时，深受刺激，最终下定决心回国加入新东方。他后来在英语教学界享有盛誉，这基于他所做的几件事情：第一，他在新东方开创了基础英语教学，也就是非应试类的英语培训。第二，他独创了风靡业界的"美语思维口语教学法"，所谓"美语思维"就是指以英语为母语的人在微观思维（即语言规则或说话习惯）上与我们不同，有其特殊的规律。王强的贡献在于他把这种认识贯穿到他的教学中，并通过循序渐进的、有规律的练习强化学员的这种微观思维。第三，他编写了一系列受市场欢迎的高质量的英语教材。

俞敏洪、徐小平和王强组成了著名的"东方马车"，这是新东方发展的第二个阶段最具有标志性的东西。如今，新东方的团队，由当初的三驾马车扩展为上百人的管理团队，有行业精英如陈向东、周成刚等，也有国际空降兵如魏萍、Louis 等。这些管理精锐人才遍布全国的各个新东方和加拿大的多伦多学校，使得新东方的团队不断加强。

在中国最近十几年的英语培训市场上，还有一个与新东方一样堪称奇迹的品牌，那就是由李阳创办的"疯狂英语"。"疯狂英语"提倡一种喊话式英语学习法，曾经在多所大学校园里火热流行。但是进入 21 世纪，"疯狂英语"的风头渐弱，究其原因，"新东方"是一帮人在做一个共同的事业，而"疯狂英语"却是李阳一个人在做，两者在商业模式上的特点，是正规军和游击队的不同。对于这一点，李阳自己也曾反思过，他说："新东方有数千名全亚洲最顶尖的英语老师，而我只是一个老师，差得太远了。"无独有偶，曾有记者采访俞敏洪，问到他和李阳有什么不同，俞敏洪曾如是说：他是个人英雄主义，我是集体英雄主义。俞敏洪把新东方的成功归纳为团队的力量。直到现在，新东方上上下下都称俞敏洪为"俞老师"，没有人喊他老板。"新东方大量的人才在这个领域中的思想要比我先进，比如（陈）向东老师是经济学博士毕业的，所以在经济领域、宏观领域中我根本就没法跟他比。像徐小平、王强他们在国外待过好多年，所以在中西文化的理解方面，尤其是在西方文化的理解方面我永远都没法跟他们比。我唯一能做到的是不管会议上大家讨论得多么激烈，不管意见多么不一致，最后我都能够把大家的意见综合起来，采纳中间最好的东西，再重新整合成新东方的战略、文化和发展前景，继续带着大家往前走。"

师行：俞敏洪的创业故事对你有哪些启示？

资料来源：http://www.ce.cn/macro/more/201011/27/t20101127_22002183.shtml.

【龙鹏感悟】

团结就是力量，新东方不是一个人在战斗

一个成功的创业者往往有一个成功的团队，而且团队的力量在整个创业的过程中发挥着至关重要的作用。从俞敏洪创业的案例来看，正是由于整个团队的努力协作，才有了今天的教育巨人新东方。新东方不是俞敏洪个人的，它是整个团队奋斗的结果。由其创业成功的经验我们不难看出，创业团队的成员都需要有共同的奋斗目标，且踏实肯干，能够充分协调，进而在团队中发挥最大效用，这是值得我们在日常工作和学习中借鉴的。而且一个成功的创业团队不局限于一时成功的喜悦，新东方的创业团队在奋斗的路上一直没有停歇过，因为他们目标长远，这也是在创业中组建团队时值得学习的，因为只有将团队整体的目光放长远，才能保持创业团队在创业过程中不断进取。

【老师点睛】

做一个有亲和力的团队领导也不错

方老师

我很欣赏新东方的集体英雄主义。我们会发现创业团队中的领导风格对团队的建设有很大的影响。有的领导总是在欢呼与掌声中闪亮登场，用激情四射的语言和丰富的肢体动

作去鼓动团队成员，吸引公众的关注，成为光芒四射的明星。有的领导则温和低调，主要精力用于指导成员对团队目的达成共识，协调任务分配，引导团队成员之间的熟悉与合作，提携同侪、扶掖后辈，成就群星闪耀的事业天空。以师行平日的为人处世，要做到霸气外露的前一种估计很难；一贯能吃亏、能容人的个性如果能多加点对事业的执著，倒也有希望成为俞老师这样的创业者。

前几天看到优米网的总裁、著名主持人王利芬女士与东软集团董事长兼 CEO 刘积仁博士的对话，非常精彩，很受启发。其中讲到东软初创团队中首任 CFO 的人选，更是让人忍俊不禁。刘积仁请来的 CFO 居然是对当时还是博士生的刘积仁报销卧铺票很不满，经常叨叨咕咕的学校财务人员。这样宽广的心胸与识人的智慧，确实令人佩服。在长达三个小时的对话里，刘积仁与在座的年轻人分享了东软的创业历程和人生的感悟，建议大家去看看。

天时地利不如人和，杰出个人不如杰出团队

袁老师

新东方的奇迹估计大家都耳熟能详。摘一段相关报道：自 2006 年上市到 2011 财年，新东方的学校和学习中心从 75 所增长到 487 所，学员数量由 87.2 万提升至 209 万，净营收由 2006 年的 9 450 万美元增加到 5.58 亿美元，净利润则从 610 万美元暴涨至 1.108 亿美元。除了学校和教学点数量的扩张，新东方通过战略转型，将业务触角从语言培训扩张到专业优能培训，也为其带来了持续的增长。如今，"优能中学"和"泡泡少儿"这两个品牌已经成为新东方的核心业务，新东方逐渐进行着从"独立品牌"到"多元品牌"的转型。袁老师个人认为如果新东方把那个"厨校"收购进来，就圆满了。

我觉得俞敏洪的独特的人生价值运算公式是相当有道理的。正所谓"物以类聚，人以群分"，如果我们身边聚集的都是一些有价值的人，那么我们的价值也能从他们身上得到体现。这种团队的合作精神非常值得称道，具有高潜力的公司显著的特点应该就是作为一个团队的整体协同合作能力，而不仅仅是一个培养一两名杰出人物的场所。当一个企业只树立一面旗帜、宣传一个领袖时，企业的路就很难走得宽广。

【网友围观】

网友 1

正所谓"一个篱笆三个桩，一个好汉三个帮"。我觉得，要成就一番事业，光靠一个人的力量是不够的，既要有一个英明的领导者，也要有一群团结一致的跟随者。这两方面少了哪一方面都是很难成功的。

我觉得一个团队能否成功，关键看他们的凝聚力。团队中的每一个成员都必须认识到他们是拧在一起的，公司成功了，所有人都获益。他们相信任何个人都不可能单独成功，除非所有人都成功了；反之亦然，团队中任何一个人输了，所有的人也都输了。奖励、薪酬和激励依赖于创造公司价值与获得投资回报，不管公司多大多小都是如此。除此之外，立足长远目标、收获的观念、致力于价值的创造也都是一个成功的团队所需要具备的。

网友2

俞敏洪的例子让我想起最近看到的一本书，讲的正是关于建立团队的，现在推荐给大家，叫做《打造高绩效团队》(余世维著，北京大学出版社，2009)。对大多数公司领导来说，"团队"这一概念并不陌生，团队协作在公司运营中所发挥出的巨大作用，业界人士也有目共睹，但并不是所有组织都能天然地成为团队。如何去打造一个团队？怎样去处理团队中的冲突？又该如何进行团队沟通与激励？那就看看书再思考吧。

我的创业新资讯

创业团队的分裂，始终是大家关注却又无可奈何的事，似乎也只能慨叹一句"共苦易、同甘难"的千古名言而已。然而在大家对着数不胜数的案例出神时，却很少有人将这一规律式的宿命加以归纳，总结出共性，并在进一步分析之后拿出药方，尽管谁都希望能有这样一个药方。下面给出防止创业团队散伙的10个法宝，供广大合伙人参考。

第一，在理念上要正确。

要坚信组织能够健康发展下去，不要一开始就想着失败，尤其不要用"只能共苦、不能同甘"，"天下没有不散的筵席"，"过河拆桥"等想法来支配自己的思想，脑子里根本不应有这种想法。有这种想法本身就为失败的结局埋下了种子，就像刚开始学骑自行车一样，发现前面马路中间有一个障碍，你越不想碰上石头，最后却还是碰上了。因为你的精力集中于失败了，所以你必然失败。

第二，持续不断地沟通。

开始要沟通，遇到问题也要沟通，解决问题时也要沟通，有矛盾时更要沟通，多想有利于组织发展的事情。有不同的看法，不要在公开场合辩论，不要把矛盾展示给下属。

第三，发现小人钻空子，坚决开除。

领导之间的矛盾，不要让下属来评论、来解决。

如果双方沟通有困难，就主动寻找第三方的力量，尤其是双方都信得过的好朋友来"解铃"，但不要露出太明显的痕迹。如果发现组织中的小人利用领导之间的矛盾分歧达到个人的目的和损害组织利益，那就毫不犹豫地坚决开除，不论他是什么人。

第四，就事论事。

当双方矛盾冲突演变为两个阵营的矛盾，外力也不能解决时，应停止争论，停止人事波动，就问题来解决问题，不要就人来讨论。

第五，换种环境换心境。

双方应出去郊游、散心，不要纠缠在矛盾之中，毕竟双方曾是莫逆之交，大家撇开工作问题和事业上的矛盾，出去多讨论人生话题、休闲话题，把利益看淡一些。

第六，丑话说在前面。

最初创业时就把该说的话说到，该立的字据立到。把最基本的责权利说得明白透彻，尤其股权、利益分配更要说清楚，包括增资、扩股、融资、撤资、人事安排、解散等。

第七，及时协调立据。

任何事情都不可能在最初计划周全，事情是随时都有可能变化的。在合作运营过程中，遇到新问题、新矛盾，一定先说清楚，立下字据再行动，千万不要先干再说，因为事情发生后任何一方都会朝着对自己有利的方面考虑。先干再说，看似快了，其实埋下了祸患的种子，将来就不是速度快慢的问题，而成为风起云涌、企业组织颠覆性的运动的根源。

第八，不要太计较小事。

难得糊涂对创业合作的各方都是保养自己心灵的鸡汤和企业组织运转的润滑剂，这与前面讲的丑话在前和及时立据看似矛盾，其实不矛盾，前者讲的是在没有形成事实的情况下的做法，后者是说事实已经形成了就不要太计较了，计较了也于事无补。其实，过后经常会发现双方的计较毫无实际意义。

第九，不要轻易地考验对方。

创业者团队合作起来不是一件容易的事情，不考验还会出事，更何况有意考验对方时，对方肯定经不住考验，因为当你考验对方时，对方不知道，只能顺着你设定的情景运行，结果肯定是和你设想的一致——没有经得起考验。如果对方知道你在考验他，那你也肯定考验不出来，因为他在心理上和行为上都设了防。这不但是"瞎子点灯白费蜡"，而且会伤了和气，导致双方心理上出现裂痕。所以既然是合作，就不要动辄考验对方，考验是以不信任为前提的。

第十，一直向前看。

创业合作过程中，遇到问题、矛盾应向前看。向前看利益是一致的，因为成功会给大家带来更丰厚的收获；盯住眼前的事情不放，只能是越盯矛盾越多，越盯矛盾越复杂，最后裹步不前；回头看，回忆起合作中的不愉快，会使你伤心，丧失前进的斗志和动力。只有向前看，成功的希望激励着合作的各方摈弃前嫌，勇往直前，才能抵达成功的彼岸。

热门话题九：创业融资决策

有钱谁都会创业，关键在于没有钱怎么创业。

——日本创业家中田修

荀子在《劝学》中就说道："假舆马者，非利足也，而致千里；假舟楫者，非能水也，而绝江河。君子生非异也，善假于物也。"借助于车马的人，不必自己跑得快，却能远行千里；借助于舟船的人，不必自己善水性，却能渡江河。君子生性与别人无异，只是因为他善于借助和利用外物，所以就不同了。这就是一种善于借助外部力量的大智慧。

大学生创业，资金一直是稀缺资源。如何在资源稀缺的状况下创业？古人给了我们答案——借！借他人之力为我所用，具体来讲就是借助他人富余的资金为自己和利益相关者创造更多的财富。

我的新鲜事

把创业的事跟几个朋友聊了聊，有两个同学很看好我，准备上我的贼船，一起干一票大的。经过讨论，我们将围绕行业、目标消费群、产品与服务以及盈利模式展开新的调研。昨天随意地问大家，假如现在手中只有 100 元钱，但是需要 1 000 元钱，应该怎么做呢？有的同学准备拿 100 元去投资，这种方法时间较长而且有风险；还有同学准备直接找亲戚朋友借，这种方法比较直接，资金也有保证；还有同学说准备拿 100 元去想一些创意性的活动，让钱生钱，这个方法很有挑战性，也有很大的风险性。什么什么？你说去抢？我们是有道德有理想的社会主义新青年，思想要健康，态度要端正：你！面壁去。我这个问题的内核是：我梦想中的自助餐厅上哪儿筹集前期的启动资金呢？区区不才，一介书生，囊中羞涩，没有资金积累，创业经验不足，信用程度不高，人脉资源不广。真正考虑起钱的问题时，我才发现创业融资远没有这么简单，看来作为大学生融资是个大问题，启动资金难倒英雄汉啊。

我的创业课堂笔记：创业融资决策

> ### 创业融资决策 理论阐述
>
> - 创业融资的阶段性特征
> - 大学生创业融资渠道
> - 创业融资方案策划

● 创业融资的阶段性特征

创业融资是指为了创业的启动和发展而采取各种方式以获得创业资金。

创业融资最大的特征是阶段性。创业融资一般不是一次性融资，伴随着企业的成长往往需要多次融资。不同阶段创业融资的特征也不一样，企业根据自己所处阶段合理地制定融资计划，做到融资阶段、融资数量与融资渠道的合理匹配。

一般新创企业分为种子期、起步期、成长期、成熟期四个发展阶段，下面针对这四个发展阶段分析其各自的融资特点（见表9—1）。

表9—1　　　　　　　　　　　　　　不同阶段融资特点

发展阶段	资本需求特征	融资方式
种子期	资本需求量小，但风险大	自有资本、亲朋借贷、国家创业贷款、天使投资
起步期	资本需求量增大	自有资本、亲朋借贷、合作参股、私募
成长期	资本需求量增大，尤其是现金需求量增加	风险投资
成熟期	资本需求量稳定	银行贷款、股票融资、债券融资

（1）种子期的融资特征。在种子期内，创业者需要一定的资金完成初步的技术开发或者市场调研。这个时期的资金主要用来测试创意的可行性，所需资金量比较小，大部分来自自己的储蓄，亲朋的借款，国家创业贷款基金，还有部分天使投资。

（2）起步期的融资特征。在起步期，企业需要完成注册和投入试生产，因此需要一定数量的"门槛资金"，资金主要用于租赁厂房，购买机器、办公设备、生产资料，进行后续的研发和初期的销售，等等，资金需求量明显增加。创业者自有资金十分有限，白手起家的草根创业者很难支持这些活动。这个时候创业者急需外部融资，但是由于没有过去的经营记录和信用记录，很难得到银行贷款的支持。所以，在这个时候创业者应该突破亲朋好友借贷的有限性，可以采用私募的方式，向个人借款，或者采用参股的方式融资。

（3）成长期的融资特征。成长期是企业大力开拓市场、推销产品、需要大有作为的时期，因此需要大量资金。这个时候企业的管理风险十分大，企业尚未形成足够的抵押资金，没有建立市场信誉，很难得到银行的贷款。资金困难是中小企业在这一阶段面临的最大难题。为此，企业不但需要非常仔细地安排每天的现金收支计划，还要开拓其他融资渠道，合理安排融资组合。如果创业者能够承担风险，成长期前一阶段可以充分利用负债融资。在成长期的后一阶段，企业追求规模效应，采用扩展战略，需要大量的资金。这个时期特别需要风险投资的支持。企业处于高速成长期，往往受到风险投资公司的青睐，创业者需要抓住这个有利时期制定合理的融资计划，获取风险投资公司大量的资金。由于吸纳了大量的风险投资，企业的股本结构往往会发生变化。

（4）成熟期的融资特征。在成熟期，企业已有比较稳定的现金流，对外部资金需求不像前面的阶段那么迫切。在这个时期，企业经营风险下降，营业收入稳定，市场信誉建立，处于良性发展中，比较容易得到银行的贷款。另外，在这个时期，一些比较大的企业准备上市筹集资金，通过股票融资。

● 大学生创业融资渠道

据了解，目前国内创业者的融资渠道较为单一，主要依靠银行等金融机构。而实际上，风险投资、天使投资、创新基金等都是不错的创业融资渠道。

（1）风险投资：根据美国风险投资协会的定义，风险投资是由职业金融家投入到新兴的、迅速发展的、具有巨大竞争潜力的企业中的一种权益资本。

（2）天使投资：天使投资是自由投资者或非正式风险投资机构对处于构思状态的原创项目或小型初创企业进行的一次性的前期投资。天使投资人对创业者的能力和创意深信不疑，因而愿意在业务远未开展之前就向该创业者投入几十万美元的大笔资金。

（3）创新基金：科技部、财政部联合建立并启动了以政府支持为主的科技型中小企业技术创新基金，以帮助中小企业解决融资困境。

（4）中小企业担保贷款：随着国家政策和有关部门的大力扶植以及担保贷款数量的激增，中小企业担保贷款必将成为中小企业另一条有效的融资之路。

（5）政府基金：各省市地方政府为了增强自己的竞争力，不断采取各种方式扶持科技含量高的产业或者优势产业。为此，各级政府相继设立了一些政府基金予以支持。

（6）典当融资："急事告贷，典当最快"，与作为主流融资渠道的银行贷款相比，典当融资虽只起着拾遗补缺、调余济需的作用，但由于能在短时间内为融资者争取到更多的资金，正获得越来越多创业者的青睐。

（7）亲情融资：个人筹集创业启动资金最常见、最简单而且最有效的途径就是向亲友借钱，它属于负债筹资的一种方式。这种方法筹措资金速度快、风险小、成本低。缺陷体现在会给亲友带来资金风险，甚至是资金损失，如果创业失败可能影响双方感情。

（8）网络借贷平台：通过网络借贷平台（例如 www.sohodai.cn）借入者可以向十几

个甚至几十个出借者借款，借出者与借入者不用见面就可以完成整个借款和还款的过程。对于大学生来说，如果资金需求不是很大，可以考虑在这样的网络借贷平台上尝试一下。

● 创业融资方案策划

创业融资方案策划如图9—1所示。

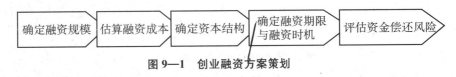

图9—1　创业融资方案策划

（1）确定融资规模。筹资过多可能造成资金闲置浪费，也可能导致企业负债过多，偿还困难，增加经营风险。筹资不足会影响企业投融资计划及其他业务的正常发展。因此，企业在进行融资方案策划之初，要根据企业对资金的需要、企业自身的实际条件以及融资的难易程度和成本情况，来确定企业合理的融资规模。

（2）估算融资成本。融资成本既有资金的利息成本，也可能有昂贵的融资费用和不确定的风险成本。企业融资成本是企业融资效率的决定性因素，对于中小企业来说，融资方式的选择对企业发展有着重要影响。一般情况下，按照融资来源划分的各种主要融资方式有：财政融资、商业融资、内部融资、银行融资、债券融资、股票融资。

（3）确定资本结构。首先，企业可以分别计算出各个融资方案的加权平均资本成本率，然后选择其中加权平均资本成本率最低的一种。其次，被选中的加权平均资本成本率最低的那种融资方案只是诸种方案中最佳的，并不意味着它已经形成了最佳资本结构，这时，企业要观察投资者对贷出款项的要求、股票市场的价格波动等情况，根据财务判断分析资本结构的合理性，同时企业财务人员可利用一些财务分析方法对资本结构进行更详尽的分析。最后，根据分析结果，在企业进一步的融资决策中改进其资本结构。

（4）确定融资期限与融资时机。企业融资按照期限来划分，可分为短期融资和长期融资。如果融资是用于企业流动资产，宜选择各种短期融资方式，如商业信用、短期贷款等；如果融资是用于长期投资或购置固定资产，宜选择各种长期融资方式，如长期贷款、企业内部积累，租赁融资，发行债券、股票等。要能够及时掌握国内和国外利率、汇率等金融市场的各种信息，了解宏观经济形势、货币和财政政策以及国内外政治环境等各种外部环境因素，合理分析和预测能够影响企业融资的各种有利和不利条件以及可能的各种变化趋势，以便寻求最佳融资时机，果断决策。

（5）评估资金偿还风险。因负债方式、期限及资金使用方式等的不同，企业面临的偿债压力也有所不同。因此，融资决策除规划资金需要数量，并以合适的方式筹措到所需资金以外，还必须正确权衡不同融资方式下的风险程度，并提出规避和防范风险的措施。

大学生"老板"融资百万开公司

创业者小档案

创业者：刘统洲

创业年龄：22 岁

创业项目：专业互联网服务提供

创业目标：将自己的网络服务公司做大做强。

创业感悟：成功的融资让我走出月薪 1 500 元的最初梦想，去追求更高的目标。

刘统洲是武汉科技大学中南分校工商管理专业的一名学生，作为 2008 年的毕业生之一，他可是全校关注的焦点。原来，才踏出校门的他，已是一家注册资金达百万元企业的董事长，而如此高额的注册资金，全靠从武汉大学的"老板班"上游说而来。

最初梦想"月薪 1 500 元"

22 岁的刘统洲出生于河南省驻马店市西平县杨庄乡一个普通的农家。大一时，他对计算机产生了浓厚的兴趣，并为此添置了一台电脑，每天早上 5 点半，小伙子就起床摸索计算机及互联网等方面的知识。至大三时，刘统洲已开始尝试着自己建网站，并利用所掌握的技术，在网上做起了"代理域名注册"和"虚拟主机托管"等方面的临时业务，不过月收入仅数百元。

刘统洲说，他最初只打算毕业后离校打工，在武汉找一份月薪不低于 1 500 元的工作就满足了。

从"老板班"成功融资百万

2007 年 10 月底，刘统洲私下"倒腾"网络域名的事，被商务谈判课老师知晓。在老师的启发下，刘统洲发现，原来"倒腾"网络域名也能发财。

随后，他在老师的帮助下，将自己的创业思路写成了一份较为详细的创业计划书，并被老师"连人带书"一起带到了自己在武汉大学 EMBA 班的课堂上。

EMBA 班的 20 多位学员，均为各企业高管人士或老板。刘统洲的创业方案一下子就吊起了这些老板级学员的"胃口"。

一个星期之后，刘统洲从这些老板手上募集到了 120 余万元的"风险投资"，终于迈出了他创业最坚实的一步。

2007 年 12 月 21 日，注册资金达 100 万元的武汉完美网络服务有限责任公司成立，尚

在读大四的刘统洲成为公司法人代表及最大股东，并出任公司董事长。

武汉大学 EMBA 班的老师和学员事后笑称，像刘统洲这样直接跑到 EMBA 班的课堂上向老板们融资的本科生，他们还是第一次遇到。

"草根老板"带领同学创业

据刘统洲介绍，他的公司现有 31 名员工，绝大多数是应届毕业生，还有一部分是自己的同班同学。

半年来，刘统洲的公司发展态势不错，已经成为一家专业互联网服务提供商，是中国万网、百度等知名网站的长期合作伙伴……

从"月薪期望值只有 1 500 元的打工仔"到"公司掌门人"，刘统洲笑称，现在，自己有了新的梦想，就是将这家网络服务公司做大做强。

资料来源：http：//ctdsb. cnhubei. com/html/ctjb/20080709/ctjb411594. html.

【龙鹏感悟】

创业初始吸引投资需有足够诚意

尽管说起来有这样那样的融资方案，真正要从外界获取资金支持，其实是很不容易的事情。我创业的启动资金主要来自自己的部分存款，以及家人的资金支持，另外一部分来自合伙人的资金。作为一个校园创业者，创业的原始资金来之不易，如果自己没有拿出足够的诚意来铺垫，是很难吸引到他人投资的。

【老师点睛】

师行可以尝试刘统洲的融资方式

方老师

从刘统洲的案例中，我们又一次看到商业计划书的重要。融资工作真正启动就是从融资商业计划书（business plan for financing）的准备开始的。融资商业计划书的好坏，有时候决定了融资的成败。不知道师行选这个案例的时候是否想到了自己，其实你也可以拿着你的创业计划书走上 MBA 的课堂，如果你有这个勇气，我就可以给你提供这个机会。我们 2010 级 MBA 学生成立的鼎翰投资公司目前运作得不错，这次营销专业课程实习的机会几乎全是他们提供的，通过这次实习，高管团队比较认可你们的表现。目前，他们投资 80 万元、由班上有餐饮从业经验的同学经营的一家大型中高端自助餐厅选址准确，生意兴隆。

师行准备好了么？如果打算过来，请带上如下资料。

（1）完整版的商业计划书的 Word 文档。

（2）执行摘要的 Word 文档。执行摘要不能超过两页，最好压缩成一页，多打印一些，便于 MBA 学员们在你介绍以前快速浏览。执行摘要的内容就是对完整版商业计划书的高度浓缩，内容包括：企业简介、产品及服务、盈利模式、市场状况、竞争优势、管理团队、发展规划、财务状况及预测、融资需求等。

（3）3 年的财务预测的 Excel 文档。

（4）PPT 演示文件。PPT 演示文件的内容结构上基本与执行摘要和完整版商业计划书一样，总体篇幅控制在 20 页左右。其中每个部分的篇幅最好分配如下：

- 公司简介：企业背景、现状，使命与远景（1~2 页）；
- 产品/服务：企业未来价值的基础（2~3 页）；
- 商业模式：实现未来价值的商业逻辑/可行性模型（1~2 页）；
- 市场/行业分析（1~2 页）；
- 企业经营的蓝海/机会和外部环境（2~3 页）；
- 竞争分析：在对比中揭示企业胜出的原因（1~2 页）；
- 战略规划：使企业的未来价值得以实现（1~2 页）；
- 财务预测：能够量化企业的未来价值（2~3 页）；
- 融资计划：交易需求信息（1~2 页）；
- 管理团队：证明企业具有强大的人力/管理资源和有效的组织结构（1~2 页）。

总而言之，这是一个难得的机会，你和你的团队应把商业计划书拿出来接受检验。即便这次没有打动投资人，能够得到他们的指点、能够从这次经历中成长也是件很不错的事情。

要有打动人的融资方案还需要做很多准备

袁老师

师行如果想用自己的创业计划打动投资人，一定要记得说清楚几件事：产品有没有市场；企业有没有成长性；商业模式是否可行；团队成员组成情况。如果在展示 PPT 的时候总是强调消费者会如何喜欢，引领了什么样的生活方式，会成高校领先品牌，餐饮市场前景如何光明，等等，投资者会觉得太虚，不靠谱。要打动投资人，你的每句话都得落到实处：为什么你的餐馆能盈利？为什么只有你和你的团队能做好这个计划？你预计的月销售额是多少？你打算从第几个月开始盈利？市场会有什么样的波动？怎么解决学校周边餐饮服务的淡季与旺季的问题？只有你把这些问题都说清楚了，他们才会真正考虑是否投钱给你。

创业融资对于大学生来说是一个极大的考验，需要努力，也需要运气。给大家推荐一本书——《创业之初你不可不知的融资知识》（桂曙光著，机械工业出版社，2010）。这本书以创业者寻找风险投资的逻辑顺序为主线，运用理论分析和实例剖析相结合的手法，将简洁、通俗的语言与丰富的图表工具相结合，辅以中肯的建议，同时运用大量鲜活的、有代表性的成败案例，能够为读者解读创业之初企业有效成功融资的途径和方法，创业的同学们可以参考。

【网友围观】

网友 1

俗话说得好：钱不是万能的，但没有钱是万万不能的。作为草根创业者，最急需的恐怕就是钱了。但是怎么才能让风险投资者把钱从腰包里拿出来呢？除了要有一个好的创业项目外，商业计划书也是举足轻重的。但是我认为商业计划书也只是敲门的一块砖，并不能保证一定能够拿到钱。但关键是走出第一步，好的项目加出色的推销，我相信困难应该不大。

网友 2

以前总有这样的想法：我有好的项目，还怕没有风险投资？简直就是酒香不怕巷子深的思想。现在这个社会，机会太多，但要真正成功却不是那么容易。你有好的项目，可能比你的项目更好的项目还有一箩筐。所以自己还是主动点好，备一份商业计划书，好好推销推销。

刘统洲的成功，我觉得除了自身的努力以外，还有贵人的帮助。老师在他的成功道路上扮演了重要的角色。正所谓"一个篱笆三个桩，一个好汉三个帮"，在创业的道路上贵人可遇而不可求，更不能把希望完全寄托在他人身上，但当这个贵人出现的时候，我们也要毫不犹豫抓住机会。

身边的创业案例 18

清华科技园"1号会员"的融资故事

从"清华科技园新成果展"可以了解到，一家由 10 名清华学生创办的慧点科技开发有限公司，在自身的艰苦努力以及清华科技园的"孵化"下，成为清华科技体系里最大的软件企业之一。

据了解，该公司于 1999 年 8 月作为大学生企业进驻清华科技园，是首批进入清华科技园的企业之一，其总裁姜晓丹笑称它是清华科技园的"1 号会员"。目前，该公司拥有正式员工 300 多名，其中博士、硕士占 31％，公司总注册资金为人民币 4 000 万元。

创业者小档案

创业者：姜晓丹

创业年龄：25 岁

创业项目：慧点科技开发有限公司

创业感悟：不是没有过想要放弃的时候，不是没有过觉得梦想就要破灭的时候，但是有一个小小的声音一直在我耳边告诉我：坚持，只要坚持，你一定可以实现自己的梦想。

创业始于课题研究

说到创业，慧点科技开发有限公司的创始人之一汤涛说："其实我们走这条路是有机遇因素的，它的起步跟别的创业公司不太一样，它最初在清华的时候是一个研究中心。"

1996 年清华成立了一个研究中心，叫做清华信息产业中心，是广东省科委、南海市政府和清华合办的，做网络研究。当时清华大学每年举办一个"南海杯网络设计大奖赛"，征集各种各样的网络设计。汤涛说："那时候的作品跟现在比可能很幼稚，把几台机器联在一起干一点事情就已经很不错了。"

据慧点科技开发有限公司总裁姜晓丹回忆，1997 年清华大学举办"三八妇女节"舞会，女友是舞会组织者，他带了一帮哥们儿去捧场。可他们都不爱跳舞，就在门口聊天，聊着聊着就决定要"一起干点什么"。这次舞会之后，他们经常凑在一块，做一些研究，想一些点子，最后选择了"集成化办公桌面环境"的课题研究，并在研究成果的基础上开发了一个办公自动化系统。因为一共有 7 个人参与研究和系统开发，所以他们就把这个系统叫做"北斗"，"这是慧点之前第一个产品原型"。后来，这套系统参加了学校 1997 年举办的"南海杯"软件大奖赛，获得了一等奖，得到上万元奖金。

"从这以后，我们进入了清华信息产业中心，一直做到 1998 年。"而在这以前，他们所做的事情都跟学生创业没有很大关系，只是课外科技活动。"这个中心给慧点的发展提供了很好的环境，它是以科研为目的的，气氛很活跃，而且可以接项目。"姜晓丹说。

瞒着学校创办公司

进入清华信息产业中心之后，他们不断对技术进行学习和研究，取得了一些成果，人数也由原来的 7 人增加到十几个人。可是，姜晓丹说："在临近毕业的时候，我们都突然感到一种危机，如果我们就以毕业为终点，我们庞大的开发计划和即将问世的产品很可能胎死腹中，因为毕业之后，要把大家聚到一块很难，出国的出国，进外企的进外企……"当时，他们的科研成果主要集中在办公自动化系统软件开发方面，于是，在毕业前，1998 年 8 月，姜晓丹、汤涛等 10 名同学共同出资 50 万元，注册成立了"慧点科技"。

据姜晓丹称，刚开始创业的时候，身为总裁，他每月只有 800 元工资，而香港一家大

公司给他开出了 50 万元的年薪，还承诺送他去美国读 MBA，但他还是留在这个团队里继续创业。

对于成立公司一事，姜晓丹笑称有点"糊里糊涂"："注册公司的时候，我们找了一家公司代理注册，信了人家说在某远郊区县有税收优惠等诸多好处，便将注册点设在了那个地方。后来才知道那儿的税收比海淀区还贵，而且与那里的政府机构打交道比与客户打交道还难，仅申请高科技企业和三减两免就让我们跑了无数的冤枉路。直到一年后，我们才将注册点迁到海淀区。"

公司成立后不久，就有单可接了，但这时候他们正面临研究生毕业，准备答辩，所以压力很大。"毕业以后，大家全身心扑在公司上，研发能力增强，也多接一些单来做，公司规模开始扩大，从原来的十几个人扩大到二十几个人，在这期间，投入做新产品。"据汤涛说，他们那时候做公司不敢像现在的学生创业那么大张旗鼓，公司做了一年，学校和老师都被他们瞒得严严实实的。

没有收入，只有投入

姜晓丹说："真正一头跌进商海之后，我才开始意识到做企业竟然是如此的艰难。在'慧点'刚刚起步到逐渐发展壮大的那段时间里，艰辛的程度难以言表。"

"50 万元的创业资本对于很多人来说可能是不小的数目，但对于一个高科技企业，尤其是还处在研发期的企业而言却是微不足道的。这段时间没有收入，只有投入。开业购置设备和装修花去了 5 万元，每个月房租支出 2 万元，虽然我们每个月仅给股东 800 元的生活费，但工资杂费支出仍要 3 万多元，还有各种各样的支出……仅仅一年多的时间，1999年底公司便出现了一次严重的现金流断流。"

"虽然我们可以停发股东的工资，但员工工资可是一分钱也不能欠的呀！我还记得连续三个月，每个月支付工资的日子都成为我最黑暗的一天，我至今仍忘不了那段时间早上起来坐在床边，打电话向家人、向朋友四处借钱时，在我脑子里涌过的绝望和悲观的念头。"

融资困难重重

姜晓丹说："痛定思痛，我明白了办企业的道理，明白了现金流对于企业的重要性，明白了只有技术和资本的有效结合才能实现自己的梦想。"

然而，对于大学生创业者来说，"融资的过程是艰苦的，你需要迅速掌握包括企业战略、财务、人力资源等在内的大量的管理知识，并充分把握自己的优势，写成有足够说服力和可以执行的商业计划书。更重要的是，你要有充沛的体力和坚韧的意志去面对一个又一个挑剔的投资者"。

据汤涛说，他们那时候融资面对的另一个困难是投资人只知道投资，不知道什么是风险投资。几乎每星期都有几拨儿投资人过来跟你谈，但由于他们大部分人过去都是做房地产、期货、建筑材料等传统行业的，所以用一种很陈旧的眼光来看待创业。他们不是想做"风险投资"，而是仅仅想投资。比如我这个公司价值是 50 万元，他们看了一眼想一想：那我是不是投资 100 万元就可以控股呀？在他们看来，对一家价值 50 万元的公司投资 100 万元，他们至少应该占 51%以上的股份，而公司这边哪怕只占 30%的股份，公司也占了很大便宜。"而当时我们公司估价是 1 000 万元，我们说我们公司值 1 000 万元，他们说不能接受这个价钱。"

获得 2 800 万元风险投资

不过，姜晓丹说："经过一年的艰苦努力，经过几十个不眠的日子，经过十几稿的商业计划书，2000 年底，我们终于与一个国际著名的风险投资公司达成了投资意向。但现实是残酷的，IT 业经过一段绚烂的泡沫阶段，迅速跌入冰冷的低谷，我们经过一年努力所换来的投资意向书也永远地停在了纸面上。"

"不是没有过想要放弃的时候，不是没有过觉得梦想就要破灭的时候，但是有一个小小的声音一直在我耳边告诉我：坚持，只要坚持，你一定可以实现自己的梦想。我抖擞起精神，调整了公司的规模和方向。"又经过一年努力，姜晓丹终于挺了过来："2002 年春天，在 IT 行业一片冰冻的时候，我们却以 1.4 亿元人民币的市场估值成功地获得了 2 800 万元人民币的风险投资。"

姜晓丹说："慧点成立早期，我们真是不知道什么叫经营企业。我们那会儿所看到的经营模式都是教研组，专做科研的，什么叫企业不知道。清华科技园孵化器的成立实际上聚集了一拨儿企业，我们那拨儿是 17 家，大家都是学生出身，没有创业经验，我们在沙龙的互相交流中得到进步和提升。应该说，我的整个企业管理经验是在清华科技园的生存过程中逐渐摸索学会的。对于我的创业，它是一所学校。"

师行： 看了姜晓丹艰辛的融资故事，你觉得大学生融资要注意哪些问题呢？

资料来源：http://www.ccw.com.cn/fortune/abc/htm2006/20060922_211593.htm。

【龙鹏感悟】

"靠谱"帮我筹到了创业资金

随着公司的发展以及我们对校园服装需求的熟悉，我们开始仔细考虑是否应该在高校建立更多的销售终端，通过良好的店面设计体现出品牌的实力。调研了省内的高校市场，公司决定把影响辐射到较远的区域，再开三个店的想法日益成熟，此时公司遇到了资金难题。

为了筹资，我估算了现有的团队及资产情况，然后对项目的预期盈利性做了分析，写出筹资计划，便开始了广泛撒网的筹资工作。我把筹资的计划通过短信、QQ等平台转发给了我所有的亲人、朋友乃至一面之交的人，然后逐个登门拜访或约谈面见。因为公司前期已经有一定的积累，能够拿出像模像样的财务报告，我的预期盈利性也分析得较为客观与谨慎，筹资金额也相对合理，筹资计划得到了投资人的认同。面谈的时候，我说话也比较实在，行事踏实，大家对我的印象都还不错，这样我的再次融资顺利结束。

我的感觉是，其实这个社会想投资赚钱的人还是比较多，靠谱的人拿着靠谱的项目，在资金需求也不是很大的情况下，还是能够筹到资金的。

【老师点睛】

创业初期应谨慎使用筹集的资金

方老师

龙鹏用他的经历告诉我们，创业融资确实有其阶段性。对于资金有限的创业者来说，如果不能一步到位，那就多走几步，从"钱所能及"的事业开始也未尝不可。等到以后做好了，有了一定的信用累积，有了一定的固定资产，也积累了不少人脉关系和经验时，再慢慢去扩大经营，或者转投其他收益好、利润高的行业，去做自己真正想做的大生意。到了那个时候，即使资金不足，风险投资也好，银行贷款也好，融资的机会与途径都会不断增加。

需要提醒龙鹏的是：尽管你已经有了一定的社会经验、管理能力，在创业融资方面，还是有一些需要注意的地方。例如：不要因为急于得到企业启动或周转资金，就给小钱让大股份，贱卖技术或创意；要谨慎选择投资人，最好是找到与你的创业理念一致，或者能够在投资的同时提供增值性服务和管理指导的投资人；谨慎使用筹集的资金，因为每一轮融资中的投资者都将影响后续融资的可行性和价值评估。

创业者在融资过程中需要做的工作

袁老师

资金作为公司的血脉，必不可少，因此融资问题对新创企业来说显得尤为重要。大学生们要想凭借自己的技术或创意获得应有回报，就必须解决好融资问题。创业者在融资的过程中需要做好以下工作：

第一，在制定融资方案之前要准确评估自己的有形和无形资产的价值，千万不要妄自菲薄，低估了自己的价值。

第二，融资过程中要做好融资方案的选择，多渠道融资的比较与选择可以有效降低融资成本，提高效率。只有同自己经营理念相近、其业务或能力能够为投资项目提供渠道或指导的投资才能有效支撑企业的成长。

第三，创业不仅是实现理想的过程，更是使投资者（股东）的投资保值增值的过程。创业者和投资者是同一事物的两个方面，大家只有通过企业这个载体才能达到双赢的目标。

大学生创业者解决好了融资问题，才能将自己的技术和创意转化为盈利的工具，才能在激烈的市场竞争中立于不败之地；拓宽融资渠道，对投资人负责，才能使自己的企业茁壮成长。

【网友围观】

网友1

资金难筹几乎是每一个大学生创业者都会遇到的难题。银行贷款申请难、手续复杂，建议广开渠道，除了银行贷款、自筹资金、民间借贷等传统方式外，还可以充分利用风险投资、天使投资、创业基金等融资渠道。如果想找民间投资者，一定要准备一份较为成熟的创业计划书或筹资计划书。否则的话，创业计划只能是一纸空谈。

大学生融资需要具备很多知识，也非常需要听取前辈的经验教训，给大家推荐一个视频——《马云谈青年人创业该如何融资》（http：//v. ku6. com/show/SzvXn-tFqg9CgVic. html）。希望大家看了这个视频之后对融资及创业知识有更多的了解，同时能够寻找到适合自己的创业项目的融资途径。

网友2

创业融资应考虑的问题还有：

（1）现金流和现金。现金流和现金才是创业融资的国王和王后，现金流可以维持企业的正常运转，可以让债权人放心借债，甚至可以确保工作人员安心工作。使用信用卡支付取代现金支付、检查客户信用、有效管理库存等方法可以帮助创业者更好地管理现金流。

（2）时间和时机。基于企业财务稳健的融资方式常常对时间维度很敏感，甚至很脆弱。对创业企业的融资来说，它们的关键融资行动时间更短、更紧迫，行动的最佳时机稍纵即逝，而且面临的外界环境变化也更大更快。

（3）重点。对高潜力企业的创业者来说，他们寻求的不仅是合算的交易，还希望投资者能在专业技能、聪明才智、忠告经验或其他方面助他们一臂之力。

（4）筹集资本战略。高潜力企业的风险投资机构和其他投资者所采取的通行做法是"分阶段资本投入"，这种概念指的是第一期先投入3～18个月的资金，然后根据结果和承

诺确定随后的出资额度。与投资者的做法相类似，当企业的估价不够高或估价有可能大幅上升时，聪明的创业者会拒绝吸收过多资本。

（5）负面连锁反应。当创业者现金枯竭或经营失败后，他们面临的负面影响是长期的，从某种意义上来说甚至是灾难性的，因为他们在向银行或其他贷款方融资时通常提供的是个人担保。

（6）估价方法。通常大公司采用的方法和假设及其设计思路与小型私人公司的估价不相关，甚至会产生误导，因为小公司的历史成长曲线和未来成长曲线非常不稳定、极富动态变化。

（7）常规财务比率。目前的财务比率在应用到多数私人创业公司时，都会产生偏差。创业者常常同时拥有一家以上的公司并可以把现金和资产从一家转移到另一家。

（8）目标。创造长期价值，而不是追求短期收益最大化。价值创造来自公司的成长，而通常其成长在很大程度上是通过自身融资实现的，因此会损失一些账面利润。

我的创业新资讯

大学生创业贷款怎么那么难

"项目计划书写得很详尽，是份不错的计划书。"刚刚从北京物资学院毕业的张文龙，其创业计划书赢得了很多专业人士的肯定，可是他拿着这份创业计划书准备创业的时候，却无法融到启动资金。不久前，他通过北京市劳动和社会保障局了解到，现在有专门针对大学生创业项目的小额贷款，并且针对个体经营的贷款额度已经提高到了8万元。于是，他开始积极奔走于工商、税务、银行、街道等多个政府部门之间。三个月过去了，张文龙依然没有拿到贷款。"时间都用在了办手续的路上，缺少一站式服务，我只能一个部门一个部门地跑，由于没有经验，经常是一个部门要去好几次，真希望能够得到指导。"张文龙感叹。虽然有国家和社会政策的大力支持，但大学生创业融资依然比较困难。

中国青年报社会调查中心与新浪网联合开展的调查显示，对于大学生自主创业中遇到的主要困难，有79.1％的网民认为是"缺少资金，融资困难"，61.2％的网民认为是"缺乏企业管理经验"，52.0％的人表示是"市场推广困难"，还有24.9％的人认为是"团队的合作和协调"的问题。造成大学生创业融资困难的原因有很多，一位商业银行的负责人向记者表示："我们贷款前，除了要了解贷款人的资信情况外，还要对其为人、职业、贷款用途、抵押物情况等进行详查。对于大学生贷款，我们要求创业的大学生除了要有实体店，还要具有一定的还本付息能力。大学生一般很难具备这两个条件，所以往往是'开花'的多，'结果'的少。这与我国的信用系统不健全也有关系。"

风险投资公司在投资之前很注重项目人的项目可行性以及项目运行团队的成熟度，因此对市场运行规律不太了解的大学生，找风险投资公司融资不现实，成功率也很低。"截至目前，通过风险投资公司融资成功的概率是极低的。"某风险投资公司一位不愿透露姓名的分析师表示。

那么，大学生在申请创业贷款中遇到的主要困难是什么？调查显示，63.4％的人认为是无法找到贷款担保，61.2％的人认为是贷款手续繁杂、申请时间过长，53.0％的受访者表示是政策不细化、模糊不清，47.6％的人认为是申请到的数额太少。

"大学生创业者申请贷款必须经过街道批准、劳动和社会保障局审核推荐、担保公司审核担保，银行最后审核放贷，任何一关通不过，贷款都会告吹。但是最大的前提是申请者必须是已经毕业的大学生，也就是说失业的大学生才能办理此项手续。"北京市劳动和社会保障局一位负责人向记者表示。

"国家鼓励大学生创业，充分利用人才是明智之举。但是目前贷款的手续搞得要多复杂就有多复杂，谁看了都头痛，即使再有创业能力和创业激情的人，也会感到无从下手。把精力都浪费在无用功上很不值得。"浙江的一位网民这样认为。

既然贷款比较困难，大学生创业者只好采用其他的方式筹款。"我们创业三兄弟把从家中带来的学费用于投资，加上平时的奖学金，开起了自己的店面。"海南软件职业技术学院的李民才解释说。由于学校对家庭经济困难学生提供"绿色通道"，对学生的学费提供无息贷款，同时学生也可以申请缓交学费，李民才获得了创业资金。虽然他也在吸纳同学的闲置资金，采取一定期限后本息返还的方式，但他认为这种方式并不保险，很容易出现资金链断裂。兰州大学"傻根淘宝"店的老板"傻根"积累创业资金也是独辟蹊径，他说："我从大二开始收废品，租了一间房子当仓库，慢慢地有了一定的资金积累后才开了'傻根淘宝'这家小店。没想到经营状况还不错。"

调查显示，大学生创业资金的主要来源，83.4％的人表示来源于家庭或朋友，41.7％的人表示是靠团队成员集资，33.4％的人表示有个人积蓄，只有26.4％的人认为能获得银行贷款，19.3％的创业者可以从学校或政府创业基金和财政得到支持，而能够获得风险投资的仅有7.9％。

"大学生创业没有足够的资金，我国又没有相关的风险保障，一旦失败，那就会是负债累累。"湖北武汉的一位网友对大学生一旦创业失败会产生的影响表示了担忧。有网民提议，应该出台一些政策，鼓励大学生勇于实践，而对于那些失败的大学生，也应该减免他们的债务。北京联合大学就业处的常老师认为，社会各界对于大学生创业的支持力度还有所欠缺。目前，解决这一问题的途径除了国家进行专项财政支持、银行细化贷款申请程序、风投公司降低标准对大学生投资之外，最重要的还是需要一些全国性或者国际性的协会介入，专门支持大学生创业，为大学生提供专业资金支持，尽力为大学生降低创业的"门槛"。调查显示，网民认为解决大学生创业融资困难应该有这样几个途径。70.6％的网

民认为政府应该提供更多的优惠政策，67.7％的网民建议银行放宽贷款条件，50.2％的网民认为学校和社会基金应该加大投入，40.7％的人认为大学生自身应该更加努力。

有的网友也表示，刚毕业的大学生还是需要先积累经验再去创业。"等有经验了再创业，资金就不是问题了。创业资金不应该成为创业者的难题，如果资金都无法解决，创业就是一句空话。我觉得大学生应该靠动脑子创业，为什么不能够借力打力呢？我当时创业也没有资金，完全是靠积累的资源创业的。"一位民营企业的老板这样表示。

资料来源：《中国青年报》，2009－05－18。

长沙市《关于鼓励和扶持大学生自主创业的政策意见》解读

创业三年内市属行政事业性收费全免

【创业疑惑】长沙学院刚刚毕业的张晓霞最近盘下了一家服装店，目前盈利状况还不错。她非常想了解有没有关于工商税务方面的减免政策。

【新政解读】《意见》规定，大学生自主创业三年内，同级财政采取先征后返的方式减免其营业税和个人所得税的地方所得部分，市属行政事业性收费全免；经评定为成长性好的项目，可继续享受两年政策优惠。大学生自主创业三年内申请专利、商标、软件著作权等无形资产的，由纳税地知识产权部门对申请费用给予全额补贴。

同时，在放宽创业准入条件的基础上，对大学生自主创业进行工商登记注册的，工商部门免登记类、证照类收费，并设立大学生创业注册登记绿色通道，凡大学生注册登记非禁止、非限制类发展项目且无重大要件缺失的，实行即到即办；免费为大学生自主创业办理税务登记证，并提供免费税务知识培训。

毕业两年内创业可获支持

【创业疑惑】湖南师范大学的吴斌已经毕业快一年了，经过一系列的市场调查，他觉得在长沙开奶茶店非常有发展潜力。像他这样已经毕业的学生创业还有优惠政策吗？

【新政解读】《意见》所鼓励和扶持的大学生自主创业，主要是指具有高等专科院校学历以上的本科生、硕士研究生、博士研究生，在读期间或毕业两年以内在长沙初始创办各类企业或从事个体经营，并担任所创办企业或个体工商户的法人代表。

大学生到农村创办现代农业项目，规模种植面积超过50亩、规模养殖年总产值超过20万元，或创办各类专业合作社等经济组织和经济实体的，纳入本意见鼓励和扶持范围。

对零就业、下岗失业、低保户和残疾人家庭大学生自主创业的，给予重点鼓励和扶持。

创业基地提供经营用房减免租金

【创业疑惑】来自中南大学的小刘想办一个皮革厂，他希望政府部门能建立一个基地，专门提供给刚创业的大学生办厂用，并能相对便宜地租给他们。

【新政解读】凡新增大学生创办企业 20 家以上的产业园区（基地、大学、大厦）、吸纳大学生创办企业 10 家以上的企业，都可经市推进创业富民工作领导小组办公室认定为大学生创业基地，每年给予 30 万～50 万元资金补贴。

入驻大学生创业基地的大学生自主创办企业，由创业基地提供经营用房，第一年按每月 900 元、第二年按每月 700 元、第三年按每月 500 元减免经营用房租金。在长沙没有家庭住所的，可由创业基地提供三年免费创业公寓或宿舍。创业基地不能提供免费住处的，可参照廉租房政策，由房产部门给予每人每月 160 元廉租住房补贴。

在大学生创业基地以外租赁经营场所自主创办企业的，三年内由房产部门给予经营场所租赁补贴，第一年按每月 800 元、第二年按每月 600 元、第三年按每月 400 元给予补贴。在长沙没有家庭住所的，可参照廉租房政策，由房产部门给予每人每月 160 元廉租住房补贴。

对大学生开展免费创业培训

【创业疑惑】湖南商学院的黄昕一直苦于找不到创业项目，而且对创业的一些基本程序也不太清楚。想问政府有没有开设一些创业培训课，好让她能够开启自己的创业之路。

【新政解读】由劳动保障部门牵头，对大学生开展 SIYB（创办和改善你的企业）培训等免费创业培训，确保每个有创业意愿的大学生参加一次以上创业培训。大学生到定点创业培训机构参加创业培训合格的，由劳动保障部门按规定提供创业培训补贴。完成 GYB（产生你的企业想法）培训每人补贴 100 元，完成 SYB（创办你的企业）培训每人补贴 500 元。实现自主创业的，凭相关证照再给予每人 800 元补贴。

资料来源：http：//www.furong.gov.cn/affairs/docs/jiedu/201106/t20110609_34295.shtml.

篇末小结

　　转眼间又到了篇尾，在这一篇中，我们讨论了如何识别并把握商机、如何创新商业模式以及如何撰写商业计划书，探讨了创业团队的组建问题，最后也了解了如何推销自己的创业项目，为自己的创业获得资金的来源。

　　在路上，摆在你前面的只有路，要么走下去，要么停留原地或选择退缩。既然选择了创业，就勇敢地走下去，停或退只是弱者的行为，因为在这世界上，没有无路可走，只有坚持拥有！相信大家，一切皆有可能！既然选择了做一棵大树，那么就只有坚持下去。最后，我们用俞敏洪的一首诗共勉。

　　人的生活方式有两种：第一种方式是像草一样活着——

　　　　　　你尽管活着，每年还在成长，

　　　　　　但是你毕竟是一棵草。

　　　　　　你吸收雨露阳光，但是长不大。

　　　　　　人们可以踩过你，

　　　　　　但是人们不会因为你的痛苦，而产生痛苦；

　　　　　　人们不会因为你被踩了，而来怜悯你，

　　　　　　因为人们本身就没有看到你。

　　所以我们每一个人，都应该像树一样成长——

　　　　　　即使我们现在什么都不是，

　　　　　　但是只要你有树的种子，

　　　　　　即使你被踩到泥土中间，

　　　　　　你依然能够吸收泥土的养分，

　　　　　　自己成长起来。

　　　　　　当你长成参天大树以后，

　　　　　　遥远的地方，人们就能看到你；

　　　　　　走近你，你能给人一片绿色。

　　　　　　活着是美丽的风景，死了依然是栋梁之才，

　　　　　　活着死了都有用。

　　这就是我们每一个同学做人的标准和成长的标准。

热门话题十：创业企业市场营销管理

> 利人为利己的根基，市场营销上老是为自己着想，而不顾及他人，他人也不会顾及你。
>
> ——梁宪初

市场营销就是针对目标顾客运用营销策略的过程。对于创业企业，选择什么样的目标顾客作为企业的营销对象，并且针对这些顾客选择什么样的营销策略尤其重要。创业失败的一个重要原因就是没有开展正确的市场营销管理。

我的新鲜事

我大学本科专业是市场营销，所以我明白在对的时间、遇到对的人、送给她对的东西的重要性，尽管我不是情圣，但是我有一颗陪她到老的心。不过投海底针之所好，真是有种溺水般的窒息感，我面对着这世界几十亿人来人往的人群，不禁仰天长叹：既生行，何生众生？大家随我一同想想看：白手起家，创办一家公司，让它避免夭折，让它茁壮成长，让它开枝散叶，让它开花结果，这是何等辛苦却又幸福的事情。咱创业者这不是变态，咱只是太过勇敢，人生需要辩证地看待问题，现在我们面对的正是一道综合分析题，诸位先仔细看题目，然后再作答，没关系，慢慢来，我们考试的时间是一辈子。

我的创业课堂笔记：创业企业市场营销管理

> **创业企业市场营销管理　理论阐述**
>
> - 什么是市场营销？
> - 什么是管理？
> - 什么是市场营销管理？
> - 什么创业营销？
> - 成功的创业营销的四个阶段

● 什么是市场营销？

美国市场营销协会给"市场营销"下的定义：市场营销是创造、沟通与传送价值给顾

客，及经营顾客关系以便让组织与其利益关系人受益的一种组织功能与程序。

● 什么是管理？

管理（manage）就是制定、执行、检查和改进。制定是制定计划（或规定、规范、标准、法规等）。执行就是按照计划去做，即实施。检查就是将执行的过程或结果与计划进行对比，总结经验，找出差距。改进首先是推广通过检查总结出的经验，将经验转变为长效机制或新的规定；其次是针对检查发现的问题进行纠正，制定纠正、预防措施。

● 什么是市场营销管理？

市场营销管理是为了实现企业目标，创造、建立和保持与目标市场之间的互利交换关系，而对设计方案的分析、计划、执行和控制。

（1）发现和评价市场机会。通过深入细致的调查研究，弄清市场对象是谁，容量有多大，消费者的心理、经济承受力如何，市场的内外部环境怎样，并按照经济发展的规律预测未来发展的趋势。对所发现的各种市场机会加以评价，要看这些市场机会与本企业的任务、目标、资源条件等是否一致，要选择那些比其潜在竞争者有更大的优势、能享有更大的"差别利益"的市场机会作为本企业的市场机会。

（2）细分市场和选择目标市场。企业识别各个不同的购买者群，选择其中一个或几个作为目标市场，运用适当的市场营销组合，集中力量为目标市场服务，满足目标市场需要。

（3）发展市场营销组合和决定市场营销预算。企业针对目标市场的需要，综合考虑环境、能力、竞争状况，对自己可控制的各种营销因素（产品、价格、渠道、促销等）进行优化组合和综合运用，使之协调配合，扬长避短，发挥优势，以取得更好的经济效益和社会效益。

（4）执行和控制市场营销计划，即对财务目标与市场营销目标、市场营销战略、市场营销行动方案以及预计损益表的确定和控制。

● 什么是创业营销？

创业营销，就是创业企业家凭借创业精神、创业团队、创业计划和创新成果，获取企业生存发展所必需的各种资源的过程，它实际上是一种崭新的创业模式。今天，对于大多数年轻的创业者来说，既缺乏资金和社会关系，又缺乏商业经验，所拥有的只是创业激情和某种新产品的原始构思或某种新技术的初步设想。要获得成功，除了勇气、勤奋和毅力外，还必须依赖有效的创业营销来获得创业所需的各种资源。

● 成功的创业营销的四个阶段

创业营销一般需要经历四个阶段：创意营销阶段、商业计划营销阶段、产品潜力营销

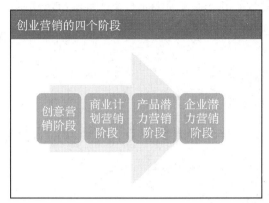

阶段和企业潜力营销阶段。

1. 创意营销阶段

创业企业家萌发了一种创业冲动或创业构想，但这种冲动或构想还停留在大脑中，创业企业家必须将其转变为一个清晰的概念或开发出某种产品原型或技术路线，才能与其他人进行沟通交流。当这些工作完成时，他最需要的是寻找志同道合者组成创业团队。因为一个人很难精通创业过程中需要的所有技能，也不一定拥有创业所需的关键资源。优秀的团队是成功创业的关键因素，团队成员最好在信念、价值观和目标等方面基本一致，又具有献身共同事业的强烈愿望，而且在资源、技能、经验、个性和思维模式等方面具有互补性。

2. 商业计划营销阶段

创业团队形成之后，就要着手撰写详尽的商业计划。通过商业计划吸引投资者尤其是风险投资家的注意并获取风险投资。成功的商业计划除了要有概念上的创新外，重要的是进行现实的、严谨的市场调研和分析。如果商业计划营销获得成功，创业团队获得了风险资金，就可以正式建立创业企业，进行商业化的新产品开发。这一阶段表面上营销的是创业企业的商业计划，实际上也是对新产品和创业团队的全面检验。

3. 产品潜力营销阶段

当商业化的新产品开发出来之后，创业企业就需要大量的投资来进行产品的批量生产和大规模销售。而创业企业一般难以获得银行贷款或供应商的支持，而且也缺乏丰富的商业关系和经验，因此它需要再次从外部投资者那里获得支持。这时外部投资者最好是企业的战略投资者，他们不仅可以带来资金，更重要的是还能带来管理经验和商业关系，为将来的公开上市做准备。战略投资者看重的是产品的市场潜力、企业的技术能力以及营销能力。创业企业如果能够吸引战略合作伙伴的加入，就可以利用新资金将新产品大规模推向市场。

4. 企业潜力营销阶段

在许多情况下，新产品上市并不能迅速盈利，但产品和企业的市场前景已经相当明朗。这时创业企业可以寻求公开上市，以获得快速扩张所急需的资金，同时也使风险投资

家得以顺利退出。公开上市可以打通创业企业从资本市场获取资金的渠道，它是创业阶段的结束，也是规范经营阶段的开始。

身边的创业案例 19

当裁缝月赚三万，称成功因定位准

创业者小档案

创业者：曾庆丙　王举祝　盛朝伟

创业年级：大四　大三　大四

所在专业：服装设计与工程专业
　　　　　国际经济与贸易专业
　　　　　服装设计与工程专业

创业项目：西南大学"学子西服"工作室

创业感悟：我们的成功就在于找准了定位，每个环节都做好充足准备，以量身定制的特色开拓市场，用服务赢得客户。

一年一度的双选会随着部分高校招聘活动的举行也正式拉开了帷幕。王举祝算了一下，他们的"学子西服"工作室借助这次双选会达到的总营业额有 8 万余元，纯利润近 3 万元。

"我们的定位就是参加双选会的毕业生，以及参加实习的师范生等。"曾庆丙说。因此，在服装价位上，"学子西服"分了不同档位：特价版 290 元，经典版 380 元，时尚版 480 元，旗舰版 680 元，尊贵版 1 080 元，"让学生们在消费需求范围内，都可以买到适合自己的西服"。

在款式设计上，考虑到西南片区的人一般比较瘦，个子不太高，他们对客户实行量身定制，解决不少人买不到合适衣服的难题。为提高服务质量，他们花 3 000 元购置了两辆摩托车，保证随叫随到。此外，他们还专门做了一本册子，教学生如何搭配服装。双选会临近时，他们还举办了一场团购促销活动，这一招颇受青睐。

"我们的成功就在于找准了定位，每个环节都做好充足准备，以量身定制的特色开拓市场，用服务赢得客户。"曾庆丙说。

"学子西服"是西南大学三名在校大学生专门针对双选会开的一家服装工作室，共有三位成员：主管曾庆丙，服装设计与工程专业大四学生，主要负责服装设计；公关经理王举祝，国际经济与贸易专业大三学生；销售总监盛朝伟，服装设计与工程专业大四学生，主要负责制版。

"双选会就是我们的最大的市场。"曾庆丙介绍，一年一度的双选会期间，数十万应届毕业生对西服的需求催生了"学子西服"。工作室主要经营量身定制的学生面试西装，以时尚版、经典版、旗舰版和尊贵版为主打。所有服装的款型设计、制版、面料的选择均由三人完成，衣服的加工则外包给一家服装制造厂。

今年 9 月，曾庆丙、王举祝和盛朝伟就开始积极筹备，每人投资 5 000 元左右。首道工序就是在学校发宣传单，重点是大四寝室。10月10日正式营业，第二天三人的电话便成了热线，全部是即将参加双选会的同学咨询定制西服。到11月中旬，共接200多单生意。王举祝算了一下，总营业额有8万余元，除去每人投资的5 000元、工厂加工费、材料费、人工费以及开展活动费用，纯利润就达到近3万元。

师行："学子西服"的成功中，有哪些营销手段的运用值得创业者学习借鉴？还有哪些营销的方式能在其进一步的发展中发挥作用？

资料来源：http：//www.tjxumu.cn/news/249324.html.

【龙鹏感悟】

我向同行学营销管理

高校学子对职业装的需求正在上升，除了临近毕业准备求职的高年级学生，低年级的师弟师妹也因为这样那样的校园比赛和其他活动需要准备正装。今年上半年我将业务重心从班服市场转向大学生职业装市场，在曾庆丙、王举祝和盛朝伟的创业故事中，他们的营销管理确实相当成功，作为同行的我，对他们的成功经历更要慢慢品味。

作为一家开发校园市场的小企业，他们的故事给九尾服装公司带来的最大的启示是：如何提前掌握客户订单，批量采购原料，在定制与批量生产中找到平衡，降低生产成本。我目前最头疼的就是小批量的生产带来的采购成本的上升，往往还伴随物流成本、加工成本上升等等。企业营销管理就像企业的大动脉，一张一弛都决定着企业内部资源流向。

【老师点睛】

希望嵌入创业教育的营销管理课程让同学们受益

方老师

接受过商科教育的龙鹏与师行，应该在创业营销方面比别人略有优势。专业训练让你们懂得去了解和分析市场，寻找目标消费者，以及对自己的产品服务进行定位，再围绕定位制定价格、渠道和促销策略。

有不少创业者在营销管理中往往会碰到这样那样的问题。在与那些非商科学生进行创业方面的交流时就会发现，他们有创业热情，有自己的技术优势，但是不懂营销，以为有技术就肯定会有市场，结果做出来的产品得不到消费者认可，或者营销的方法手段单一，不懂得在市场上出奇制胜，好产品没卖到好价钱，确实非常可惜。

为了帮助这样的大学生，我们将一般的营销管理课程进行了重新设计，将创业的三个过程"创业机会的识别"、"新企业的建立"和"企业持续成长"与营销的四大模块"理解

市场营销"、"洞察市场状况"、"提供市场价值"和"开展关系营销"的教学内容紧密契合。通过"创业机会的识别"引导学生发现未满足的市场需求和未充分利用的资源，分析营销机会与市场特点；通过"新企业的建立"将学生导入到确定商业模式，制定市场计划以及对产品、渠道、定价等进行决策的情境中；通过"企业持续成长"引导学生以创业者的身份思考在公司组织环境中推动企业持续发展的问题，提升创业者对客户关系、渠道成员和销售团队等方面的重视，提升其市场运作以及市场沟通协调能力。

我们希望这种嵌入创业教育的营销管理课程能够给更多想创业的大学生以帮助，也希望所有的创业者在实践过程中不断学习与掌握营销相关知识。

从"学子西服"的成功看当代大学生创业的营销管理问题

袁老师

"学子西服"的营销管理有几点做得还是比较到位的：

（1）对市场的分析。对市场有明确定位，同时明确自己的切入点——量身定做。

（2）工作进展计划。找准双选会这个时机，及时攻入市场，通过合理计划来避免工作盲目性。

（3）工作执行到位。分工明确，权责对等，团队内部形成向心力，是团队内管理之妙笔。

（4）对工作的控制。三人抓住工作重心，在发展过程中把握发展变数，从而使团队健康发展。

当前大学生自主创业，在营销管理方面普遍存在如下问题：

（1）团队内部分工容易出现分歧。由于实际管理经验的缺乏，尤其是在引入金钱的因素后，成员矛盾容易被激发。

（2）企业对外营销水平薄弱。资金的限制以及能力的原因决定了这个环节的薄弱。

（3）社会经验不足。在创业前期没有一套清晰的计划，也没做充分的市场调查，从而导致很多团队走一步算一步，最后不了了之。

因此，大学生在创业前务必做好市场调查和心理准备，在创业计划书里制定出一套详细明确的营销策略，尽量将每一个环节都考虑到，避免出师不利，在营销方面栽跟头。

身边的创业案例 20

优衣库的创意营销

创意成为营销与消费者之间情感的纽带，使营销不再只是被动地传递信息，而是让消费者主动参与,成为传播的一环。在营销 3.0 时代,企业拼的不仅是营销,更是创意。

"今天你排队了吗?"

2010 年 12 月 10 日,一场疯狂的虚拟排队在中国大陆悄然开展,迅速引发网络热潮。这是著名日本休闲服装品牌优衣库与人人网独家合作推出的"Uniqlo lucky line"网上排队活动,网友在优衣库网站 Uniqlo 店铺虚拟排队购物,即有机会获得 iPhone4、iPad、旅游券、特别版纪念 T 恤、9 折优惠券等精美礼物。这是优衣库在中国大陆开展的又一次"全民排队乐",沿用的是先前在日本和台湾地区分别创下 14 万与 63 万参与人次纪录的活动概念。

早在 2010 年 12 月初,优衣库便已开始活动预热:12 月 2 日建立人人网公共主页吸引大量粉丝;12 月 3 日,优衣库在视频网站上放出活动广告;12 月 6 日,所有线下实体店开始使用宣传册和展板海报进行预告。

"一起上网排队吧!"

在面向广大网络排队族"一起上网排队吧"这一口号的带领下,各路网友纷纷响应。活动过程中,排队游戏的界面底部不停滚动播出中奖者的名单公告,大奖得主的照片也公布在优衣库人人网公共主页的相册里。除了每天的随机大奖和幸运数字纪念奖,还评选出踊跃参与大奖得主,来自沈阳的杨威成为第一个完成排队 500 次的粉丝,获得了包含 20 件摇粒绒衣服的大礼包。

此外,可在为期 14 天的活动期内使用的 9 折优惠券数量很大,排队的粉丝几乎都能领到一张,这不仅使优衣库人人网的粉丝激增,更为优衣库线下实体店的圣诞促销带来更多的客流,刺激了实体店的销售。

本次活动共吸引了超过 133 万人次参与排队,无疑成为 2010 年末最具影响力和话题性的线上活动。线上的火热与线下的促销相结合,线上的传播与线下的销售相促进,整合线上线下资源,通过长达两个星期的在线活动宣传,将优衣库这一品牌进行全方位立体包装、传播、推广。

优衣库之所以选择人人网作为独家合作商,不仅仅在于人人网拥有更加灵活开放的合作态度,更在于人人网的用户普遍为年轻学生、白领,喜欢新鲜好玩时尚的创意,和优衣库的定位相契合。

"排队营销"是优衣库一大法宝,把"排队"这一现实生活中"烦闷"、"无聊"的活动平移到网络上,冠以"lucky line"之名,立即形成鲜明的反差。在排队活动中,网友还可以选择自己喜爱的动物、场景,这对年轻人极具吸引力;在"好玩"的同时添加了激励因素,形成了网友自发参与活动的原动力,众多丰厚大奖使网友们跃跃欲试;同时,"排队"的概念运用巧妙,其本身带有的"因为吸引人所以很多人排队"的理念也逐渐传播出

去，形成"排队效应"，如同石头投入湖中心泛起的涟漪，吸引了越来越多慕名而来的潜在消费者。

此外，活动载体人人网作为一个实名制的社交平台，网友在参加活动后都会自动在个人主页上刷新新鲜事，因而在真实的社交圈子中产生联动效应——实现一呼百应，一传十、十传百的传播效果。

其实，这并非优衣库第一次运用"排队营销"。早在2010年5月上海世博会期间，位于上海南京西路的优衣库全球旗舰店热闹开张，其在开幕后的几天，将最大logo下的进出口设为入口，其余几个进出口只作为出口。在入口处，两条隔离带引导着人们排队等候，队伍一直延续到门店侧面，远处看起来，队形呈现精确的"直角"状，十分惹眼。

线下的"排队营销"一来能有效地控制进入门店购物的顾客数量，为店内的顾客营造舒适安全的购物环境；二来也巧妙抓住了国人心理，产生"优衣库这一品牌深受欢迎、火暴排队"的深刻印象，扩大声势。

新年伊始，优衣库又在人人网上隆重推出"2011人人试穿第一波"，优衣库粉丝们可以通过在优衣库公共主页留言，申请成为优衣库试穿者，收到免费获赠的商品后在人人网的个人主页上发表试穿日记和试穿照片，动员网友对日记进行投票，票高者则可得到优衣库的礼券。无疑，优衣库新年试穿第一波将再次引发网络热潮，借用网民的力量主动推广优衣库品牌，延续"排队热"后的营销效应。

无论是线上的网络虚拟排队，还是线下的实体店排队，抑或是新年新衣试穿，优衣库都紧紧抓住消费者的心理。由于更多的激励因素、传播因素和新鲜创意，线上虚拟排队和新衣试穿活动带来更大的网络轰动与社会效应，更是结合网络媒体的一次成功的创新营销。

优衣库启示录

反观大多数中国服装企业，仍禁锢于传统的营销推广思路，缺乏新鲜的营销元素，如单纯依赖传统广告推广，陷入使用明星代言的怪圈，似乎一定要聘请知名代言人才能打响品牌等。然而，在以创意为主导的营销3.0时代，缺乏互动元素的传统营销推广手段只能给消费者带来越来越多的视觉疲劳和促销疲劳。

而作为日本休闲服装品牌的优衣库，则跳出了传统营销思路的禁锢，在新媒体环境的视角下，充分利用营销3.0时代带来的创新思维，进行了成功的线上营销推广。

就本质而言，优衣库"lucky line"这种虚拟现实的活动，是一种整合了的数字营销，借助互联网络、电脑通信技术和数字交互式媒体来实现营销目标，其中包含了客户参与式营销、互动营销等，不失为一种有效的企业公关手法。

服装企业，特别是定位于白领阶层、年轻学生等深谙网络特点的人群的企业，例如真维斯、班尼路、佐丹奴等服装品牌，已意识到网络的力量，并且开辟了官方网站，有意于开发电子商务，然而至今仍未有太大的进展。当网络成为人们日常沟通和信息传播的又一不可或缺的平台时，传统品牌应该充分意识到，自己可以参考优衣库的模式，利用网络的力量进行企业公关、营销推广，而不只是单一地展示服装。这里最重要的是网友的互动参与——线上排队赢取奖励，线下活动促进销售，立体式进行品牌宣传。

此外，除了"排队＋激励"这一形式，还可以在此基础上添加"团购"、"秒杀"等活动元素，定期开展不同的营销活动，例如某号码段的幸运粉丝可参与秒杀活动，又如某时间段接受团购申请。将商场的战火燃烧到网络上，相信网络的力量是一股东风，能助深谙此道的企业打一场漂亮的胜仗。

师行：本人向来不乏创意，但是创意如何为营销服务，如何形成销售力，取得营销效果呢？

资料来源：http://www.chinasspp.com/News/Detail/2011-1-14/96022.htm.

【龙鹏感悟】

创业需要和谐音律——你的创意卖点能否引起消费者的共鸣？

竞争日益激烈，类似的产品，相似的渠道，想要在市场中抢占份额，营销的作用凸显。消费者已经对商家的传统营销手段司空见惯，要让自己的产品获得消费者的青睐越来越不容易。创意营销在此时应运而生，也是没有办法的事情。优衣库利用了消费者对排队这一概念的感知，而使消费者产生对网络排队的共鸣，从而使消费者从被动接触转化为主动接近目标产品。初创企业资金等各方面实力都算不上雄厚，所以在执行创意以前，理应考究创意的卖点能否引起目标消费者的共鸣，如果创意所表达的感知属性不是消费者所重点关注的，则很有必要考虑创意的性价比。

【老师点睛】

创业营销别忘了社交网络这个渠道

方老师

创业营销与创业企业的营销管理其实是不同的两个概念，创业营销更多地指通过营销来获取创业资源的过程，而创业企业的营销管理则与我们平时学习的营销管理基本相同，只是会更注重在有限的营销预算中取得最大营销效果。关于优衣库的案例已经属于企业市场营销管理的范畴了。

我们在《消费者行为学》中提到过，现代人每天要接触的营销信息多达上千条，而被注意到的不到几十条。吸引眼球成了很多企业提升知名度的重要任务，病毒营销、事件营

销、网络推手应运而生。

在营销课程的学习中，我们经常会举出很多营销创新的例子，从"马应龙做眼霜"的产品创新到"绿盛能量枣和牛肉干"的渠道创新，"Price Online"网站的定价创新，还有"世界上最好的工作"的营销传播创新。网络社交时代的到来，使口碑传播的方式变得更加多变与奇妙。

师行找到的这个案例，是对当前营销社交化的很好的诠释与总结。如何在营销传播中使每一个接受信息的人不再是信息的终结者而成为信息的多次传播者，是当前营销创新的主题。中粮集团的"悦活果汁"在开心网的传播也是营销界津津乐道的案例之一，传播之后的产品的销售状况一直被业界追踪和关注。

优衣库的营销方式，对于营销预算吃紧的创业企业应该很有启发：通过免费的社交媒体，将设计好的营销信息快速传播以达到营销的目的。例如，以真实好友关系为核心的社交网络人人网和Facebook，以话题为纽带的信息发布平台新浪微博和Twitter，每天都创造了无数的向目标顾客群和相似的人群传播信息的渠道。这种媒体彻底改变了传统媒体一对多的传播方式，变为了多对多的对话方式，正在创业的大学生朋友们不妨多加关注这方面的资讯。

敏感的市场触觉为你的创业保驾护航

袁老师

要提醒大家注意的是：社会媒体营销也是一把双刃剑，企业任何的疏忽，都可能通过多次传播被放大，使其营销活动面临前所未有的困难。我们已经进入了一个真正的众说纷纭的年代，这才是社会化媒体营销要面对的一个新的也是最大的困境和问题。

回过头来讲讲创业营销。创业营销在不同阶段的目标顾客并不确定，随时会发生变化，因此增加了实际操作的难度。

最初阶段销售的是产品概念、商业计划或公司的未来以及创业者自己，而不是具体的产品，而且企业在创业初期商业关系不多，还没建立起信用。要将这些既不确定又无信用担保的东西销售给专业的风险投资家，难度是很大的。克服这种障碍的唯一办法，是创业者自己也成为营销专家或雇用专家为你工作。创业企业的内部资源有限，而且生存能力较差，外部环境的细微变化都可能决定企业的存亡。因此，创业营销者要有很强的整合各种资源的能力，要具有以很少的内部资源调动最大限度的外部资源的能力。

接下来的营销管理中，营销的一整套工具与方法就变得尤其重要。关注营销环境的变化，适应消费者偏好的改变，应对日益激烈的市场竞争，用差异化的定位抢占市场，用独特的宣传方式吸引眼球，都是营销者的必修课。如果创业者自己比较关注技术，就应该吸纳这样一个人进入到团队。我认为在创业团队中一定要有一个市场触觉敏感的专家，这是创业成功的必要保证。

【网友围观】

网友1

能把自己学习的专业和创业项目联系起来，其实是最明智的创业方式，不过这也需要行动力和胆识。希望有更多的高校学子能学以致用，或许能给中国的大学教育提供新的思路。

这里有一个不错的视频推荐给大家。他让一个日浏览量不足200IP的网站达到月收入2万元；在他看来，营销对于草根创业是一件极其重要的事情，只有通过营销不断地产生现金流，才能验证模式的正确性……大家可以到土豆网上搜索视频《草根创业营销宝典》。

网友2

一个正确的市场定位决定了创业项目的前景。能看到高校职业装这个巨大而稳定的市场，是"学子西服"这个团体能够在创业初期顺利发展的重要原因。但是我总感觉职业装定制这个行业应该是很专业的行家老手来做才能保证质量，让人放心的，仅靠几个高校学生总感觉不是很靠谱。建议他们可以只负责管理层面，具体的服装制作等操作层面的东西聘请专业的人来做，否则很容易被外人"戗行"。

网友3

我认为非管理专业出身的创业者的营销管理能力不一定逊色于专业出身的创业者。只要他在实践中摸索，一样可以把市场调研、市场细分、目标市场定位、渠道代理、网络宣传推广等等这些营销课堂上的专业词汇在真实的创业实战中运用得很好。

我发现一个很好的视频，大家有兴趣不妨看一下。对于营销，袁岳说："市场是由一些变动不居或变动有居的消费者构成，经常会发生变化，而市场的机会正在于这种变化，挑战也在于这种变化，没有消费者需求的变化就没有营销的可能……"完整内容请上优酷网搜索《袁岳：营销思维突破与实战》。

我的创业新资讯

什么是社会化媒体营销?

社会化媒体营销就是利用社会化网络、在线社区、博客、百科或者其他互联网协作平台媒体来进行营销、销售、公共关系和客户服务维护开拓的一种方式。一般社会化媒体营

销工具包括论坛、微博、博客、SNS、Flickr 和 Video 等。

在网络营销中，社会化媒体主要是指一个具有网络性质的综合站点，它们的内容都是由用户自愿提供的，而不是直接的雇佣关系。

社会化媒体营销有三个重要的方面：

（1）创建大量的有价值的新闻事件、视频、tweet、博客来吸引关注，并且自然成为病毒性内容。病毒性传播不是通过购买广告位，而是用户自发传播。

（2）建立多种渠道，让公司品牌的粉丝推广公司品牌，或者公司能够以多种方式来推广自己（双向的），比如 Twitter、Myspace、Facebook 等。

（3）开展对话。社会化媒体营销不是全部都由企业控制，它允许用户参与和对话。一个设计糟糕的社会化媒体活动可能会产生适得其反的作用，社会化媒体营销必须全员参与并且尊重用户。

做好社交媒体营销的六大关键

事物都有两面性，正所谓"成也社交媒体，败也社交媒体"。社交媒体的潜力很大，企业应该如何制定有效的在线战略来接近和吸引消费者呢？同时，在社交媒体上，个人的自由容易蜕变为失去控制和不负责任的自由，进而带来巨大的社会破坏力。企业应该如何扬长避短，使新媒体为我所用？企业在使用这些新媒体进行营销时应注意哪些基本原则？

第一，社交媒体不能独撑品牌塑造，只是一个借助和辅助手段。

实际上，社交媒体营销是企业把权力赋予了消费者。消费者的在线交谈对于一个企业的品牌资产会产生重要影响，无论是以正面还是负面的方式。但是如果有坏消息发生，情况就会很危险。总体而言，社交媒体营销存在以下缺点：

（1）不易控。博客、微博、视频网站、Twitter、Myspace、SNS 等工具最有价值处在于互动性，体现在影响力和口碑价值。既然互动，就有两面性，正面、积极的互动能够提升品牌价值，但负面、消极的互动只能令品牌贬值。如何引导好积极的互动、控制好消极的互动是社交媒体营销永恒的话题，一般企业很难做到尽善尽美，就连知名企业也难免会有失误。

（2）难检测。任何广告或者公关投放都是需要有一个结果数据提供给客户的，但是通过社交媒体影响提供的数据，往往只能是转载量、评论量、搜索量，但其质量如何，效果如何，美誉度如何，都是难以监测和定论的。

第二，网络营销活动，简单易参与是王道。

在设计网络营销活动时，理念、内容和传播方式都必须具有创造性，而且要简单易参与。而设计一个好的活动就需要对你的业务目标和目标受众行为事先进行仔细分析，信息的传达方式必须简单、高效和有趣。VeeV伏特加公司办公室里有许多剩余的帆布手提包，怎么处理这些东西呢？他们想到了一个好主意。他们给每个包标上价格，用户要想获得这些包，需要在这个企业的Facebook上传自己喝VeeV伏特加的照片，很快这些剩余的帆布手提包就赠送光了，而自己的品牌知名度也增加了。

第三，品牌诉求越聚焦越强大。

品牌诉求越聚焦越能吸引"注意力"，实现眼球经济。树立一个高尚的目的来建立品牌资产，表达品牌诉求，品牌营销的效果才越好。讲讲TOMS是如何做到这一点的吧。它有一个活动，就是每卖出一双鞋子，就给第三世界的孩子提供一双免费的鞋。而为了最大化自己的贡献，TOMS倡议消费者，如果他们买了双TOMS的鞋，请他们立即在Facebook上上传照片。

第四，内容为本，创意为先。

无论现今传播的内容是多么广泛、传播是多么便捷以及传播的形式（视频还是文字，图片还是游戏等）是多么多种多样，内容的复制与传播的起点终究都还要回到内容本身。

从这点出发，我们发现，内容创造也许不在于内容制作上有多么强大，而在于是否能够产生一个独特的创意点。在草根时代的网络环境中，一本正经地宣传自己的品牌已经不能切合网民特点，品牌宣传往往是以恶搞或者带有明显中国网民特点的形式出现。

第五，内容互动与真实。

一个成功的社交媒体活动的最基本原则就是内容互动和真实。社交媒体的主体是"个人"，最终还在于关系。所以它是一条双行道。在这里，你不是为了销售，你是为了与客户交流和相处，如果你的社交媒体营销将销售量作为最终目标，你的客户最终会发现你的阴谋，你最终也会被忽略掉。换句话说，你在社交媒体上的信息必须是真实的而非捏造的。要与用户就内容进行互动，分享有用的信息，提供一条龙的客户服务，提供折扣之类的激励活动或者完完全全的免费，不过这些都需要你持之以恒地去做。

第六，后续延伸与线上线下结合。

运用社交媒体进行营销实质是用"关系"营销。而关系的建立需要时间、有来有往。企业在建立关系营销的过程中应该更加注重与消费者的沟通，除了可建立企业与消费者之间的关系，还可以设立关系复制的模式。打通这两点，几乎就可以产生后续延伸的效果。同时，企业在启动网络营销方案的过程中，操作经验往往是：线下提示与线上吸引相结合，形成互动传播。

热门话题十一：创业企业的财务管理

> 只要派出一位主要领导人以及一个管文化的、一个管财务的、一个管质量的人就能激活这个企业（指海尔兼并一个企业后）。
>
> ——张瑞敏

我的新鲜事

假如我有一个聚宝盆，我就可以不用思考"钱"这个令人爱恨纠结的问题；我有聚宝盆吗？没有！所以我只能努力向"钱"看，不然落得"我视钱财如粪土，钱财视我如无物"，那就悲催了。随着物价飞涨，连街边大妈的馄饨都涨了五毛钱，面对此情此景，只好默默攥紧口袋里为数不多的毛票，问自己：今天该吃什么？如果有人对我说目光要放得长远些，那我就会毫不含糊地告诉他：目光长远的我现在得不到足够的资金，只好目光短浅了。上次回家的时候跟父亲谈了谈我创业的想法，但是父亲的意思是，我先去企业历练一番再出来创业，成功的可能性更高，并表示没有多余资金资助……目前的状况是我一个人的吃饭问题都如此纠结，更何况未来创业后一家公司几十张嗷嗷待哺的嘴巴，想到这里不禁打了个冷战，杯具餐具凑齐了，还是买个馒头回去好好钻研企业财务管理，凡事一沾上钱，它就直接进化成为了烦事，唉……

我的创业课堂笔记：创业企业的财务管理

创业企业的财务管理　理论阐述
● 什么是财务管理？
● 财务管理的目标
● 企业财务风险管理

● 什么是财务管理？

财务管理（financial management）是在一定的整体目标下，关于资产的购置（投资）、资本的融通（筹资）和经营中现金流量（营运资金），以及利润分配的管理。财务管理是企业管理的一个组成部分，它是根据财经规章制度，按照财务管理的原则，组织企业财务活动，处理财务关系的一项经济管理工作。简单地说，财务管理是组织企业财务活动，处理财务关系的一项经济管理工作。

● **财务管理的目标**

企业的财务管理的目标可以分为不同的类型。

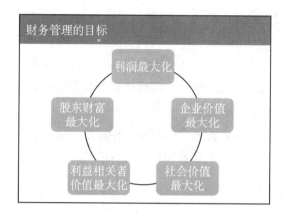

1. 利润最大化

利润最大化是指企业通过对财务活动和经营活动的管理，不断增加企业利润。利润最大化曾经被人们广泛接受。在西方微观经济学的分析中就有假定：厂商追求利润最大化。这一观点认为，利润代表企业新创造的财富，利润越多则说明企业的财富增加越多，越接近企业的目标。

2. 股东财富最大化

企业主要是由股东出资形成的，股东创办企业的目的是扩大财富，他们是企业的所有者，理所当然地，企业的发展应该追求股东财富最大化。在股份制经济条件下，股东财富由其所拥有的股票数量和股票市场价格两方面决定，在股票数量一定的前提下，当股票价格达到最高时，股东财富也达到最大，所以股东财富又可以表现为股票价格最大化。

3. 企业价值最大化

企业价值最大化是指通过财务上的合理经营，采取最优的财务政策，充分利用资金的时间价值和风险与报酬的关系，保证将企业长期稳定发展摆在首位，强调在企业价值增长中应满足各方利益关系，不断增加企业财富，使企业总价值最大化。企业价值在于它能带给所有者未来报酬，包括获得股利和出售股权换取现金。

4. 利益相关者价值最大化

企业的本质是利益相关者的契约集合体，利益相关者是所有在公司真正拥有某种形式的投资并且处于风险之中的人。企业利益相关者包括股东、经营者、员工、债权人、顾

客、供应商、竞争者以及国家。由于契约的不完备性，利益相关者共同拥有企业的剩余索取权和剩余控制权，进而共同拥有企业的所有权。对所有权的拥有是利益相关者参与公司治理的基础，也是利益相关者权益得到应有保护的理论依据。

5. 社会价值最大化

由于企业的主体是多元的，因而涉及社会方方面面的利益关系。为此，企业目标的实现，不能仅仅从企业本身来考察，还必须从企业所从属的更大社会系统来进行规范。企业要在激烈的竞争环境中生存，必须与其周围的环境相和谐，这包括与政府的关系、与员工的关系以及与社区的关系等。企业必须承担一定的社会责任，包括解决社会就业、讲求诚信、保护消费者、支持公益事业、保护环境和搞好社区建设等。社会价值最大化就是要求企业在追求企业价值最大化的同时，实现预期利益相关者的协调发展，形成企业的社会责任和经济效益间的良性循环关系。

社会价值最大化是现代企业追求的基本目标，这一目标兼容了时间性、风险性和可持续发展等重要因素，体现了经济效益和社会效益的统一。

● **企业财务风险管理**

如何防范企业财务风险，化解财务风险，以实现财务管理目标，是企业财务管理工作的重点。笔者认为，应该从以下六个方面入手：

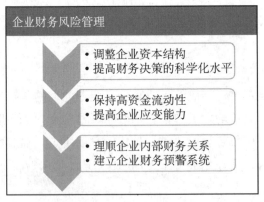

企业财务风险管理
- 调整企业资本结构
- 提高财务决策的科学化水平
- 保持高资金流动性
- 提高企业应变能力
- 理顺企业内部财务关系
- 建立企业财务预警系统

1. 调整企业资本结构

企业必须根据自己的风险承受能力来选择对企业最有利的资本结构，以最低的资金成本、最小的风险程度，取得最大的投资收益，在风险和利益之间寻求最佳配合。在好的市场采取进取型策略，并对可能的风险有充分的估计和准备，可以适当多借入资金；在不利的环境中，应谨慎从事，等待有利时机的转化，以此组织调整资本结构，可以有效地控制财务风险。

2. 提高财务决策的科学化水平

在决策过程中，应充分考虑影响决策的各种因素，尽量采用定量计算及分析方法并运用科学的决策模型进行决策。

3. 保持高资金流动性

保持高度的流动性是企业控制财务风险、减轻财务压力的重要保证。企业的资产越容易变现，则偿债能力越强，抵御财务风险的能力就越强。但同时企业要合理安排好资金。在资金安排上，要考虑到借款的到期日、利息的支付日和存货的库存结构。同时，要充分考虑到企业用款的高峰和低谷期，使资金得到合理使用，以避免资金使用不当所带来的财务风险。

4. 提高企业应变能力

企业应对不断变化的财务管理宏观环境进行认真分析研究，并采取多种应变措施，适时调整财务管理政策和改变管理方法，从而提高企业对财务管理环境变化的适应能力和应变能力，以此降低因环境变化给企业带来的财务风险。

5. 理顺企业内部财务关系

为防范财务风险，企业必须理清内部财务关系。首先，要明确各部门在企业财务管理中的地位、作用及应承担的责任，真正做到权责分明、各司其职。另外，在利益分配方面，应兼顾企业各方利益，以调动各方面参与企业财务管理的积极性，从而真正做到责、权、利相统一。

6. 建立企业财务预警系统

通过对企业财务报表的分析及相应的数据化的关联方式，将企业所面临的危险情况预先告知企业经营者和其他利益关系人，并分析企业发生财务危机的原因和企业财务运营体系隐藏的问题，以提早做好防范措施。同时，企业应立足于市场，建立风险防范和规避机制，形成一套完善的财务信息系统，及时对财务风险进行预测和防范。要促使财务管理人员将风险防范贯穿于财务管理工作的始终。

身边的创业案例 21

大学生创业公司财务管理的若干规定

为合理利用大学生创业基金，规范创业公司的校内财务流通，促进大学生创业实践活动有序开展，更好地为大学生创业公司服务，对学院大学生创业公司财务管理进行如下规定：

第一条 创业基金使用范围

1. 属于创业公司启动必需的开销与硬件投入的支出

（1）创业公司场地、环境的布置；

（2）创业公司设备、设施的购买；

（3）创业公司的场地租赁费、设备租赁费、水电费、管理等费用；

（4）进货、交通、运输等资金不得超过创业基金的 50%。

2. 以下支出不得在项目资金中列支

（1）餐饮费等招待费用；

（2）人员工资、奖励金等开支；

（3）报刊订阅费、电话费及购买电话磁卡费。

第二条　创业基金的使用管理

（1）按照"统一管理、专款专用、定期检查"的原则，创业基金的使用由创业管理总公司负责管理、核算和检查。

（2）为保证项目专项资金的合理使用和有效监督，学院创业管理总公司委托系创业管理分公司进行创业基金的管理与协调。

（3）创业公司指导教师对创业基金使用情况进行合理安排、严格把关。

（4）为规范创业基金的使用及掌握基金使用情况，各公司必须建立《基金经费使用登记本》。

第三条　创业基金使用报销审批流程

公司负责人→指导教师→系创业管理分公司→财务处。

第四条　创业公司的校内财务管理

校内财务可通过校内结算凭证进行结算，创业公司凭结算单经院、系两级创业管理公司审核、分管院领导审批后，可到学院财务处与使用部门进行财务结算。

第五条　创业公司的账目管理

（1）设置现金日记账，应逐日逐笔按顺序登记现金的收付业务，现金收付要有校内合法的原始凭证，并有负责人签字。

（2）每日终了，在全部现金收付业务登记后，计算出当日的现金收入合计数，每月汇总。

第六条　创业公司的成本管理

建立原始记录，加强成本核算基础。对各种物品设有原始记录，建立统一的格式以及填制、签署和收集方式。

第七条 其他

创业公司财务应严格按照《会计法》有关规定，把所有收入和支出按明细纳入财务账面，及时准确地记账、算账和报账，做到手续完备、内容真实、数字准确、账目清楚、日清月结。

常州信息职业技术学院

2008 年 12 月

师行：参阅了常州信息职业技术学院大学生创业公司财务管理的若干规定，此规定是否能有效管理企业财务？给了你什么样的启发？

资料来源：http：//jdx. ccit. js. cn/view. asp？index _ url＝news&id＝76.

【龙鸣感悟】

财务知识帮我们管好创业小金库

常州信息职业技术学院的创业基金的使用，可以给我们创业者带来三方面的意义：其一，创业基金的使用落到了实处，可以使创业的大学生得到真实的资金资助，解决大学生创业者融资难的难题。其二，常州信息职业技术学院的创业基金的使用方式，能帮助大学生公司的财务得到规范。从我自身的角度而言，既然不是会计出身，除了简单的现金流计算，基本没有别的账目管理方法，如果能得到专业账目管理人员的帮助，自然会使公司资金管理更有条理。其三，通过专业的账目管理方式，更容易发现公司在生产经营方面的优劣。我曾有一段时间的困惑：为什么销售额有 8 万元，却找不到利润？一看财务报表，也找不到资金主要在哪些方面。于是，我通过学习财务上的支出分类，将支出予以分析，才发现自己在货物采购与物流方面花得太多，于是在下个月重点削减了这块支出。

所以，期待能有更多这样的基金可以服务于大学生创业朋友。

【老师点睛】

一起理理你的创业财务账

方老师

常州信息职业技术学院的创业基金管理制度其实不仅仅起到监督的作用，它还是一个很好的桥梁，帮助只需管理自己开支的大学生顺利地过渡到一个有着一定财务管理意识和知识的企业当家人。

我们都知道实现更多的盈利是创业的最终目的之一，财务管理贯穿于创业的各个环

节，包括创业项目资金筹集、资金运用、投资、资金分配等全盘的管理，一旦在其中某个环节出现了问题或者纰漏，都将面临创业失败的困境。

创业者对财务管理的认识有两种倾向：一种认为创业初期没什么好管理的，自己能把账算清，顶多另外找个出纳，制定一些基本的财务管理规章；另一种认为财务管理非常重要，创业企业必须创建财务部门，有完整的财务组织架构，制定详细的规章和财务信息流动渠道。相对而言，第二种想法更加成熟。但是，大学生创业者很多都是从很小的项目做起，有时整个团队都没有几个人，一下子很难做到第二种境界。下面这些基本的环节一定要做到：

(1) 了解基本的财务账簿及其关系，现金和利润的区别；

(2) 明确出纳的职责，盯住现金的流动；

(3) 管住自己的支票本和财权印章；

(4) 学会估算现金流量，尽量增加现金流量；

(5) 学会与银行、税务机构打交道。

我们知道，很多中小初创企业中，老板本身就是半个会计。部分工作对于前期的初创企业来说，老板自己做可能更加有效率，但是长期来看，这些人员配置还是必需的。

善理财者，赢在创业起跑线

袁老师

常州信息职业技术学院的创业基金管理制度条列规则都划分得很清楚，的确能起到为大学生创业者保驾护航的作用，严格监督执行则还需要花费大力气。

这些创业者迟早要离开学校，单独面对公司的财务管理问题，仅仅遵守学校基金的管理办法是不够的，还需要掌握一些相关的财务管理知识。给大家推荐一本书——《创业之初：你不可不知的财务知识》（尤登弘著，机械工业出版社，2008）。书中说道："创业，一个令人激动的开始，当我们梦想变得更大的时候，我们需要有更刻苦的准备。如果一个创业家以自己心中的梦想来开创事业，就要找到企业管理会计的'数'，财务是一个企业很重要的部分，它能够帮助企业家用量化的角度来看待企业经营，让决策制定更为有效。希望有越来越多的人能够实现自己的梦想，也希望越来越多的创业家能够成功创业。"

身边的创业案例 22

票据管理制度的失败之痛

（一）软件公司 A

此软件公司在过去曾经有一段时间非常红火，市场发展迅速，销售情况良好，但是该公司现在却令人担忧，业绩大幅下滑。该公司本身不在北京，其光盘代理生产厂家在北京，该公司将母盘留在北京。更为让人不解的是，该公司与光盘生产厂家没有一个严密协定，没有任何书面上的合同，没有一套严密的规章制度，公司内任何一个业务员只要一个电话就可以让厂家生产光盘。

由于没有一套规范的票据管理制度，不久该公司便相继出现许多严重的问题。症结何在？窥一斑而知全豹，从下面两件事中可以看出当时该公司的问题之严重。

事件一：该公司会计接到光盘代理生产厂家电话：贵公司有人到我们公司压盘，请你们将生产费用打过来。会计说：没有啊，我们没压过盘啊！光盘生产厂家说：怎么会没有啊，××业务员×月×日就到这里来压过盘，欠×××元钱。会计自然觉得很奇怪，但一查还真是这么一回事：公司某个业务员压了盘没给钱，虽然入库了，但是凭发票入的库，而没到会计那里报账。

事件二：贷款转账的问题。照正常的操作程序，公司都应由业务员将货款转到指定的账户上。据说当时一位老总说：还是回到公司的账上吧，这样能好管理一些！但另外一个老总说：算了，转来转去也麻烦，反正也不会出什么大事。

后来该公司有一个业务员在公司完全不知情的情况下跳槽到另一家公司，走的时候带走了公司存在他账上的一笔货款。当时一个老总对商家说：你们进我们的货怎么现在还不给我们回款呢？商家说：我们已经给了啊，×月×日汇到××业务员的账上了。

但是该业务员已经离开了公司，根本就无法追回。此事既对公司的利益造成了损失，又败坏了企业员工的风气。一笔货款再怎么也是几十万甚至上百万元，这对公司来说可能不算啥，但对个人来说，那就不是一个小数了，诱惑极大。最后使得搞开发的科研人员再也无心搞开发，觉得还不如另去找一个挣钱的捷径。业务员也会觉得这样辛苦地站柜台没什么意思，何必这么老老实实的呢，还不如也学××，发得多快，现在也没有什么损失，在另外一个公司做业务员做得好好的，说不定在另外一个公司照样发。

这个软件公司以后会面对怎样一种情况？会怎样发展呢？

（二）药品批发零售商 B

药品批发零售无疑是一个暴利行业，做这个行业实在没有赔钱的理由。但就是在这样的一个行业，B公司在很短的一段时间内就将前期投入的 50 万元亏得干干净净。1999 年，财务报表其毛利只有 1%，这对于一个做药品零售的公司来说是不可思议的。当时，公司花了100 元请了一位会计。会计的实际工作由总经理夫人负责，总经理夫人还做公司的出纳。

该公司是名副其实的夫妻店，没有一个外人，故而外人根本不知道究竟卖多少、怎么卖。由于没有一个权力制衡机制，此公司不但没有给投钱的母公司带来利润，而且将母公司投入的 50 万元在很短的一段时间内亏得干干净净。

如果这家店不是夫妻店，并且分工明细有致，相互制约抗衡，这家店结果又会怎

样呢?

总的来说,票据管理贯穿公司发展的始终,无论是最初艰难的创业阶段,还是后来蒸蒸日上的发展阶段,甚至是折戟沉沙的衰落期,票据管理都是企业的命脉。当我们思考一个又一个悲情的商场故事时,我们往往将目光聚焦于老总们在关键时刻的错误决策,却忘了诸如票据管理这样的细枝末节。千里之堤溃于蚁穴,企业不能避开票据管理这样的细枝末节。然而当我们将目光停留在上面两家公司时,我们就会发现,它们最终的失败都是票据管理制度的失败。

师行: 票据管理只是公司财务管理的一个组成部分,稍有不慎就产生如此惨痛的后果,为了避免财务危机的出现,创业者应掌握哪些财务知识?

资料来源:http://www.21manager.com/html/2006/8-3/094459514.html.

【龙鹏感悟】

从案例看理财漏洞

我认为,A 公司的案例,对我有着非常大的现实意义,在对公司票据管理的问题上给我敲响了警钟。仔细分析 A 公司存在的问题,主要包括:

(1) 该公司不在北京,光盘代理生产厂家却在北京,在此情况下,不应将母盘留在北京。如果要留在北京,也应与厂家有一个严密协定,不能没有相应合同和一套票据管理制度。

(2) 内部票据管理制度不健全,业务员一个电话就可以在该代理厂家生产光盘。光盘出厂价与市场价格相差极大,这中间有很大的利润空间。我们不难想象,一定有压了盘只给了压盘费,凭发票入库而没到会计那儿去报账的业务员。如此一来,公司前期的开发成本很高,但公司的收入被业务员截流,这对于公司是很大的损失。

(3) 还有就是货款转账的问题,没有正常的操作程序和票据管理,公司不要求业务员将货款转到指定的账户上,对业务员的货款没有监控。

从这三点可以看出这个 A 公司领导的票据管理意识相当淡薄。不重视票据管理造成了这个公司财务管理状况紊乱,财务风险增加,最后导致企业的失败。

【老师点睛】

财务管理非小事,创业者切莫忘之
方老师

A 公司的问题很多,而且非常典型。

(1) 缺乏票据管理。付款没有单据,业务员付款给印盘厂没有票据,提货付款也没有票据，这样使得公司的经营情况连会计都不知道，甚至连查都没地方查。

（2）忽视仓库管理。货款归库房的时候得签入库单，得找库管签字，库管得找库房主管签字，然后得到会计那儿去挂账，入库单和会计的单据联号。而该公司凭发票就可以入库，这样既打乱了票据管理的规范，也使得既有的票据成为一种没有实际用处的摆设。

（3）忽视合同管理，跟光盘厂没有书面合同，仅凭一个电话就生产光盘，对于一个懂管理的老板这简直不可思议。

（4）不懂发票的作用和意义，凭发票入库或提货。

从以上几点来看，每一条都是很多初期创业者忽视的问题，但后果却是非常严重的，所以在财务管理问题上，创业者一定要严肃认真处理。

创业者谨记：会用人，会管财

袁老师

B公司的问题警示我们，在设置人员的时候必须谨慎处理三个方面的问题：

（1）夫妻二人一人做总经理，一人做财务主管，两人同时负责这两项工作显然不符合现代企业管理的规范。夫妻合谋，极易将票据管理搞乱，出现猫腻。

（2）一个人不能既做会计又做出纳，会计和出纳不能由一个人来担任，在票据管理中这样做极容易作假犯规，即使在传统企业中这也是违规的。

（3）库管和销售由一个人承担，这是一件十分怪异的事情。就正常情况来说，公司的库管和销售应该是严格分开的，这样做才能使得票据管理规范化。作为一个小公司，兼职的情况是可以发生的，但不能在这种冲突性极强的职位上进行兼职。当公司的规模还比较小的时候，一些职位可以兼职。比如，会计可以兼任办公室管理人员等，但会计和出纳、库管和销售这些易矛盾的职位是很忌讳兼职的。权力需要制衡，这是一个极明白、极简单的道理。

财务管理是公司管理的重要组成部分。财务就像血液系统，血液不流通，公司就运转不好。还有几个方面需要创业者注意：

（1）一分钱的成本相当于两分钱的利润。凡是花钱的地方，企业和企业领导人一定要刨根问底。

（2）采购办公用品及其他固定资产，以"适用、耐用、价格低廉"为优先原则。

（3）通过每月的财务报表分析，创业者应该知道钱花哪儿去了，怎么开源节流，制作出公司的资金流向、收益率的涨跌、回款情况等数据分析报表，从财务的角度为公司提供在市场、产品、服务、企业管理等方面用以辅助决策或分析问题产生原因的依据。

【网友围观】

网友 1

哎呀，我还真是想过："小本经营，有没有财务管理有什么关系？反正挣多挣少我心里有一本账。"看样子不行啊。

有本书想推荐给大家——《给创业者的 12 个财务忠告》（李墨著，企业管理出版社，2011）。在这本书里，12 个财务忠告将企业创办中的财务风险陷阱一网打尽，规避运营风险，助你成功，助你旗开得胜。财务是企业经营管理的核心。不懂财务，就做不好管理！《给创业者的 12 个财务忠告》揭示了创业者在创业路上一定要注意的财务问题，它是每一位即将创业、正在创业以及希望投身创业的人士都应该认真研读的优秀著作。

网友 2

没有规范的财务管理，中小企业的长远发展会受到严重制约，甚至成为导致很多小企业倒闭出局的主要因素。企业核心价值是企业的生存之本，严格的公司规章制度是企业的经营之道。俗话说："无规矩不成方圆"，只有坚持原则，才能取信于人。财务管理在公司治理中处于相当重要的位置，只有完善的制度才能杜绝公司的腐败、杂乱无章的风气，规范制度要从细枝末节的票据管理做起。

企业考虑成效时，有的时候是追求短期利益和长期利益的平衡。如果只考虑眼前的利益，两年之后你还活不活？但如果考虑太远的未来，公司有时等不及。有些财务上的问题、经营的风险是长期积淀出来的。拿人来作比喻，现金流量代表了人的血液循环，而且随着竞争加剧，循环越来越快；财务体系的健康代表人体的健康状况，人体的健康程度决定了一个人能否参加剧烈的运动；利润代表人参加运动的成绩。企业的运动一般是长跑运动，但是我们对企业的检测标准往往是短跑的成绩……说得有道理吧！请大家到优酷网搜索《史永翔：总经理的财务管理》。企业如何用足资源？如何达到财务管理的最优目标？史永翔告诉你答案！

我的创业新资讯

创业者要树立的四个正确的财务观念

财务是个人生活中的重要事项，有助于快速达到人生目标；财务更是企业生存发展的重要因素，有利于优化各项决策的目标。学习财务知识可以让创业者学会用数字来表达经营。如果你不懂财务，你经营的事业肯定是在一片模糊之中，也注定要失败。

对于创业者来说，懂得财务知识，树立正确的财务观念，不仅能够让自己清晰地知道目前企业经营的问题，还能够帮助创业者更好地规避经营风险，分析企业的优劣势，更好地选择能创造价值的项目或产品，所以财务知识对于创业者来说非常重要。

一提到财务，很多人脑海中浮现的就是一堆枯燥无味的财务报表和数据，但是，创业成功的秘诀也往往就隐藏在其中。我们常常看到，一些创业者尽管资金不充裕，但是整个公司的运营都显得井井有条，很快就能走到上升期。另外一些创业者，资金总是处在捉襟见肘的状态，这大大影响了公司的日常运营和发展。对于创业者来说，创业之初的一个重要环节就是进行财务管理。它可以使表面上杂乱无章的管理工作变得井井有条，同时能够避免创业初期的种种管理弊病。在进行财务管理时，我们必须注意以下几个方面：

1. 明确会计主体

就是必须把企业法人和经营者自身区分开来。创业初期，很多创业者都还没有适应自己的新身份，这样就造成了企业会计主体的混乱。而会计主体的混乱必然会导致企业财务状况的混乱。一段时间之后，创业者就会发现自己无法分清企业收入和个人收入，也无法分清企业支出和个人支出，企业的财务状况变成一团乱麻。我的一个朋友陆先生，自己开了一家公司。因为公司有独特的渠道，所以利润始终不错，但是，在做年报时，他居然发现企业出现了严重的亏损。仔细一查才发现，他把自己买车、购物、吃饭、娱乐等个人消费全部算在了企业的支出里面。这样的企业，不倒闭都难。

2. 树立正确的税务观念

在企业创立初期，为了降低成本，很多创业者都会抱着侥幸心理，逃税漏税。还有一些人依靠钻空子来"避税"。但是，冒着巨大的风险偷税漏税并不是明智之举，到处钻法律漏洞的"避税"高手也终究会受到法律的严惩与道德的谴责。我们要明白，依法纳税是企业应尽的义务，如果真的想减轻税负，有很多合法的途径。例如，我国税法规定，对民政部门办的集体福利工厂，街道办的社会福利生产单位，安排盲、聋、哑、残人员占生产人员总数 35％以上的，免征所得税；超过 10％但低于 35％的，减半征税。新办的服务型企业，安排失业、下岗人员人数占总数的比重达到 30％的，可以免三年营业税和所得税。新办的私营企业安排退役士官达到 30％比例的，可以免三年营业税和所得税。

而对于大学生创业者来说，国家的优惠政策就更加丰富了。国家最新出台的政策规定：2009 年 12 月 31 日前，大学生创业举办的商贸企业、服务型企业（除广告业、房屋中介、典当、桑拿、按摩、氧吧外）、劳动就业服务企业中的加工型企业和街道社区具有加工性质的小型企业实体，在新增加的岗位中，当年新招用持《再就业优惠证》人员，与其签订一年以上期限劳动合同并依法缴纳社会保险费的，按实际招用人数予以定额依次扣减营业税、城市维护建设税、教育费附加和企业所得税。定额标准为每人每年 4 800 元。

因此，只要善于运用国家优惠政策，做到合理节税并非一件难事。

3. 要有长远的财务眼光

创业要成功，就必须有"永续经营"的前瞻眼光，而不能沉迷于眼前利益。很多创业者在成功初期，就把企业当成自己的提款机，而不是将利润放在扩大产能和提升技术上，最后造成产品严重缺乏竞争力。当然，也不应一味地追求企业的发展速度，盲目扩张企业的规模，而不去妥善处理在此期间出现的现金流、人力、管理等方面的问题。如果不好好处理，那么我们的企业就如同底盘出现问题的汽车仍然在山路上狂奔，最后车毁人亡的悲剧也在所难免。

也有人为了保持个人对企业的控股权，拒绝投资人注资或员工入股，选择全资控股。欧美的企业之所以能够长盛不衰，即使营业已经近百年的公司依然生机勃勃，而华人企业大多数经过短暂的高速发展之后就归于沉寂，这其中很大的原因就在于欧美的创业者和企业家们不会拘泥于门户之见，他们为了公司的发展会选择股份制。因为他们知道，只有这样，企业才能拥有美好的前景与持续的发展。

想要完全拥有整个公司的所有权和控制权，只会限制企业的成长。单个企业者只能维持企业生存，想要单枪匹马地发展一家高潜力的企业基本上是不现实的。

4. 树立货币时间成本的观念

以银行基准利率为标准，如果你每年的收益率低于现行的年定存利率，那么你就要注意了。这意味着你的经营所得还比不上把钱直接存到银行里面赚得多。不单短期投资如此，在你准备做一个三到五年的长期投资之前，也需要好好计算一下货币的时间成本，看看是否能够超过定存利率。这样有助于你做出更明智的选择。

制定财务制度须重视的三个要点

我们都知道，规章制度是企业发展的命脉，对于财务问题来说，同样如此。无论是最初艰难的起步阶段，还是后来蒸蒸日上的发展阶段，财务规章制度贯穿企业的运营发展，对企业的生死存亡起着不可替代的作用。很多创业者失败都是因为公司根本没有财务规章制度，导致企业的资金流向不明，最后稀里糊涂地结束运营。

为了防止我们辛苦创立的企业重蹈这样的覆辙，建立明确的财务规章制度是非常必要的。对于创业者来说，要注意以下三个要点：

1. 职责权限明确

在一个运营完善的企业中，我们会发现，它们都会有明确的岗位责任制度和相应的工作守则，以规范员工的职权职责。对于财务部门一样如此。我们必须明确公司财务人员各自的职责，货币资金必须由出纳人员保管，而货币收支的印章不能由同一人监管。

2. 职务不兼容时一定要分离

所谓不兼容职务，是指不同职务集中于一个人身上时，容易发生错误或贪污舞弊行为，但是又不能及时发现的一些职务。所以，为了杜绝这些错误和舞弊行为，必须由多人合理分工、共同负责此类职务，而不能由一个人兼管。将不相容的职务进行有效分离时，一般要符合以下三个条件：

（1）授权和执行业务的职务要分离；

（2）执行和记录业务的职务要分离；

（3）记录和审查业务的职务要分离。

3. 建立完备的授权机制

创业者在创业初期就必须明确规定各个职务的财务授权能力范围。例如，采购人员如果想要动用资金，一定要经由主管批准，而超出主管审批范围的资金，则必须上报至更高一级主管。任何人员都不得越级处理财务事务。这样，公司的财务管理就不会出现"浑水摸鱼"的情况。

当然，创业初期，企业规模都比较小，我们可以先设定好费用管理和资金管理的制度。等到公司规模慢慢变大时，再完善其他相关的财务制度。而制度的建立一定要适应自己的规模，创业者完全没必要照搬所谓的大公司的完美管理制度，使用适合自己的就够了，这样也不会陷入"小马拉大车"的窘况。

管理现金流的十大诀窍

在这些年的创业实践中，我对创业最深刻的感受是：保证企业有充足的现金流，也就是一定要有充足的资金。创业之初，最重要的是生存下来。每个创业者，都要衡量兜里的钱究竟能帮助自己存活多少天。

良好的现金流管理将带来企业业务的蒸蒸日上，而很多创业者的失败不是因为没有发展前途，不是因为没有才华和能力，而是因为忽视了现金流的重要性。有人对现金流作了一个精妙的比喻：现金流好比一条大河突然干涸之后，河里的鱼虾们都在幻想着明天或许会有大水涌来，但很不幸的是它们根本就熬不过今夜。

李嘉诚采用的是极为保守的会计方式，如收购赫斯基能源公司之初，他要求开采油井时，即使未动工，有开支便报销。这种会计观念虽然会在短期内让财务报表不太好看，但能够让管理者有更强烈的意识，去关注公司的薄弱环节。

金融危机爆发后，李嘉诚旗下的公司多次抛售手中的物业与楼盘，甚至在2008年11月，以最低5.7折甩卖了在北京的别墅项目。这几次腰斩式的甩卖，正是李嘉诚一贯坚持的"现金为王"的理念在起作用。

快速套现，不贪婪，才不会有大风险。作为一名创业者，一定要从一开始就走正确的路，管好现金流。

创业初期，创业者运作的重点是打造一个健康的现金流，怎样才能做到呢？我们可以

从以下十个方面入手：

1．现金永远第一

在创业初期，我们不应该关注公司能有多少成长，而必须首先关注手上的现金有多少。公司在做决定时，不要光看营收跟利润，要先看现金流量，先问问自己："这个决定会对公司的现金流量产生什么影响？"

2．追回欠款

公司应该收回的货款或其他款项有没有及时地收回，会对现金流量造成很大的影响。我们必须找到这些款项无法准时收回的原因，然后用尽一切方法将其收回。

3．减少支出

减少支出能够有效缓解公司现金流的压力，但是删减支出应该有系统地做，"公司全体部门按同比例删减"的做法往往弊大于利，因为在某些地方删减支出影响不大，但在某些地方则可能会引起灾难。创业者可以仔细看支出的细节，在引起最小组织疼痛的前提下，做出最大可能性的节省。有目标，然后拟订计划，告诉所有人公司打算怎么做，以及背后的原因。这些步骤都做到了，才能动手删减。

4．改变采购付款方式

采购时，更应该关注付款方式，而不仅仅是关注采购价格。90 天的付款期和 30 天的付款期，对公司现金流的影响更甚于价格上的微幅差距。

5．把数字放在心上

我们必须经常检查现金流量，频率最好为每周一次。如果实际操作有难度的话，则必须保证至少每月要检查一次公司的现金流。创业者必须要求公司的每个部门都为现金流量贡献设定目标，而且定时让它们知道目前距离目标还有多远。

6．精减库存

仓库里的所有货品都是公司真正需要的吗？其实，企业 80％的利润都是来自 20％的热销产品。创业者必须狠下心来删减冷门商品，你一定要记住，一旦产品进了仓库，你手上的现金就不见了。

7．按需采购

采购时，千万不要抱着"买多一点就能便宜一点"的想法。为了能够拿到更便宜的价格，我们采购时往往会加大采购量，这有可能超过公司的实际需要。现在已经是买方市场，商品价格原本就可能随时间推移而下滑，我们完全不必一次性囤积。而且，储存这些存货也是需要成本的。

8．改变收款的方式

公司如果可以按月收款，为什么要按季度来收？如果创业者提供的是长期的服务产品，也可以将到期付款的方式改为分阶段付款。企业还可以提供一些优惠，例如折扣或者附加服务，以吸引顾客一次性付款或者在短期内尽快付款。这样做都可以大幅缓解公司的现金流压力。

9. 外包

很多创业者初期都会选择亲力亲为，大包大揽，而不会将公司的业务部分外包出去。其实采取外包，初期的成本可能会比自己做要高，但是可以将资金压力转移到外包商身上。相对地，如果公司有能力，也可以争取一些外包的项目，这样可以给公司带来额外的现金流入。

10. 创业者带头行动

创业者必须从自身做起，带头强调现金的重要性，必要时，可以找几个员工乱花钱的例子开刀，杀鸡儆猴。创业者必须制定一个节约的规定，例如，能坐公交绝不打车，出差一律住连锁酒店等，这样坚持下来，会很有效果。

控制运营成本的六大方法

不管公司的收入如何，每个月都会有必不可少的刚性支出，这些都是成本。刚刚运行的企业花钱的地方太多了，每一个创业人士肯定都有一个共同的回忆：创业初期钱总是不够用。因此，创业者必须想尽一切办法压缩成本。

1. 控制采购成本

2007 年，丰田公司的利润额比美国三大汽车厂的利润总和还要高，虽然通用销售额比丰田略低，但是加上克莱斯勒和福特，这三家车企的销售额其实远远高于丰田。这个"吊诡"现象的原因就在于，丰田的采购成本远远低于这三家厂商。

采购成本是企业成本的重要组成部分。创业初期，无论是不是你本人进行采购，你都要关注这个环节，因为它的空间实在太大。

如何才能花最少的钱，买到最理想的产品？答案是选择一家合适的供应商。创业者初期采购应以中型供应商为主，也要考虑一些新成立的公司——想想你自己的公司销售产品的艰难，就知道它们会比较好说话了。有利就会有弊，便宜往往意味着有风险，比方说产品质量、交货时间、对方有没有履行合同的能力等，都需要好好评估一下。

现在许多中小企业喜欢联合采购，这一点也可以借鉴一下。找几个同行商量商量，"弱势群体"联合起来就很强，以数量压价格，这招在商品买卖中总是屡试不爽。

2. 降低库存成本

企业自诞生之日起，就要承受库存的困扰。你要放东西，就得建仓库，建了仓库，还要有人管理，平时的装卸、搬运都要花钱，这还不包括库存物的折旧、变质的问题。要是哪天仓库里着了一把火，这成本就更大了。

或许你会想，不对啊，仓库是我花钱建的，里面的东西都是我生产出来的产品，它应该是我的资产才对啊。不错，库存的确是你的资产，但是，这份资产是以占用企业流动资金的代价获得的，如果你能把这部分钱用来投资，是不是有机会获得更大的收益？而现在它却只能以库存的形式静静地躺在那里，等着折旧、变老，这叫库存的机会成本。

到这里，你终于明白，库存真是个"十恶不赦"的家伙，应该砍掉它，"零库存"的概念就这样被提了出来。

戴尔公司很早就实现了"零库存"的梦想。它的做法是这样的：利用互联网和上游供应商保持紧密联系，当下游客户把订单传到戴尔的控制中心的时候，控制中心把订单分解成若干需要采购的配件，然后配件采购订单通过网络立即传给各个上游供应商。上游供应商要按照戴尔的电子订单迅速进行生产，并按规定的时间表交货。最后，戴尔把按时送来的配件进行组装和测试，就这样，一批已经卖出的电脑被生产出来了。

整个过程堪称完美，上游供应商仅需要90分钟就可以把配件运送到戴尔的工厂，戴尔的工厂再花30分钟时间卸载货物，然后严格按照订单的要求将配件放到组装线上。在整个过程中，戴尔电脑的库存时间仅有7个小时，而这7个小时的库存，也可以看作处在周转过程中的产品。

真的很棒，你不能不佩服这样一个跨国企业的伟大之处。但是这样一个流程，对于处在创业期的企业来讲几乎是不可能的。通过戴尔的案例，我们发现，要实现"零库存"，需满足以下条件：整条供应链的上下游协同配合；供应链上下游企业的信息化水平相当高；有强大的物流系统作支撑。所以"零库存"对于大部分企业来讲还是一个梦，对于处在创业期的你来讲也是一个梦。没有关系，我们依然可以从中学到一些东西，并应用到实践上，那就是整合供应链，实现供应链互动。

首先，你要对产品销量有一个合理预期，然后对产品产量有一个合理的规划，这样，你才能知道需要采购多少，避免库存持有成本或者库存缺货成本的发生。其次，原料采购也有学问，要求供应商交货不要太早，当然也不能晚，时间要合适，甚至可以分批供货，以减少库存。再次，跟下游分销商达成协议，产品生产出来就迅速分销出去，减少产品在仓库里的时间。如果能做到这样，就会在很大程度上减少库存，这也就意味着增加了企业的流动资金，其好处是不言而喻的。

3. 节约人力成本

我们知道，创业初期，资金不充裕，必然能省则省。因此，很多企业都会在降低人力成本上下工夫，最直接的表现就是降低员工的工资。

大部分新成立的企业，其员工的工资都不会很高，并且经常出现工资拖欠的情况，这其实就是老板在压缩成本。但是，这并不是理想的做法。一个企业要发展，最重要的资产还是人才，如果要从克扣员工的工资上下手，才真是"釜底抽薪"，只不过，灭的是自己的公司。

企业可以更科学合理地降低运营成本。我们可以开诚布公地告诉我们的员工，虽然短期内工作量大了些，工资待遇差了一些，甚至没有保险，但这都是暂时的。一旦销售额达到某种水平，企业一定会补偿员工，比如涨工资、额外休息时间和利润分红。

而且，创业初期，我们没必要一定招募非常有经验的员工，可以招募一些刚毕业的大学生。这样，一方面降低成本，一方面可以解决他们的就业问题，最终达到一个双赢的局面。

还有一种比较直接的方式就是通过细化分工，提高员工的熟练程度，这样就会在既定的时间内大幅提高产量，人工成本自然也就降下来了。

4. 降低 IT 成本

IT 办公已经是当今的潮流，它在帮助企业提升竞争力方面的确起到了显著的作用。现在很多创业者为了适应竞争的需要，为了不让公司输在起跑线上，都会花巨资来配备昂贵的高科技管理系统，让企业本来就不充裕的财务资金变得更加紧缺。这大大影响了公司其他部门的资金运转。

难道一定要这样做才能达到所谓的精准管理的目的吗？我们可以看一下西班牙知名服装连锁品牌 ZARA 的例子。

ZARA 公司以高效和快速反应著称。从设计到生产，再到走进分布在世界各地超过1 000家的专卖店中，只需要三个星期的时间，而且，对 ZARA 来说，产品走进专卖店还不是整个生产过程的结束。货物销售期间，ZARA 的门店经理会根据客户的反应，不断调整衣服的款式、颜色等。ZARA 一年能够推出 10 000 多个款式，每个款式都是一样的操作流程。

很多人以为，在这样的高效率运转的背后，ZARA 一定投入了巨额的资金，为公司配备了超级先进的科技管理系统。事实不然。所有的这一切，ZARA 都是通过零售店内的POS 机做到的。而整个公司的 IT 人员也只有 50 人，只占到了员工总数的 0.5% 左右。

为什么不用花大价钱购买昂贵的高科技设备，也能达到这样高效率的管理？

首先，IT 只能协助人做判断，不能取代人。公司的运营不是计算机在做决定，而是由创业者在决定该怎么做。电脑只能助你处理信息，而不能提供任何建议，甚至做任何决定。

其次，计算机化要标准化，并且有焦点。公司的科技原则应该是："对你必须做的，做最多；对你可以做的，做最少。"例如，对于连锁店，分部必须能够储存业绩数据，并且传回总部。因此，一套能够将业绩数据传回总部的 POS 系统就具有很重要的功能。除此之外，我们必须抗拒想扩充其他功能的诱惑。

最后，技术方案要从内部开始。技术方案的提出应该是由企业的目标来决定的，而不是让公司被科技牵着走。创业者不能任由信息部门来建议公司应该买什么、哪些东西会对公司有好处，而必须让信息人员和该技术方案的直接受益部门的领导人一起讨论，了解公

司需要什么，再看看市场上有哪些解决方案，可以协助解决这个问题。

这个道理看起来好像很浅显，但很多创业者的做法却恰恰相反，由外界的所谓科技专家来告诉他们必须有什么。这样，花了大价钱，却始终解决不了问题。

做到了这几点，相信创业者也可以像 ZARA 一样，使用很少的资金，就可以达到很好的 IT 效果。

5. 减少产品成本

市场现在已经越来越深地陷入了同质化竞争的泥沼，创业者都面临着巨大的压力，必须降低产品成本，才能保持获利。但是在降低成本的同时，怎么做才不会引起顾客的减少呢？三种方法可以让你巧妙地降低成本。

（1）减少产品分量。这是减少成本的最简单的方法，不过，顾客可能会因此降低忠诚度。但是尼尔森调查公司的研究显示，相对于提高产品的价格，顾客更能接受以同样价格购买较少的分量。前提是，产品分量的缩水幅度最好控制在 12% 以内，这样顾客就不会产生明显的差异感。

在风险之外，这还可能带来一些额外的好处，比如，小包装、小容量的产品更容易吸引女性消费者以及那些单身的顾客。

（2）大包装出售。这个做法广受消费者的喜爱，因为消费者的购买成本会变低。同时，公司也能从中获利，因为随着公司产品销售量的增加，单位制造成本就会逐渐减少。顾客一次性购入大量的产品，短期内也削弱了对竞争对手的潜在购买力。

然而，如果大包装的产品总价超过了消费者的心理预期，则达不到预期效果。比如，虽然一袋八盒的奥利奥饼干平均每一盒的价格比单包装便宜，但是很少有消费者会一次就花将近 50 元钱来买饼干，这个做法便达不到效果。

另外，如果大包装过大，导致消费者购买、储存、使用都过于费力的话，也达不到预期的效果。归根结底，这都取决于客户的消费体验，所以不管是减少容量还是加大包装，在推行实施之前，都需要做一个市场体验，以得到客户的真实想法和感受。

（3）减少包装成本。产品的包装成本在整个成本中占据了相当大的比例，减少包装成本也是节约成本的一条捷径。但是，公司在减少成本的同时，不能影响消费者的购买经验。从原本的玻璃瓶装改为塑料瓶装，一定会降低产品的档次感。这个时候，企业就需要从另外的角度切入，以环保的诉求来影响消费者，提高他们的接受度。

6. 降低固定成本

固定资产在某种程度上其实不是资产，而是负债。很多创业者一开始就忙着购买地皮、汽车、办公设施等。但是，这些都在侵吞着公司的现金流。而且为了维护和保养这些资产，公司还得缴纳各种税费、请人专门照顾管理，这都是因为购买固定资产而产生的成本。所以，创业者在购买固定资产时一定要非常慎重。

如果非得购买，则需要经过严格的审查。一定要建立一个量化管理的流程，为每一笔资本的支出设定回报率，并且将责任落实到个人。谁花的这笔钱，从哪里，什么时候，要多久才能收回来，都需要详细列出。这样，你就能严格控制每一笔现金的使用，从而了解每一分钱的效果。

要想降低固定资本，你只有两个选择：第一是缩减资本支出；第二是在投资无法减少的情况下，提高产量，提高收入，实现投资的规模效益。

热门话题十二：创业企业人才管理与员工激励

> 夫运筹策帷帐之中，决胜于千里之外，吾不如子房。镇国家，抚百姓，给馈饷，不绝粮道，吾不如萧何。连百万之军，战必胜，攻必取，吾不如韩信。此三者，皆人杰也，吾能用之，此吾所以取天下也。
>
> ——刘邦

我的新鲜事

"二桃杀三士"的故事大家应该略有耳闻吧，说的是春秋时齐景公将两个桃子赐给公孙接、田开疆、古冶子三位猛将，让他们论功而食的故事。结果他们因谁该得到桃子的问题而纠结，最后竟然都自刎而死。哎，可怜这三位虎将，千军万马都过来了，临了一世英名就毁在了两个桃子上，真是可悲可叹、可笑可哀啊。作为团队的领导者，对于团队成员有奖励是好事，但咱要发奖金就整三份的，不搞这阴的暗的。不过要是不幸遇到真的只有两个桃子的情况，为了避免团队成员离心，为了整个团队的集体利益，本人就十分艰难地担起了这个重任——先独享去了，嘿嘿。

我的创业课堂笔记：创业企业人才管理与员工激励

> **创业企业人才管理与员工激励　理论阐述**
> - 创业期企业所需人才
> - 创业期企业与成熟期企业在吸引人才方面的优势与劣势比较
> - 创业期企业人才的使用
> - 什么是激励？
> - 激励的作用
> - 激励的基本原则

● **创业期企业所需人才**

（1）具备从事该行业、担任该职务所需的基本知识（容易从培训中获得）。

（2）具有较好的协调、控制、适应能力（较难从培训中获得）。

（3）具有良好的心态，对成功、失败有较好的承受能力（较难从培训中获得）。

（4）具有对成功及自我实现的强烈要求（可以通过激励机制来刺激）。

● **创业期企业与成熟期企业在吸引人才方面的优势与劣势比较**

创业期企业与成熟期企业在吸引人才方面的优势与劣势比较见图 12—1。

	创业期企业	成熟期企业
优势	● 高风险、高收益 ● 宽松的工作环境 ● 较大的工作自主权 ● 容易出业绩，提升快 ● 能更好地发挥个人才能	● 稳定的、较高的收入 ● 较好的福利待遇 ● 工作上有规可循，较好的培训指导 ● 再就业容易；有一定的心理优越感
劣势	● 人员流动快，缺少安全感 ● 创造性工作比重大 ● 工作难度、挑战性大 ● 硬件环境差，福利待遇差	● 等级森严，提升缓慢 ● 人才济济，容易掩盖自我 ● 分工细密，工作内容单调 ● 缺少工作成就感和自我实现感

图 12—1　创业期企业与成熟期企业在吸引人才方面的优势与劣势比较

● **创业期企业人才的使用**

人才的选聘只是实现人才使用的第一步。用好人才、实现人才价值的转换是企业的最终目的。创业期企业人才的使用应做到以下几点：

1. 建立重用人才的文化氛围

企业文化（包括共同认识、道德观念、行为准则等）是一种环境，要建立重用人才的文化氛围，为员工发挥才能创造条件。人才只有靠重用才能体现其价值，只有靠使用及在使用中的不断培训才能使其价值得到转换和增值。人才的流失多因得不到重用，正如刘项争霸时萧何对刘邦所说："能用信，信则留，不能用信，终走耳"。

2. 实行分权式管理，相信下属，充分放权

对人的重用，首先便是信任，分权是对职业经理人的最大信任。创业期企业很容易走上专权的极端，江山是创业者在市场中拼搏出来的，创业者有一定眼光、胆识、能力，最容易犯自以为是的毛病。创业期企业的领导人应努力完善制度，充分放权，这样才有时间去思索更高层的发展。

3. 实行以创业为主的人才管理机制

实行目标管理。给员工制定目标、布置任务，让他去完成。允许员工在奋斗过程中的偶尔失败。对于失败，管理者应懂得宽容，寻找失败的原因远比责备员工更为有效。建立以绩效为中心的薪酬体制。市场是客观的，一切行为在市场中只有两种结果：成功和失败。企业中员工时刻承受风险，风险与收益应成正比。员工承担风险，理应分享收益。分享收益是对参与创业的员工的最好激励，创业期人才管理就是在创业中与员工同甘共苦。

● **什么是激励?**

激励有激发和鼓励的意思，是管理过程中不可或缺的环节和活动。有效的激励可以成为组织发展的动力保证。激励有自己的特性，它以组织成员的需要为基点，以需求理论为指导。激励有物质激励和精神激励、外在激励和内在激励等不同类型。

激励也是人力资源管理的重要内容，是指激发人的行为的心理过程。激励这个概念用于管理，是指激发员工的工作动机，也就是说用各种有效的方法调动员工的积极性和创造性，使员工努力完成组织的任务，实现组织的目标。

有效的激励能点燃员工的激情，促使他们的工作动机更加强烈，让他们产生超越自我和他人的欲望，并将潜在的巨大的内驱力释放出来，为企业的远景目标奉献自己的热情。

● **激励的作用**

对一个企业来说，科学的激励制度至少具有以下几个方面的作用：

1. 吸引优秀的人才到企业来

发达国家的许多企业，特别是那些竞争力强、实力雄厚的企业，通过各种优惠政策、丰厚的福利待遇、快捷的晋升途径来吸引企业需要的人才。

2. 开发员工的潜在能力，促进在职员工充分发挥其才能和智慧

美国哈佛大学的威廉·詹姆斯（W. James）教授在对员工激励的研究中发现，按时计酬的分配制度仅能让员工发挥20%～30%的能力，如果受到充分激励的话，员工的能力可以发挥出80%～90%，两种情况之间60%的差距就是有效激励的结果。管理学家的研究表明，员工的工作绩效是员工能力和受激励程度的函数，即绩效＝F（能力×激励）。如果把激励制度对员工创造性、革新精神和主动提高自身素质的意愿的影响考虑进去的话，激励对工作绩效的影响就更大了。

3. 留住优秀人才

德鲁克认为，每一个组织都需要三个方面的绩效：直接的成果、价值的实现和未来的人力发展。缺少任何一方面的绩效，组织注定非垮不可。因此，每一位管理者都必须在这三个方面均有贡献。在三方面的贡献中，对"未来的人力发展"的贡献就来自激励工作。

4. 造就良性的竞争环境

科学的激励制度蕴含着一种竞争精神，它的运行能够创造出一种良性的竞争环境，进而形成良性的竞争机制。在具有竞争性的环境中，组织成员就会受到环境的压力，这种压力将转变为员工努力工作的动力。正如麦格雷戈（Douglas M. Mc Gregor）所说："个人与个人之间的竞争，才是激励的主要来源之一。"在这里，员工工作的动力和积极性成了激励工作的间接结果。

● **激励的基本原则**

1. 目标结合原则

在激励机制中，设置目标是一个关键环节。目标设置必须同时体现组织目标的要求和员工需要。

2. 物质激励和精神激励相结合的原则

物质激励是基础，精神激励是根本。在两者结合的基础上，逐步过渡到以精神激励为主。

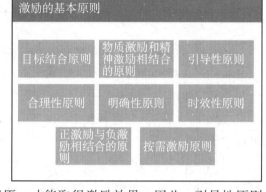

3. 引导性原则

外激励措施只有转化为被激励者的自觉意愿，才能取得激励效果。因此，引导性原则是激励过程的内在要求。

4. 合理性原则

激励的合理性原则包括两层含义：其一，激励的措施要适度，要根据所实现目标本身的价值大小确定适当的激励量；其二，奖惩要公平。

5. 明确性原则

激励的明确性原则包括三层含义：其一，明确。激励的目的是什么和必须怎么做。其二，公开。特别是在分配奖金等大量员工关注的问题上，更为重要。其三，直观。实施物质奖励和精神奖励时都需要直观地表达它们的指标，总结授予奖励和给予惩罚的方式。直观性与激励影响的心理效应成正比。

6. 时效性原则

要把握激励的时机，"雪中送炭"和"雨后送伞"的效果是不一样的。激励越及时，越有利于将人们的激情推向高潮，使其创造力连续有效地发挥出来。

7. 正激励与负激励相结合的原则

所谓正激励，就是对员工的符合组织目标的期望行为进行奖励。所谓负激励，就是对员工违背组织目标的非期望行为进行惩罚。正负激励都是必要而有效的，不仅作用于当事

人，而且会间接地影响周围其他人。

8. 按需激励原则

激励的起点是满足员工的需要，但员工的需要因人而异、因时而异，并且只有满足最迫切需要（主导需要）的措施，其效价才高，其激励强度才大。因此，领导者必须深入地进行调查研究，不断了解员工需要层次和需要结构的变化趋势，有针对性地采取激励措施，才能收到实效。

身边的创业案例 23

一碗牛肉面折射出的管理经

我跟朋友在路边一个不起眼的小店里吃面，由于客人不多，我们就顺便和小老板聊了一会儿。谈及如今的生意，老板感慨颇多。他曾经辉煌过，于兰州拉面最红的时候在闹市口开了家拉面馆，日进斗金啊！后来却不做了。朋友心存疑虑地问他为什么。

"现在的人贼呢！"老板说，"我当时雇了个会做拉面的师傅，但在工资上总也谈不拢。"

"开始的时候，为了调动他的积极性我们是按销售量分成的，一碗面给他5毛的提成。经过一段时间，他发现客人越多他的收入也越多，他就在每碗里放超量的牛肉来吸引回头客。一碗面才四块钱，本来就靠薄利多销，他每碗多放几片牛肉我还赚哪门子钱啊！"

"后来看看这样不行，钱全被他赚去了，就换了种分配方式。给他每月发固定工资，工资给高点也无所谓，这样他不至于多加牛肉了吧，因为客多客少和他的收入没关系。"

"但你猜怎么着？"老板有点激动了，"他在每碗里都少放许多牛肉，把客人都赶走了！""这是为什么？"现在开始轮到我们激动了。"牛肉的分量少，顾客就不满意，回头客就少，生意肯定就清淡，他（大师傅）才不管你赚不赚钱呢，他拿固定的工钱巴不得你天天没客人才清闲呢！"

一个很好的项目因为管理不善而黯然退出市场，尽管被管理者只有一个。

这个小小牛肉面的故事，却反映出了一个小企业管理中的种种问题。首先就是一个关于大师傅激励的问题。可以设计一个激励机制，就是在定额约束下的销量或利润累积奖励。首先，根据每碗面的顾客可接受效用制订材料定额，大师傅的工资还是按照销售量提成，但是前提是月度的材料消耗不得偏离定额太多。例如，允许波动幅度为20%，否则只有基本工资。或者说每碗面规定需要添加的牛肉克数，一批牛肉的总量是固定的，拉面的卖出量是可以计算的，多少碗面放多少斤牛肉限定住了，哪个加牛肉的要敢给我多加或者少加，工资就对不起了。

底薪加提成工资，老板自己心里得算清楚一碗面的成本是多少，利润是多少。如果牛肉放多了，客户多了，以牛肉最大量为定量，以面条量为变量，控制一下放多少面条使自己还有利润可赚，这就得有一个取值的过程了。虽然现在都讲公司效益与员工利益挂钩，股权分配是个好法子，但对于一个小店，搞什么股权激励，有点不切实际了。

其次，我想饭店也是制造，必须有工作程序、定额消耗以及制度规范，可以没有书面东西，但老板必须心中有数才行。对这个小老板的拉面店来说，大师傅以技术入股的方式与老板合作，大家都双赢。两个人合伙做，费用两个人摊，进行规范化管理。在工作程序上，制订标准作业程序（SOP），面条的量、水的量、肉的量等都要有明确规定，制造方法、工艺也请大师傅标准化；在定额消耗上，也与上述的激励密切相连；在薪水报酬上，参考社会上的平均工资和本店的盈利水平，结合师傅的劳动量、劳动结果进行综合评定。

此外，将复杂的事情简单化：老板娘放牛肉不就得了？关键的资源一定要掌握在关键的人手里！关键资源才是最重要的。老板掌握了店面的所有权，才可能有大师傅为他打工；老板娘掌握了牛肉的分发权，才有可能防止材料的浪费和滥用。不过，老板还应该掌握大师傅这一核心的人力资源，怎么掌握还是一个难题。而且，作为小规模店铺，老板要熟悉每一个环节，才能做好管理。如果牛肉拉面老板很熟悉牛肉面的制作，大师傅也不敢乱来。有效的经营监督就是这样。

另外，任何工作除了要有监督、控制，其余的事情都可以通过沟通来解决。我们认为本例中没有一种好的办法能一劳永逸地解决分配问题，在这种作坊式的小企业里，老板与员工每天有大量时间接触，关系是否和谐非常重要。唯有靠小老板良好的个人魅力及善待下属，才会让大师傅内心产生归属感及满足感，积极工作，努力为老板创造利润，到那时候牛肉的多少就不成麻烦了。通过以上的分析，我认为应该这样管理：

（1）底薪加提成，提高积极性；

（2）不能把全线流程的权力都下放给大师傅，比如加牛肉；

（3）建立有效的制度，包括奖赏和惩罚，制度根据顾客的满意程度和利润来建立；

（4）大师傅的工资提成不能只和销量挂钩，应该和老板的利润挂钩，比如一碗面中老板利润的 30% 是大师傅的提成；

（5）有效的沟通、激励，平时给大师傅精神激励，让大师傅认为自己也是面馆的主人。

师行：*团队的成员人心涣散，创业激情不足，私有化情绪较强，个人意识突出，思想无法很好地统一，无法形成一个具有高度凝聚力的创业团队，怎么办？*

资料来源：http://xueyuan.cyzone.cn/guanli-HR/175860.html.

【龙鹏感悟】

创业团队更需要管理规划

现实中，我们很多项目的失败都是由于队伍没有管理好，或缺少激励，或缺少惩罚，

或缺少原则……只有具备向心力的团队方能稳步走得更远。而我最近一直在思考自己的团队，团队成员个个拿着薪水，却很少有人可以独当一面，不是他们没有执行力，而是执行的时候有力无心。不得不承认，关于团队管理，我们的公司确实缺少专业的规划。站在这个出发点上，我的思考是：提高成员晋升空间，完善奖励政策，同时明确公司惩罚制度，针对不同成员予以相应情感鼓励（因为现在团队成员人数不多，可以考虑一对一的交流）。

【老师点睛】

创业企业，你有完善的薪酬制度吗？
方老师

牛肉拉面的案例告诉我们：好的老板一定是优秀的人事经理，人才是企业成长的关键问题之一。在企业成长过程中，面临很多以人为主题的话题，这既包括创业团队的问题，也包括创业元老的问题，还有核心员工的去留问题。对于企业的创始人来讲，如何设计员工薪酬制度是在企业创建之初就面临的重要问题之一。首先，没有适当的薪酬机制，缺乏激励，一名拉面师傅都留不住。真正的创业成长中企业薪酬制度的设计难度要大得多，要针对不同层次的员工采取不同的激励制度。其次，有各种薪酬制度可供选择，如员工持股、期权制等，哪一种制度最适合你的企业？另外，随着企业的发展，企业的薪酬制度是否应该作相应的调整？

总的来看，初创企业的薪酬制度设计宜采取如下原则：

(1) 高工资、低福利。

(2) 简明、实用。

(3) 增加激励力度。

(4) 建立绩效工资制度。

企业内部的岗位和部门可以分为技术高度密集型和一般经营、服务型两类。两者在工薪制度上将有所区别：技术高度密集型岗位上的员工，例如案例中的拉面师傅，掌握了核心拉面技术，老板对他有比较强的依赖性，为了招募到这样的人才，在工薪制度设计上必须考虑企业的长远发展目标和相对的稳定性。为此，工薪制度应采取灵活的组合方式，如直接给股份、高薪加高福利等。

如果拉面馆越做越大的话，再招些洗碗工、服务员什么的，这样的员工就属于一般经营、服务型岗位和部门，应采用岗位、级别的等级工薪制度。制度建立得越早越好。根据企业的岗位需求和实际能力，以及员工的实际能力和水平，有目的地定岗、定员和定级、定薪。

企业的工薪制度和激励制度是两种不同的制度，尤其是初创企业更要加以区分，否则会导致基本工薪制度与激励制度的混乱，使员工的工作热情受到打击。企业管理者要对作出杰出贡献的员工给予物质和非物质方面的激励，而不是单纯地提高工资。

天下人才给你用，激励机制最有用

袁老师

"如何选择人才，人才能给企业带来什么"等问题是企业在招聘之时首先考虑的。但同时企业是否考虑过"如何用好并留住人才，人才为什么选择这家企业，企业又能给他们带来什么"？就像案例中的牛肉面老板一直在抱怨大厨太贼，觉得自己没错。对于这时候的初创企业来说，优秀的人才很难招到，即便招到了，也不一定留得住。所以，这时候更需要的是激励与指导。对于创业企业来说，激励是一门大学问，我们不妨一起来学习一下。

激励机制就是在激励中起关键性作用的一些因素，如时机、频率、程度、方向等。它的功能集中表现在对激励的效果有直接和显著的影响，所以认识和了解激励机制，对搞好激励工作是大有益处的。

1. 激励时机

激励时机是激励机制的重要因素。激励在不同时间进行，其作用与效果是有很大差别的。打个比方，厨师炒菜时，不同时间放入调料，菜的味道和质量是不一样的。超前激励可能会使下属感到无足轻重；迟到的激励可能会让下属觉得画蛇添足，失去了激励应有的意义。

激励如同发酵剂，何时该用、何时不该用，都要根据具体情况进行具体分析。根据时间上快慢的差异，激励时机可分为及时激励与延时激励；根据时间间隔是否规律，激励时机可分为规则激励与不规则激励；根据工作的周期，激励时机又可分为期前激励、期中激励和期末激励。激励时机既然存在多种形式，就不能机械地强调一种而忽视其他，而应该根据多种客观条件进行灵活的选择，更多的时候还要加以综合的运用。

2. 激励频率

激励频率是指在一定时间里进行激励的次数，它一般是以一个工作周期为时间单位的。激励频率的高低是由一个工作周期里激励次数的多少所决定的，激励频率与激励效果之间并不完全是简单的正相关关系。

激励频率的选择受多种客观因素的制约，这些客观因素包括工作的内容和性质、任务目标的明确程度、激励对象的素质情况、劳动条件和人事环境等。一般来说，有下列几种情形：

——对于工作复杂性强、比较难以完成的任务，激励频率应当高；对于工作比较简单、容易完成的任务，激励频率就应该低。

——对于任务目标不明确、较长时期才可见成果的工作，激励频率应该低；对于任务目标明确、短期可见成果的工作，激励频率应该高。

——对于各方面素质较差的工作人员，激励频率应该高；对于各方面素质较好的工作人员，激励频率应该低。

——在工作条件和环境较差的部门，激励频率应该高；在工作条件和环境较好的部门，激励频率应该低。

当然，上述几种情况并不是绝对的划分，通常情况下应该有机地联系起来，因人、因事、因地制宜地确定恰当的激励频率。

3. 激励程度

激励程度是指激励量的大小，即奖赏或惩罚标准的高低。它是激励机制的重要因素之一，与激励效果有着极为密切的联系。能否恰当地掌握激励程度，直接影响激励作用的发挥。超量激励和欠量激励不但起不到激励的真正作用，有时甚至还会起反作用。比如，过分优厚的奖赏，会使人感到得来全不费工夫，丧失了发挥潜力的积极性；过分苛刻的惩罚，可能会导致人的"破罐子破摔"心理，挫伤下属改善工作的信心；过于吝啬的奖赏，会使人感到得不偿失，多干不如少干；过于轻微的惩罚，可能导致人的无所谓心理，不但改不掉毛病，反而会变本加厉。

所以，从量上把握激励，一定要做到恰如其分，激励程度既不能过高也不能过低。激励程度并不是越高越好，超出了这一限度，就无激励作用可言了，正所谓过犹不及。

4. 激励方向

激励方向是指激励的针对性，即针对什么样的内容来实施激励。它对激励效果也有显著影响。马斯洛的需要层次理论有力地表明，激励方向的选择与激励作用的发挥有着非常密切的关系。当某一层次的优势需要基本上得到满足时，应该调整激励方向，将其转移到满足更高层次的优先需要上，这样才能更有效地达到激励的目的。比如对一个具有强烈自我表现欲望的员工来说，如果要对他所取得的成绩予以奖励，给他奖金和实物不如为他创造一次能充分展现自己才能的机会，使他从中得到更大的鼓励。还有一点需要指出的是，激励方向的选择是以优先需要的发现为前提条件的，所以及时发现下属的优先需要是经理人实施正确激励的关键。

如果拉面馆老板懂得这些，不愁留不住大师傅啊！

【网友围观】

网友1

这个案例比较有意思，分析角度有新意，其实企业管理就发生在我们的生活中。

网友 2

我觉得这个案例所说的不完全是激励机制的问题，这个老板在挑选团队成员时的眼光也很一般啊。与案例中餐饮业不同，我是一名做技术起家的创业者，我在招人的时候会注重寻找有以下特征的人才：

(1) 愿意深入思考问题、解决问题，并负责那些别人不愿意做的事情的人。

(2) 坚定、有毅力的人。

(3) 可以保持平静并处理突发性事件的人。

(4) 可以灵活地处理技术及相关事情的人。

(5) 不迷信某一技术和公司的人。

(6) 和团队其他成员相处良好的人。

(7) 愿意接受相对较少的工资，通过股权等其他激励手段与公司一同发展的人。

身边的创业案例 24

骨之味：中小企业该如何给员工分红

中午 12 点，我来到这家餐厅排队用餐的时候，看见每个员工脸上都洋溢着幸福满足的微笑，一切都是那么有条不紊，没有慌乱，没有焦躁。这是位于厦门市万达广场的"骨之味"连锁餐厅。

今天你分红了吗

"骨之味"餐厅在厦门首创了筒骨砂锅餐厅，自 2006 年 6 月开业以来，四年时间已在闽、粤、鲁、桂、浙、苏、豫及匈牙利等地开设餐厅二十余家。

当"今天，你跳槽了吗?"成为时下流行语的时候，"骨之味"连锁餐厅的员工流失率一直在 50% 以下。

老板罗文波也当过服务员，他的脸上带着憨厚腼腆的微笑。"我们采用员工入股分红的方式，让他们也能买得起房、车，"罗文波说，"2010 年 6 月至 2011 年 6 月餐厅员工离职率是 38.65%。"

在招聘和留住员工方面，罗文波也没少花心思，除了改善住宿条件，提高伙食标准，对员工进行培训，以及给予物质激励、精神激励外，"工作一年以上的优秀员工，可以参股，从而实现年底分红。"罗文波说。

杨白的分析显示，企业的制度建设起到一定作用时，领导者就要相对授权。从家长式

的文化转向兄长式的文化，建立员工的责任感和成就感，给予员工成长机会，增加员工收益，建立企业合伙人制度等人文理念，降低人才流动的频率。

罗文波恰是这样的兄长式领导，他挣了钱，首先想着与伙伴分享。他会去各个店巡视，甚至和员工一起接待客人，在"骨之味"工作的员工除了有机会参股，还有机会自己开门店。罗文波的经营哲学是，宁愿自己赔钱，也不让伙伴赔钱。如今，"骨之味"餐厅采用钱滚钱模式，一个店一年利润可达 150 万元。

在"骨之味"工作的服务员小杨，今年刚刚 21 岁，她熟练地端盘子，招呼客人，自信而且神情愉悦。"我来这里工作两年了，去年春节，店里生意忙，我没有回家。公司给家人寄了礼品礼金。"对于小杨来说，在这里工作，不仅有看得见的升迁机会，而且是自我价值的提升。马上就要到国庆节了，提起是否要回家与家人团聚，小杨回答："不知道，听公司安排吧。我爸爸妈妈知道我在这里，他们很放心。"去年，小杨被评为优秀员工，这也意味着不久她也有资格入股公司，也有机会实现入股分红。

罗文波心里的账也很清楚，像小杨这样的员工，从老客户维护、服务熟练度、重新招聘三个角度衡量，留住他们要比新招员工每人每年节省 2 000～3 000 元。

"带走我的员工，把我的工厂留下，不久后工厂就会长满杂草；拿走我的工厂，把我的员工留下，不久后我们还会有个更好的工厂。"安德鲁·卡内基的这段话，道出了留住人才对企业的无可替代的重要性。

你不是来打工的

在"骨之味"工作了四年的李福寿，已经当上了店长。"餐厅挣得多，我们也有份。"这四年里，住宿条件越来越好，老板还会跟他讨论职业发展。更重要的是，有了股份，"当家的感觉更强了"。

其实，像"骨之味"连锁餐厅这样的员工激励模式，"食味堂"、"海底捞"、华为等都在采用。海底捞一位不愿意透露姓名的员工说，"分红"与"奖金"并不一定有本质差别，都是奖励，而且"分红"不一定比"奖金"高。但是，"分红"这个词绝对比"奖金"更有魅力。"奖金"的激励效果和工资差不多：不给肯定不满意，给多一点也不会提高多少满意度。"但分红不一样，别人说起他们有分红的时候都特自豪。"这位员工说。

名企华为也是如此，有 6.5 万员工持有公司股票（内部股），可以享受公司业绩增长带来的盈利。

盈科律师事务所合伙人孙健曾在 2010 年为一家从事移动增值业务和互联网业务的公司起草《干股协议》，他说："高科技企业实施较多，实施效果应与上市公司无异，可以有效改善公司治理结构、降低运营成本、提升管理效率、增强公司凝聚力和市场竞争力。"

孙健认为，员工持股分红就是股权激励的一种方式。员工持股有两种方式：一种是拥有真正的股权，要在工商局做变更登记。另一种就是干股。干股是指未出资而获得的股份，但其实干股并不是指真正的股份，而应该指假设这个人拥有这么多的股份，并按照相应比例分取红利。这个不需要做变更登记。

曾经，联想宣布将产生数十位百万富翁，其中许多人在 30 岁以下；北大方正不甘落后，王选豪情满怀地宣布 10 年内在方正将产生 100 位百万富翁。还有清华同方的口号："这里将产生 100 个千万富翁和 1 000 个百万富翁！"

有了员工持股计划，百万富翁将不再是痴人说梦，而变成操作性很强的一种公司行为。

企业人力资源资本运作，从承包制到年薪制，再到经营者持股。对于中小企业，采用什么样的激励模式来俘获人心，留住人才？很多企业喜欢强调企业文化，来增强员工的主人翁精神。但是，这种说法并不为员工所认同。实施了员工持股，员工既然是企业的股东，那么，"企业是我的"这种企业文化也就顺理成章了。

员工持股分红的现实焦虑

以"骨之味"新开一家门店需要费用 220 万元计算，员工持股 4 万元，按照这个比率，年底该员工可以得到 1.8％的利润，如果离职，也应该得到 4 万元的本金。那么，这个"4 万元"如何计算？员工持股比率控制在多少才能保证企业正常有序运转？谁来监督？财务操作的透明性和公正性如何保证？

罗文波说，他只把员工持股分红当成一种福利，还处于摸索试运行阶段，与员工也只是签订了协议书。"没想那么多。"他说。

对于中小型企业而言，员工持股，光是一系列的工商登记变更手续就不胜其烦，再加上大股东一般不想放弃控制权，也不想让太多员工对商业机密指手画脚，出让的股份数额较小，效果并不显著。而且，当越来越多的企业通过员工持股来增加凝聚力时，如果持股员工离开公司，这些股份怎么处理？

在处理离职员工所持股份的问题上，上市公司和非上市公司在手法上会有很大区别。上市公司股份的流通、转让等有更严格的法规监管，那么，小公司怎么办？仅凭感情和道德规范吗？有些企业虽然实施了员工持股计划，却可以用"要继续发展"为借口，不予分红。非上市公司一般不会聘请外部审计机构进行审计，公司的财务资料缺乏公信力，员工持股分红会不会沦为画饼充饥？

盈科律师事务所合伙人孙健认为，员工应与公司股东签订《干股赠与协议》，而不是与公司签订。分红权属于公司股东权利之一，而不是公司的权利，公司在无授权的情况下并不能代替公司股东处分其权利。公司应保证财务数据的真实性（《干股赠与协议》中应有约定），财务数据的真实与否直接决定红利金额的多少。

公司按年度计算的分红金额和《干股赠与协议》约定的支付时间向员工指定的账户支

创业案例集锦

付红利，因此，《干股赠与协议》应约定公司履行直接向员工支付红利的义务。

师行：看来员工激励不只是加工资、发奖金那么简单，怎么做才能收到较好的效果呢？

资料来源：《新财经》，2011（10），作者：王瑞梅。

【龙鹏感悟】

不能小视的创业团队激励机制

很多有过创业经历的人都有这种观点：核心团队很重要。试想，一个团队只有一个核心领导成员，那这个领导者必然事务繁杂，自然也会心力交瘁。所以作为领导者就需要学会激励自己团队的成员，使大家心往一处想，劲往一处使，企业才能在创业初期健康地发展下去。我对自己团队的管理和激励制度处于不断学习完善的状态，虽然人员不多，但是我也深谙激励才能产生更大动力的道理。所以也提醒跟我一样创业的同学们一定要有一套自己的员工激励制度，这样才能保证创业团队的健康发展和不断壮大，才能使企业更加有凝聚力。这是我们创业的保障，不可小视。

【老师点睛】

四力齐驱，全面激励

方老师

还记得我们在课堂上提到过"星巴克"的 Beanstock（豆股票）吗？与案例中"骨之味"老板对员工的激励十分相似吧。在国外研修"服务管理"这门课时，教授就要求我们根据服务企业员工的四项内驱力来设计企业的激励方式。哈佛商学院的三位教授在研究中指出，人的行为由四种驱动力所决定，它们分别是：获取（acquire），即获得稀缺的东西，包括社会地位等无形的东西；绑定（bond），即与个人和群体建立联系；理解（comprehend），即满足我们的好奇心，了解我们周围的世界；防御（defend），即抵御外部威胁和推动正义。这些驱动力是我们一切行为的基础。企业要想激励员工，就必须设法同时满足它们。在研讨中我们发现，企业的倾向性也决定了运用激励方式的倾向性。例如，注重销售业绩的公司，更多地运用"获取"来进行激励；而一个企业如果更多的由女性成员组成，成功地运用"绑定"会使员工个体目标与企业目标结合，达到良好的激励效果。

"骨之味"的激励策略中的年终分红就是很好地运用了"获取"与"绑定"的内驱力，老板对员工的尊重与授权则让"理解"与"防御"成了激励员工努力工作的重要内驱力。

这四个驱动力相互独立,没有主次之分,也不能相互替代。由此可见,良好的企业激励机制的设计,不能只着重于某一个方面。如果其中一个驱动力比较弱,那么即使其他三个驱动力都很强,员工的整体激励度也会大打折扣。

哪种类型的激励适合你?

袁老师

越来越多的创业企业随着企业的成长,更加注重增强企业的凝聚力,其中就包括对不同的激励方式进行组合。不同的激励类型对行为过程会产生不同程度的影响,所以有必要对不同的激励类型进行了解。

1. 物质激励与精神激励

虽然二者的目标是一致的,但是它们的作用对象却是不同的。前者作用于人的生理方面,是对人的物质需要的满足;后者作用于人的心理方面,是对人的精神需要的满足。随着人们物质生活水平的不断提高,人们对精神与情感的需求越来越迫切。比如期望得到爱、得到尊重、得到认可、得到赞美、得到理解等。

2. 正激励与负激励

所谓正激励,就是当一个人的行为符合组织的需要时,通过奖赏的方式来鼓励这种行为,以达到持续和发扬这种行为的目的。所谓负激励,就是当一个人的行为不符合组织的需要时,通过制裁的方式来抑制这种行为,以达到减少或消除这种行为的目的。

正激励与负激励作为激励的两种不同类型,目的都是要对人的行为进行强化,不同之处在于二者的取向相反。正激励起正强化的作用,是对行为的肯定;负激励起负强化的作用,是对行为的否定。

3. 内激励与外激励

内激励是指由内酬引发的、源自工作人员内心的激励;外激励是指由外酬引发的、与工作任务本身无直接关系的激励。

——内酬是指工作任务本身的刺激,即在工作进行过程中所获得的满足感,它与工作任务是同步的。追求成长、锻炼自己、获得认可、自我实现、乐在其中等内酬所引发的内激励,会产生一种持久性的作用。

——外酬是指工作任务完成之后或在工作场所以外所获得的满足感,它与工作任务不是同步的。如果一项又脏又累、谁都不愿干的工作有一个人干了,那可能是因为完成这项任务将会得到一定的外酬——奖金及其他额外补贴。一旦外酬消失,他的积极性可能就不存在了。所以,由外酬引发的外激励是难以持久的。

【网友围观】

网友1

随着公司业务的扩大，经理人一定要将一些权力下放，而不能事必躬亲，否则不但处理不好所有的事情，而且弄得自己很累，也不利于团结团队其他成员一起努力。

一个好的领导者不一定要有超群的能力，最重要的是能领导好比自己更为优秀的团队成员。

网友2

案例中的罗总是一个很擅长于团队管理的老板。团队管理中的领导、沟通、人际互动三个关键因素，他都做得相当到位。

任何团队的领导者，首先要认清自己的能力，然后培养自己的品德和诚信，向成员灌输求胜的意念，激励他们发挥出超越体能和职能所能承受的能力，他所领导的这支团队才可能有所收获。

沟通工作是当今社会最频繁的事情之一，通过与员工频繁接触，与员工一起劳动，在合适的时间做合适的事、说合适的话，成功沟通才会实现。

人际互动。我们都知道一句话，叫"财聚人散，财散人聚"。案例中罗总将企业利润分给普通员工的做法及其效果，都是对这句话的很好注解。

我的创业新资讯

麦当劳、松下等著名企业用人理念与差异一览

世界上所有的企业，不分国内、国外，不分大小，大致相同，都希望选择综合素质好、业务能力强的员工，考察沟通能力、实干精神、工作效率及创新能力等。但是，不同地区的企业风格各有区别；同一地区的企业，企业文化也各有不同。企业是树，文化是根，不同企业文化对于招聘者的要求各有差异，企业文化的差异也导致了外企行情冷热不均。欧美型企业文化：以人为本、开放民主，更受求职者向往。

（一）世界著名企业用人理念

1. 东芝的重担子主义

日本东芝公司认为，要尊重人就应委以重任，谁拿得起100公斤，就交给谁120公斤

的东西。东芝推行"重担子主义"和"量才适用"的用人路线，在企业实行"内部招聘"，让职员自己申请最能发挥专长的职位，从而使企业繁荣昌盛，历久不衰。

2. 松下的人才再生产

日本松下公司以生产影音器材蜚声世界，其成功的经营管理经验中，重要的一条就是重视对人才的培养和人才的"再生产"。公司建有 36 个实验室，培养了 2.2 万名研究员、工程师，使企业获得了 5.5 万项专利产品。

3. 索尼的人才开发政策

索尼公司历来不拘一格使用人才。演员出身的大贺则卫，被录用以至提升为总裁的例子最为典型。大贺则卫充分发挥自己声乐和经营方面的特长，9 年以后，终于使索尼公司成为日本著名的大公司。

4. 麦当劳的学校观念

麦当劳的管理者认为，企业首先应该是培养人的学校，其次才是快餐店。因为麦当劳属于服务性行业，有优良职业道德的人才堪称一流的员工，所以，它着力寻求相貌平平但具有吃苦耐劳和创业精神的人，并以公司自身的经验和"麦当劳精神"来培训自己的员工。这种极有主见的管理，为麦当劳赢得了很大的成功。用这种精神培养出来的人，即便离开了，也应该是一个对社会有用的人。这种价值观使它的员工们努力为公司争取荣誉。

5. 三星、奔驰的人才培训计划

在员工的培训方面，韩国三星极为出名。初入三星，就要进行公司文化、公司制度以及人际沟通、礼貌礼仪等培训。据统计，全球三星员工平均每年享有 12 天的培训时间。奔驰汽车公司拥有数以千计的庞大研究队伍，公司十分重视员工培训，经常选派管理干部和技术人员到高等院校学习深造，公司为他们支付学费、报销路费，甚至在食宿方面给予补贴。此外，奔驰汽车公司还鼓励职工提出改革建议，并按贡献大小发给奖金。

6. 蓝色巨人的实事求是原则

著名电脑商美国 IBM 公司成功的经验之一是不录用恭顺的人，专用实事求是的人。IBM 第二代领导人沃森说："最容易使人受骗上当的是言听计从、唯唯诺诺的人，我宁愿用那种虽然脾气不好但敢于讲真话的人。作为领导者，你身边这样的人越多，办成的事也越多。"敢讲真话的人不迷信权威，不计较个人得失，实事求是，坚持科学原则，能很好地贯彻企业经营理念，树立良好的企业形象，推进企业各项工作的发展。

（二）不同企业，不同理念

1. 外资企业

外企看"眼界"。外资企业所能接受的"社会经历"比较广泛，除了要求担任过学生干部、有实习经验之外，对一些与众不同的经历也非常感兴趣，比如从事过志愿者工作、

曾游历各地等。它们认为，见多识广的学生更容易融入国际化的公司，也能迅速融入客户的文化。它们可以容忍应聘者能力上的些许欠缺，但在人生阅历上不能是一张白纸。

同样的实习经历，外企的人力资源经理更希望在你的描述中能表现出"人性的优点"，比如勇敢、社会责任感、自省等。

（1）北美企业。美国人的文化习惯和我们中国人的有着相当大的差异，美国公司的特点是：

希望获得最新信息：这是与别人攀比竞争的标准。因此爱看广告，因为广告上都是大牌产品，能获得最新信息。

做事执著，不轻易放弃：爱与人攀比，竞争意识浓厚，攀比又是竞争的动力。公司也常常给员工提供公平竞争的舞台，大家不管家世出身、上级下属，在竞争的舞台上地位都是平等的，起跑线是一样的。

培养主动意识：在公司里，任何人都有权利说话，尽情发表你的意见。要把公司当作自己的公司，这才是一个优秀的员工的素质。在面对一个美国上级时，不要事事都唯命是从，如果你有比上级更好的想法和意见，你完全可以直言不讳，对方反倒会佩服你。

树立商业意识：美国人做事很实际，自己付出了劳动，就要相应地得到报酬。一份赢得雇佣双方互相尊重的工作才是双赢（win-win）的结局。一般地，在外企，都有非常明确的工资结构。多数外企薪资的制订，是按照3P＋2M的原则，即根据实际业绩（performance）、岗位职责（position）、个人能力（people），参照行业市场（industry market）和人才市场（talent market）而制订。公司会根据职位范围的大小、工作的复杂度等来确定工资的级别，工资的增长跟员工的业绩是紧密相连的。

时间观念很强：办事迅速在美国是一种美德。美国经理在商业活动中注重快速取得成功，公司对员工的创造力和工作效率要求很高，大家工作都很拼命，通宵加班是常事，但是待遇很好。

主张良好的工作氛围：工作时精力充沛，开朗爽快，无拘无束；在公司里，大家不论职位高低，一律直呼对方的英文名，体现出平等、民主。

团队发展意识：与别人商谈时，永远称呼"我们公司"。如：摩托罗拉在招聘员工时有一条标准，那就是员工的发展意识，他既要能发展自己，又要能发展别人。

注重人才储备，随时为企业补充后备力量和新鲜血液：如毕马威在"四大"中规模不是最大，但它每年对大学生的招聘力度却并不比其他三家小。第一年做的是非常基础性的事情，小组的领导会教你做事情；第二年就要你独立做事；第三年则需要你带领小组，教别的新人做事情了；而在5年后，就开始向高层管理和合伙人的位置努力了。角色的迅速换位使得人才的成长几乎是被逼出来的。

美国劳工部公布的最受雇主欢迎的十种技能是：解决问题的能力、专业技能、沟通能力、计算机编程技能、培训技能、科学与数学技能、理财能力、信息管理能力、外语交际能力、商业管理能力。

所以应聘者被要求简历写得简洁漂亮，填写美国公司寄来的表格。所有书面表达，必须用英语，这可以综合考察应聘者英文书面表达的能力，用英语思维表达出：诚实正直（integrity）、工作态度（attitude）、领导能力（leadership）、团队合作（teamwork）、注重结果（results）、内涵（inclusion）。

微软在招聘人才、使用人才时特别青睐"三心"人才。一是热心的人。对公司充满感情，对工作充满激情，对同事充满友情；能够独立工作，有许多新奇想法，又以公司整体利益、长远利益为重，视公司为家，和同事团结协作、荣辱与共。二是慧心的人。脑子灵活、行动敏捷，能够对形势准确把握、从容应对、尽快适应，在短期内学会、掌握所需的知识和技能。三是苦心的人。工作非常努力、勤奋，能吃苦。

IBM对应聘者的专业背景并无严格要求，笔试考核题目中没有任何关于计算机知识的内容。通过笔试，就能考察应聘者的综合反应速度、判断能力以及心理素质等。只要你有兴趣和潜力，公司就会给你机会。就像大海，"蓝色胸怀"是包容、宽大的胸怀。IBM有浑厚、大气、包容、开放和活跃的企业文化。

可口可乐用热情衡量求职者，由不同主管从不同角度来考察。面试主要考核应聘者是否有热情，是否了解可口可乐，对公司从事的行业和产品是否有热情，其次才是考核求职者的团队能力和领导能力。

英特尔聘人的独特渠道包括委托专门的猎头公司帮其物色合适的人选。另外，通过公司的网页，你可以随时浏览有哪些职位空缺，并通过网络直接发送简历。只要公司认为你的简历背景适合，你就有机会接到面试通知。还有一个特殊的招聘渠道，就是员工推荐。基于这两方面的了解，对于某个人是否适合英特尔可以有一个基本把握。

宝洁公司的笔试包括三部分：解难能力测试、英文测试、专业技能测试。无论你如实或编造回答，都能反映你某一方面的能力。宝洁希望得到每个问题回答的细节，根据一些既定考察方面和问题来收集应聘者所提供的事例，从而考核该应聘者的综合素质和能力。高度的细节要求让个别应聘者感到不能适应，没有丰富实践经验的应聘者很难很好地回答这些问题。

雅虎的用人之道告诉我们，从事IT业的人不可太短视，不可频频跳槽以换取厚利，理应踏实工作。只要肯努力，相信公司也会人尽其才的。该公司迄今尚未流失一个为"高薪而跳槽"的员工。

与单纯的学历相比，百事更注重员工的潜能与品质、团队协作和发展。百事在面试、招聘员工时，特别注重三大方面：专业能力、管理能力（潜能）和个人品质。他们强调：一个优秀的百事员工，应具有在原有能力基础上发展的可塑性（潜能）。在面试过程中，运用行为科学的方法来考察应聘者的能力和潜力。最后，内部形成一致意见。

谷歌是以技术起家的，对应聘的人才要求有很扎实的基础，也要有很强的动手能力。

如果应聘工程师，就要有很强的编程能力，要对计算机这个学科有深刻的理解，同时，求职者要认同谷歌创新的企业文化。通过交流看应聘者用什么方式来解决一个问题，也可以感受他是不是很有"创意"。

其他北美的公司对英语要求都很高。如北电网络，因为北电网络中国公司要向北美汇报，其总部在加拿大多伦多，公司发的一些指令、政策也全部是英文，所以对员工的英文水平要求偏高。每次招聘员工时都要做英文的测试，无论技术部门，还是销售部门、市场部门。

（2）欧洲企业。欧洲企业十强是：英国第三大连锁超市 Asda、荷兰邮政集团 TPG、瑞士诺华制药公司、德国西门子、微软爱尔兰公司、瑞典宜家、芬兰和瑞典合资的 Cloettafazer 糖果公司、西班牙马德里储备银行、波兰传媒集团 Agora、法国达能集团。

英国老板推崇"文化"，英国公司里最崇拜"文化"。认为只有融入了公司文化，才能把个人发展和公司发展融为一体，事半功倍，一路向上。在英国，人们喜欢干脆利落，开门见山。求职者应在简历的开头就明确写出求职目标。同时，英国人希望求职者言之有物，最好附加一些精确的信息、具体的时间、体现你特定能力的具体数字或你为原来所在工作部门赢得的利润额等。英国公司要求员工有严格的时间观念，注重礼节、等级和地位差异；处世观念比较平和，老板不会对员工随便发火，同事之间也很少激烈地争辩；厌恶说谎，注重实干；对年龄很少提起。

芬兰的诺基亚有一句令人印象深刻的广告语：科技以人为本。诺基亚的 logo 下方，也总是跟着 "Connecting People" 一行英文。无论是中文还是英文版本，诺基亚清楚地向世人展现着它的理念：人是诺基亚在行业中领跑的最大财富。诺基亚的价值文化观念称为"诺基亚之道"，它们是：客户满意、相互尊重、追求成功和不断创新。诺基亚有一套先进的人才评估系统，无论是专业技能还是潜能，诺基亚的评估中心都能进行评估。而在诺基亚公司做出最终人才选拔的决策时，起决定作用的因素不仅是应聘者的专业水准，还要看应聘者是否认同与符合诺基亚的价值观。这是一个耗时耗财的程序，但是，每个进入诺基亚的员工都要经过评估，以保证公司的整体人才质量。

德国人严谨认真、讲究逻辑，讲诚信、讲承诺，一旦有了约定，他们就一定会兑现自己的诺言。英文是主要交流工具，不管应聘哪个职位，英文的听、说、读、写都要过关。

尽管流利的英语能让你在德企沟通无障碍，但如果想做到中高层，还是得会说德语。这不仅更有利于沟通，最重要的是在心理上能让德国人觉得更加亲切。德国人做事很实际。自己付出了劳动，就要相应地得到报酬。这些都可以在合作之前谈清楚，同意则干，不同意则罢。如果老板让你加班，你可以当着老板的面把加班的条件说清楚。这种做法会得到德国上司的称赞，因为这种行为极具商业意识。在选拔本土人才时，德国企业更青睐拥有同样特质的应聘者。如西门子最青睐年轻、充满活力的专业人士以及工程师，对人才主要从三个方面进行考察：知识、经验和能力。知识包括专业理论知识、商务知识和市场知识；经验包括本专业领域的实际经验、项目经验、领导经验和跨文化工作经验；能力包括推动能力、专注能力、影响能力和领导能力。比如说某个职位需要沟通能力很强的人，需要以客户为中心，需要特别以结果为导向，公司有一个全球性的人力资源题库，一个多小时的面试，前5分钟测什么，后10分钟测什么，非常严格，并且最后都有结论。

法国人浪漫而且深深热爱自己的国家，在他们眼里也许全世界再没有一个地方比法国更美了。世界最大的化妆品集团欧莱雅招人时不把事前准备作为加分的主要因素，细节不起主导作用，安排当场测试，要通过各方面的考察最后作出综合判断。就像个人形象，只要对将来的工作没有负面影响，个人形象在面试中就不会有太多的影响。他们认为，欧莱雅是一家从事美丽事业的公司，外表方面完全可以让员工加入公司后在美的环境中熏陶形成。

意大利经济在西方世界中居第五位，在欧洲共同体中居第三位。企业与人员的特点是：相对欠缺时间观念，他们认为迟到不一定就表示不尊重；当面探讨生意，不喜欢借助电话、电子邮件等；十分健谈，思维敏捷；习惯于身体接触；生意场上比较讲究穿着，十分优雅。

荷兰是经济大国，属于经济开放型国家，其对外贸易额位居世界第八位。荷兰银行遍及世界60多个国家和地区，国际化的银行业已成为其日益重要的支柱产业之一。服务业是荷兰经济的主要支柱。此外，保险业和酒店管理在市场上也有一定的领导地位。企业与人员的特点是：重视对雇员的培养和分配；企业中管理层次清晰，管理人员的素质也高，尤其重视新知识、新技术；比较正式、保守，在商务谈判时要穿正式西装，谈判中也不喜欢拐弯抹角；时间观念强，讲究准时；做生意喜欢相互招待宴请。

瑞典人以强大的机械制造业倍感自豪，像爱立信、伊莱克斯等大公司就是中国人所熟悉的品牌企业。企业与人员的特点是：注重平等、效率；生意为先，通常无须第三方的介绍或推荐，瑞典人会采取主动自荐；讲究高效率的瑞典人磋商时喜欢立刻进入正题；谈判开始的提价符合实际，而不是以一个夸大的数字开始；感情保守的交流方式以及出名的谦让和克制力。如爱立信的经营理念一点都不新，相反倒非常古老，但却抓住了人类最本质的东西：真诚与关怀。这里的氛围让人感到什么是尊重和信任，这家北欧老牌企业能够百年不倒，是因其对社会、对员工高度负责而得道多助的结果。爱立信对人的尊重和信任，体现在关怀每位员工未来的长远发展上，并以制度来确保实施。在这里，每个人都能够无障碍、无恐惧地与老板沟通，都能够有机会表达自己未来想怎样发展的愿望，而公司会成全你的愿望：给予你配套的培训和学习机会，然后将这方面的项目交由你做，并给予很多自主权。正是因为企业信任和尊重员工，员工才信任企业，认为这家企业承载着自己的未来，值得自己鞠躬尽瘁地付出。

丹麦一度是个农业国家，后渐渐发展工业。它虽是欧盟中较小的国家，但现在工业已经相当发达。目前世界海上航行船舶的主机大多是由丹麦制造或用丹麦专利生产的。

丹麦是一个善于在变化的国际竞争中发挥自己特点的国家。结合本国特点，设计制造出有自己特色的产品，是丹麦人的成功之道。企业与人员的特点是：具有适应发展、抓住机遇的能力；中小企业居主导地位，75％的丹麦公司拥有雇员数不超过 50 人，后者对丹麦人来说不是缺点，反而有优势，因为中小企业信息流通快，新的想法很容易付之行动；实行职业轮换的制度，保证整个劳动力的更新；工作时间内十分严肃，态度保守、认真；凡事按部就班，计划性强；做生意采取较温和的姿态；拥有很强的法制观念，很注意道德，有自己传统的道德标准。丹麦人心地好，朴素，不急躁，沉着而亲切。敬老爱幼、扶弱助残是整个民族的美德。这种教育是从孩提时代就开始的。

中国人对挪威企业相对陌生。挪威是世界上最富裕的国家之一，是拥有现代化工业的发达国家。其北部沿海有著名的渔场。企业与人员的特点是：生意场上不注重关系导向，中间人的作用微小；具有语言天赋，大多数人能讲流利的英语，还有很多人同时会法语和德语；心直口快，讲话通常很坦率、直接；做生意相对无须太正式。但在谈判桌上，挪威人通常只是含蓄地看着对方，而且感情不外露；倾向于轻言细语和沉默寡言；挪威人对事态发展会显得不动声色。

在北欧三国流传着这么一句话：挪威人先构思，然后瑞典人制造，最后丹麦人推销。因为根据三者的特点，挪威人注重理论，而富于创造性；瑞典人善于应用而精于生产；丹麦人在商业方面则胜人一筹。

（3）日韩企业。日本企业：日本有很多知名企业，如大金、欧姆龙、柯尼卡美能达、住友、三井化学等，以劳动密集型居多，涉及的行业以服装、家电、耐用消费品、快速消费品等生产制造业为主，而不像欧美在华投资的企业，多数以技术密集型为主。因此日企对生产制造类人员的需求量更大一些，尤其是生产制造的管理人员、现场操作工人。

日资不喜欢参加大卖场式的人才招聘会，认为那样既影响公司形象，又容易在人多眼杂中暴露公司机构，所以日本企业习惯于猎头服务或通过求职网站发布招聘信息。招聘往往是从性别、年龄到工作背景都有非常明确的要求，职位按资排辈，管理制度、等级制度森严，企业的规则比什么都更能说明你的工作取向。在中国的日企员工薪资普遍低于欧美企业，薪酬与发展机会的不平等让不熟悉日本文化的人感到很不舒服，日资企业对人才的吸引力要小一些。

索尼公司创建初期提出口号"永远争第一，永远不模仿他人"，强调索尼就是索尼，没有什么本地和外地一说。人才就是人才，而不是说你是外国人就能胜任。在招聘时，会通过不同方面的不同方式，来考察应聘者是否具备索尼要求的素质。索尼是非常珍视人才的，比如觉得一个人才不太适合自己部门，但他的确非常优秀的话，会推荐给其他部门，所以你在索尼经常可以看到一个部门的人带着应聘者到其他部门转来转去。

韩国企业：员工关系决定企业成败，"人才第一"理念。韩国的优秀企业大都以"人才第一"为基点，非常重视组织成员的人和团结，积极致力于创立能够反映员工创造性建议和意见的企业文化，提倡每个员工的责任承担、爱社心和主人精神，从而形成了共同体式的企业文化，通过建立企业内部的研修院或利用产业教育机构培育了大量优秀的人才。现在韩国主要的企业集团都已采用了科学的人力资源管理制度；一些专业性比较强的大企业和中小企业为了拥有自己的专业技术人才，还建立了相应的人才储备系统，或是从销售额中提取一定的比例持续进行教育投资。此外，韩国的优势企业还普遍重视员工的海外研修工作，以促进员工的自我开发。大多数成功企业在"公司的成长与健康的劳资关系是同步的"这样一种信念指导下，积极培育劳资共同体意识与劳资和解气氛，从而使企业的经营活动能够在稳定的劳资关系中顺利地进行，如：三星集团的创始人李秉哲会长生前就信奉"疑则不用，用则不疑"的信条，主张对三星的员工实行"国内最高待遇"。为此，三星公司采用了公开招聘录用制度，新员工一旦被公司录用，就要接受三星公司彻底的培训，目的是使之成为"三星之星"，以实现公司成为超一流企业的目标。三星公司在"企业即人"的创业精神指引下，彻底贯彻了"能力主义"、"适才适用"、"赏罚分明"等原则。为了挖掘企业员工的潜在能力，除了总公司建立有三星集团综合研修院外，各分公司也分别建立了自己的研修院，并通过海外研修等形式对员工进行有效的教育培训。

2. 国内企业

（1）国有企业。国企看"素质"。我国不少国有企业现有的企业文化仍然是计划经济体制下形成的企业文化的延续，从市场经济对企业的要求来看，这种文化已成为这些企业进一步提高生产力的桎梏。目前，大部分国有企业的人力资源管理理念正处于从传统向国际化转变的阶段。国企对应聘者综合素质要求很高，希望对方能像沙和尚一样吃苦耐劳，像孙悟空一样神通广大，像唐三藏一样意志坚定，像猪八戒一样乐观开朗。国企招人还往往把学习成绩好作为前提，那些社会经历丰富但成绩不太理想的同学就要悠着点了。

国企在招聘中没有外企那么苛刻。在国企，只要人事经理认为你的条件合格，通知你参加面试了，你就基本上成功了80%，也就是说，在国企，基本上参加面试的人录用的比例较大。而在外企，可能10个人，甚至几十人、上百人中只能录用一个。在国企的面试中，基本遇不到讲英语的场面；面试中的问题角度和难度不同。

外企的问题通常是智力测验型、游戏型，通过一个看似普通的问题来考验你的个人能力。国企的面试官则把目光更多地聚焦在对企业忠诚、政治上上进、遵守规章制度、乐于付出等方面。在问及你的薪资要求时，切不可要求过高，以显示你乐于付出，不计报酬。否则，被淘汰的可能性大些。

（2）民企、股份制企业。中国民营企业的标兵正泰的选人标准是：求专不求全，复合人才最受青睐。为确保"人适其岗，职能相符"，对所有岗位都规定有明确的胜任能力要求，并针对不同的岗位设置不同的任职资格条件；根据周期性的绩效考核，对不同表现的员工进行升职、调岗和岗位轮换，以确保合适的人在最合适的岗位上。能够适应"科技化、产业化、国际化"战略要求的复合型人才是正泰的热门需求。

民生银行的招聘原则是：重文凭，不唯文凭。因为在他们看来，学历可以反映一个人的知识结构，却无从考量他的实际工作能力。民生银行在招聘考试中发现有这样一种现象：考试成绩很好的人，在实际工作中处理问题的能力未必很佳，当然这不是普遍规律，但这样的问题确实存在。而有些人可能学历相对较低，但应变能力、开拓业务的能力却很强。基于此，民生银行非常看重应聘者的悟性。这主要通过面试中的谈话、提问等来考察和判断。比如，他们会设置一些模拟情境和具体案例，让应聘者给出解决方案。银行要和各色人等打交道，要求有很强的悟性。

格兰仕注重"人才蓄水"，如果你走进格兰仕集团，迎面看到最显眼的一块广告就是："人是格兰仕的第一资本"。格兰仕的门永远对高素质人才敞开，格兰仕一直大胆采用新人，形成"F1方程赛"一样"能者上，庸者下"的格局。

神州数码是联想控股有限公司旗下的子公司之一，开创了一条人才选、用、育、留、记的全方位管理之路。观点是：市场的竞争就是人才的竞争，人才的竞争不是说能挖到优秀人才，而是你自己要产生创造人的机制，培养和造就源源不断的人才。好比一个人，不能靠输血来活着，而必须要有自己的造血功能。因此，公司有无足够数量、足够质量的人才群体，成了公司经营成败的关键。神州数码体现3P理念的薪酬奖励体系包括岗位价值（position）、个人能力（person）、工作业绩（performance）。

百度公司的企业文化相对来说比较自由和宽松，崇尚有激情、创造力、自由发挥和高效率；凝聚力不是基于规章制度，而是基于自发的冲动和创业激情。在招聘技术人才方面有一整套严格的程序，包括面试和笔试。笔试主要考察应聘者的专业基本功；面试一共有三轮，首先人力资源部门会对应聘者进行面试，其次是应聘者与不同的工程师面谈，最后和将要进入的工作部门的同事谈。主要考察应聘者与公司内的上司和员工能否协同工作，是否认同公司的理念。

资料来源：http：//xueyuan.cyzone.cn/guanli－HR/216209.html.

热门话题十三：企业内部创业

> 创业不尽是独立发起法人组织的行为。独立思考、积极面对风险、用创新的方法进行具有自我激发机制的目标管理，均是有创业精神的表现，我们因而可以有更多的创业型经理人、创业型骨干员工与创业者专业服务人员。
>
> ——零点研究咨询集团董事长袁岳

我的新鲜事

前几天刚剪的板寸，现在又长得郁郁葱葱了，在又要付出十五块钱代价去剪头发的伤感与庆幸自己还没有聪明到绝顶的喜悦中，我果断选择后者。我是乐观主义者，在前几天我进军餐饮业的计划不幸夭折了——资金的问题始终得不到解决，再加上家里的问题，所以不得不放弃，谁让咱孝顺呢，就听父亲的意思先去企业历练见识一番。但是我这颗红彤彤的充满创业热情的心始终在跳动，这就是我追逐的不规则跳跃运动地活着——正所谓生命不息，生长不止。对于企业来讲也是如此，等到停滞不发展了，也基本上行将就木了，所以保持活力很重要。有同学就要问了：请问大师，我们如何才能让企业保持活力呢？虽然我暂缓了创业的脚步，但是身为大师的我还是要说：嘿，算你找对人了。保持企业活力，我有良方——企业内部创业，五盒一疗程，三个月后包您活蹦乱跳，坚持服用还有意想不到的效果哦。嘘，小声点，一般人我还不告诉他。

我的创业课堂笔记：企业内部创业

> ### 企业内部创业　理论阐述
>
> - 什么是企业内部创业？
> - 为什么要开展企业内部创业？
> - 企业内部创业相对自主创业有哪些优势？
> - 企业内部创业有哪些原则？

● 什么是企业内部创业？

企业内部创业，是由一些有创业意向的企业员工发起，在企业的支持下承担企业内部

某些业务内容或工作项目，进行创业并与企业分享成果的创业模式。这种激励方式不仅可以满足员工的创业欲望，同时也能激发企业内部活力，改善内部分配机制，是一种员工和企业双赢的管理制度。

● **为什么要开展企业内部创业？**

（1）新的复杂的竞争对手数目的快速增加。这是一个每个企业都必须始终面对的问题。当今的时代是一个剧变的时代，今天的高科技经济正面临着更激烈的竞争，企业也都面对比以前更大数量的竞争对手。与以前相比，现在市场中的消费者需求的变化、技术的创新和进步是非常普遍而快速的。在这样的竞争环境中，企业要么创新，要么就过时。

（2）一种对传统的企业管理方法不信任的感觉。这个问题与第一个问题有着密切的联系。环境的剧烈变化是传统企业管理方法过时的基本动因。当然，任何一种管理方法都不会完全过时，现代管理方法也是在传统方法的基础上创立起来的，但当作为管理理论和方法基础的客观现实发生剧变的时候，对过去的管理方法产生怀疑就是十分自然的结果。

（3）一些最优秀、最聪明的人员离开公司，成为小企业的企业家。失去企业中最优秀的人员，对现代企业，特别是大型公司的挑战是十分现实的。由于自主创业逐渐形成潮流，其在社会中的地位不断上升，成功的创业者成为一代"美国新英雄"，这对年轻的和经验丰富的员工来说都富有吸引力。同时，风险投资也已经成长为一个能够为比以前更多的风险企业融资的大产业，能够为创业者实施风险项目提供重要的资金资源。种种变化和发展都在鼓励那些具有创新思想的人脱离大公司，为自己而奋斗。

因此，现代企业不得不寻求开展企业内部创业的途径。不这样做，就等于等待停滞、人员流失和衰退。这是一场新的企业革命，它反映了一种对开展企业内部创业的认识和渴望。

● **企业内部创业相对自主创业有哪些优势？**

相对于另立山头、自力更生的创业方式，企业内部创业在资金、设备、人才等各方面资源利用上的优势显而易见。由于创业者对于企业环境非常熟悉，在创业时一般不存在资金、管理和营销网络等方面的困扰，可以集中精力于新市场领域的开发与拓展。同时，由于企业内部所提供的创业环境较为宽松，即使是创业失败，创业者所需承担的责任也小得多，从而大大减轻了他们的心理负担，相对成功的概率大了许多。从另一方面来说，建立企业的内部创业机制，不仅可以满足精英员工在更高层次上的"成就感"，留住优秀人才，同时也有利于企业采取多种经营方式，扩大市场领域，节约成本，延续企业的发展周期。

自主创业与企业内部创业的比较见表13—1。

表 13—1   自主创业与企业内部创业的比较

	自主创业	企业内部创业
创业主体比较	独立创业者	内部创业者或公司创业者
创业活动比较	创业者个人创业活动	内部创业者在受雇公司内发起并实施创业
创业结果比较	创业风险由创业者个人承担，新企业产生	公司承担风险，结果是现有企业成长

● 企业内部创业有哪些原则？

（1）清楚陈述公司未来的远景与目标，使内部创业者从事创新活动时有一个遵循的方向，并能与公司的经营策略相结合。推动内部创业的企业首先在政策上要能够支持与鼓励创新行为，并向员工明确传达下述政策："只要符合企业的发展策略，有助于实现企业的远景目标，由员工主动发起的创新活动将被容许，并且可获得资源上的支持。"

（2）挖掘企业内部具有创业潜力的人才，并加以鼓励支持。内部创业者追求的不只是金钱的报酬，还包括成就感、地位、实现理想的机会、拥有自主性以及自由使用资源的权力。内部创业家大都具有远见，是一个行动导向的人，有献身的精神，能为追求成功而不计眼前的牺牲代价。但创业行为也不能只凭一股热诚，创业家必须要有创意，并能提出具体可行的方案。

（3）建立内部创业团队，寻找组织内保护人。内部创业家除了具有创意以外，也必须是一位好的领导人，能够在组织内部吸引所需要的专业人才，共同组成创业团队。同时，在新事业开创过程中，还需要一位具有影响力的高层支持者作为保护人，协助获得所需资源，并排除创业过程中的企业内部阻力，使创业团队能够安然度过最艰难的创业初始期。

（4）赋予创业团队行动自由，但同时要求成果责任。企业对于内部创业团队的创新与创业活动，应给予很大程度的行动与决策自主。在一定额度范围内，创业团队可拥有自由支配资源的权力。但同时也要设定查核点（milestone）对成果课以责任，在未实现成果以前，创业团队必须放弃分享其他部门为企业所创造的利益。

（5）采用红利分配与内部资本的双重奖励制度来激励内部创业行为，并能容忍犯错。一般员工对于企业奖惩的认知是，冒险创新成功的报酬太低，而失败时的惩罚太重，因此宁愿保守应对。但激励制度对于企业创新活动有至为关键的影响，所以重视内部创业的企业大都能够容忍创新时的犯错，对于创业成功的奖励，除给予升迁选择外，还设计分享成果红利，以及给予可供自由支配的内部资本，作为额外的奖赏。通过企业来吸引有市场创新能力的核心人才，同时有效控制新产品的投资风险，其最终目标是帮助企业成为上市公司。

身边的创业案例 25

搜狗 CEO 王小川：在搜狐内部创业

"我深刻地知道一个公司想建立一个新的基因有多么困难。"面对竞争日趋激烈的浏览器之战，面对百度高调进入浏览器市场，搜狗 CEO 王小川如此说道。

在众多互联网公司 CEO 中，王小川非常独特，大三就进入搜狐公司实习并留了下来，既不是互联网草根创业的创始人，也不是传统意义上打工的职业经理人。

从内部创业开始，带领团队，用五年时间在没有技术基因的搜狐公司硬是做出了搜狗浏览器、搜索等技术类产品的王小川，对互联网一轮又一轮的竞争有着与众不同的视角。

无论是浏览器、搜索，还是输入法客户端的用户数，搜狗目前都排在第三名。在竞争激烈的互联网战场上，第三名的机会有多大？

浏览器之争

7月19日，搜狗在北京推出首创"网页更新提醒"技术的搜狗高速浏览器3.0版，并宣布开放基于此的"双核应用平台"。

就在此前一天，百度、瑞星在一天之内竞相推出浏览器。此前，奇虎360凭借第二大客户端的用户基础以及360安全浏览器的布局成功上市，使得浏览器市场更加引人关注，浏览器领域竞争之激烈前所未有，现在更有百度这样的"大家伙"杀入其中。

面对各种有关竞争的话题，王小川还是先谈技术优势，他强调，自由定制的"消息盒子"、贴心的"网页更新提示"，组成了搜狗高速浏览器强大的网页更新提醒功能，再加上全面开放的"工具箱"，各种实用的工具和组件，搜狗高速浏览器的优势非常明显。

艾瑞最新数据显示：今年5月份，搜狗浏览器的月度覆盖率已达到23.4%，覆盖9 180万人。在过去一年飙升了60%，远远超过其他对手，是增长最快的浏览器。另据CNZZ发布的最新统计数字，截至今年6月，百度在国内市场的占有率为82.23%，谷歌为8.02%，搜狗为4.66%。

"希望年内搜狗搜索服务能够占到10%的份额，如果达到这一目标，搜狗的流量在国内市场将超过谷歌。我们真正的目标是在一年内超越谷歌中国。"浏览器增长带动流量增长，也带来了营业收入增长。

"今年第三季度预计收入将达到1 600万美元，"王小川关于营业收入"十分强劲"的回答也带来了关于上市的问题，"我们还没有想过上市，更没有时间表，先把产品做好。"

在搜狐内部创业

说话直率、外表温和的王小川在接受记者采访时，有时会表现出一种非常另类的气质，比如当有人问到搜狗的未来规划时，他会有惊人之语："你猜呢?"

不可否认，这个出人意料的答案有一点调侃的成分，但这的确不同于传统的记者问答，既不是寻常的、务虚画饼式答案，也不是"顾左右而言他"的不想正面回应时的技巧式回应，王小川坦率的一面其实很与众不同。

小学升初中、再升高中、考大学，王小川是一路保送的，因为他的数学成绩太好了。1996年，他代表中国参加"国际信息学奥赛"获得金牌，从而保送清华大学计算机系。这是一段完全不同的求学经历，"因为保送了，高三一年我就去玩了，打游戏"。王小川也不同于个别少年班天才揠苗助长式的成长过程，他既如一个普通学生有着必经的求学经历，也因为他的数学天分而有某种程度上的"轻松"，"我参加数学竞赛，但几乎没有参加过升学考试"。

但寓玩于学、心态轻松的王小川每到环境变化时，也总有不适应的一段时间，"大一还在玩游戏，这时全班31个人我排第28，然后大二时，我开始上自习，玩命喝咖啡，拼命学习"，不同于常人的经历让王小川既有独特的行事之道，也有融入主流之路的常规之举，"经过这个特别低迷的时期，到毕业时，我达到了排名全校最好的状态。"

1999年，还在上大三的王小川进入初创的Chinaren兼职，并随Chinaren进入搜狐，至今没有更换过跑道。21岁第一批进入互联网发展，25岁身家千万，27岁成为搜狐副总裁，举止沉稳的王小川并没有少年得志的张扬，但他身上仍有不合常规的做事风格。

在搜狐内部创业的王小川，2003年在远离"母体"的青云大厦，从购置桌椅、敲清华宿舍门挖人开始，一点一滴做起，最终用11个月时间推出了搜狗搜索，而别的企业通常要用两年时间。

"搜狗发布之后运行良好，这在搜狐公司也是独特的一个案例。Clarles（张朝阳）非常支持搜狗，但在内部创业，遇到的是更多的挑战，搜狐的风格与搜狗的产品技术推广是完全不同的。最简单的一个例子，开发人员桌面需要双机，要两个线缆插口，而搜狐过去的做法都是一人一机，这些都需要面对以及解决。"

Clarles给王小川的规定动作"搜索"做成之后，王小川又开始了自选动作"输入法以及浏览器"。2010年4月，谷歌宣布退出中国，空出的搜索市场对搜狗无疑是一个千载难逢的机会，凭借敏感的嗅觉，借助搜狗高速浏览器，搜狗的搜索流量迅速增长。

在输入法市场，"当年搜狗用搜索引擎词库解决了词库全的问题，因为词库全，所以打字最快、最流畅，5年就占据了83.6%的市场。"今天搜狗输入法已经成为继QQ、360之后的第三大客户端。

2010年8月9日，搜狗业务正式从搜狐中剥离，单独成立子公司，同时引入阿里巴巴

集团和云锋基金战略投资。王小川出任该子公司 CEO，搜狗也由此获得更大的发展空间。

其实，一直以来，创新与保守，主流与另类，在王小川身上实现了交融与统一。如他自己所言："创新是必需的，但不能为了创新而创新，在一个核心环节创新之后，其他环节就一定要尽量用被证明成功的方法，这时能不创新就不创新，这样才能做成创新的东西。"

向老二进军的难度

在竞争激烈的互联网市场，赢者通吃，掌握入口就能把握一切，类似的经验比比皆是，百度、腾讯、阿里巴巴已经把控了互联网市场的大格局。

无论是浏览器、搜索还是输入法客户端，搜狗都有其创新之处，但在这三个领域都排名第三的搜狗，其未来前景有多大？

对搜狗而言，目前其实正是一个最微妙、最复杂、最具挑战性的时刻。这个时候，王小川在想些什么？搜狗的策略又是什么？

"产品品质和市场战略就像两只手，一个都不能少。"王小川说，他不喜欢忽悠，说起他的计划时，也显得非常实在，"今年年底，在搜索上，争取超越谷歌，明年年中，在浏览器方面，争取成为第二名。"

很直白，现下对搜狗以及王小川而言，最大的任务就是从老三迈向老二。

在这一过程中，王小川非常强调生态系统。"我们希望与更多的第三方应用开发商一起，基于更好的对用户需求的响应，打造一个多赢的网络生态系统。"因为搜狗是搜狐与阿里巴巴合作的公司，搜狗可以与业界保持更开放的合作，"与百度、腾讯都可以合作"，在王小川看来，产品的创新升级，惠及的不仅是用户与搜狗，还有基于产品平台之上搜狗浏览器打造的生态系统。

目前，搜狗浏览器平台不仅与通用网址形成了更密切的合作关系，在"盒子"里的第三方应用、皮肤等方面，更吸引了大量的应用开发商。比如，搜狗浏览器可以给合作网站带来更大的流量分享，以豆瓣电台及人人网为例，接入网页更新后流量明显增长。

在王小川的设想中，搜狗的另一个优势是，搜狗并非是浏览器在单兵作战，而是形成了"浏览器＋输入法＋搜索""三驾马车"并驾齐驱的立体战阵。不管是浏览器、客户端还是搜索，都是流量入口的重镇。在这一战略布局中，输入法 3 亿庞大用户可带来浏览器的装机量，而浏览器可提升搜索的流量，而搜索反过来又能优化搜狗输入法的词库，环环相扣，互相推动。

"有了影响力才合适谈开放，现在搜狗浏览器有了一定市场基础，我们希望让商业伙伴和开发者一起分享搜狗高速增长的流量。"王小川强调，搜狗的开放将是有序和彻底的，真正促进产业链的互相信任，建设共赢的生态圈。

有业内人士分析称，从商业模式上看，腾讯开放的是用户；微博开放的是社交关系；

百度和 360 开放的是流量。而搜狗浏览器着意的则是整合式开放，从桌面交互到流量再到用户，开放的是网络生态系统。

对搜狗来说，虽然有立体化、全方位的布局，但目前的挑战其实很大。个性独特、想法新颖的王小川能把搜狗带到新的境地吗？搜狗不同以往的新模式能冲击现有已经形成的互联网市场格局吗？我们拭目以待。

师行：原来还有企业内部创业这种方式，这种方式对于大学生创业者而言有什么利弊呢？

资料来源：《时代周报》，2011 - 08 - 11，作者：李瀛寰。

【龙鹏感悟】

一个可以尝试的方法——企业内部创业

企业内部创业是一种创新的企业发展方法，通过一部分资源的分离、整合与再利用，最终实现企业的总目标。企业内部创业是一种快速发展团队并提高公司整体实力的方法。

对我们刚创业的朋友而言，借鉴意义在于如何整合资源。我刚经营公司不久，市场的拓展与团队的壮大遭遇了难题。思索之后，我的一个想法是快捷吸收校园团队，为他们搭建好一个创业平台，我提供产品和制度的支持，加入的校园团队实行独立核算，这样避开了一些利益分配的纠纷。我对于企业内部创业的理解或许不深，但是我认为所有能整合新资源的方式都是可以大胆一试的。

【老师点睛】

先就业再创业，让创业没什么了不起

方老师

有本书叫做《创业没什么了不起》，是我向来敬佩的袁岳先生所著。见到师行对于创业与就业的纠结，我想把其中的几段话摘录与大家共享：

"我所说的娩出型创业不是指突然创业，也不是在不明方向的时候仅凭有些朋友的'仙人指路'就进行创业，而是首先就业，在就业的过程中琢磨与寻思，然后找到创业的路向。在这种路向中有两种典型的选择：一个就是所在就业单位本身的模式或者其部分业务单元的业务模式，简单地说就是同业拷贝模式；还有一种就是在这一工作单位接触的各方面业务的基础上，熟悉与了解相关的业务机会与资源，然后在适当的时机下海。

"在我所工作的零点公司的历史上，先后有 6～7 组同事选择自己去做了与零点类似的研究或者咨询业务，也有 9～10 组同事选择去做了在业务过程中发现的工作机会，包括美

容、婴儿用品、焦炭、文娱演出经纪、网络等行当。现在回头看，他们不见得多么的出色与成功，但是成就一点自己的事业、挣一点适当的钱几乎是没有问题的。这类均属于娩出型创业，这类创业的好处是有可以学习的模式，或者相对了解的业务机会。

"创业中的拷贝模式适合于服务性行业，也适合制造型行业，是最有广谱使用价值的创业模式，而其中的观察模式则特别适合具有多行业接触与深入了解特征的广告、咨询、风投、媒体等行业。像我所从事的研究咨询行业在日常的业务中横向接触房地产、汽车、金融、娱乐媒体、公共服务、快速消费品等多行业，纵向接触学术、政策、商业、传媒、公益，因此在这样的矩阵接触图上，任何一个节点就可以对于某些业务领域达到一般人难以达到的深度。

"不建议让社会知识、个人社会关系、财务资源、一般商业活动经验、市场机会感受全面缺乏，又在很多家长的安稳型教育与周到型保护中长大的大学生去从事原初型的创业，这样的创业将使得最没有风险承担能力者去突然承受很大的风险，其成本更高，给其他人的示范价值也更小。也是在这个意义上，大学生到实际的工作单位包括企业事业单位和非政府组织（NGO）进行较深入的实习，不只是获得社会知识的必要之举，实际上也是为采取娩出型创业中的拷贝模式提供必要的基础条件。按照娩出型创业的要求，实际上真正具有较好的创业条件的是具有中等资历的就业者，他们一方面因为对业务有了一定的熟悉而具有了模式应用与时机选择能力，另一方面因为他们比资浅者多点行动的把握，又没有像资深者那样获得足够的既得利益而尚有行动的动力。"

这几段话应该让所有有创业梦想，但在不成熟的创业时机面前犹豫着的大学生都看到。先就业再创业也是一种很好的方式，师行你完全不用因为自己的决定而羞愧。

企业内部创业的利弊分析

袁老师

师行选择这样一个案例，看来还没有失去自己的创业梦想。在创业者中，有几种成功的类型：一是自己从零开始独立创业成功者，二是有技术与他人合作成功者，三是在企业内部创业成功者。三种创业方式中，第三种创业方式——企业内部创业相对比较容易成功。案例中的王小川就是先在 Chinaren 实习就业并随之进入搜狐，然后进行内部创业的。

在企业内部创业，有很多有利条件，如雄厚资本实力的支持、专业管理的指导、丰富的综合资源共享、有庞大的业务资源可利用，还可以借助品牌形象等。如果创业公司的业务与母体公司的业务有延续性或关联性，创业起来更容易成功。师行走这条路也挺不错。

一个创业者比较好的选择就是有计划、有策略地进入一家成功公司，先取得老板的信任，再找准机会，建议老板从公司发展角度投资新项目。这样创业的机会就有了，作为项目的提出者，自然会被老板赋予重任。很多企业都会有发展新项目的需要，如果冒昧地找人投资，合作信任感难以建立，萍水相逢，人家为什么要信任你？国内企业管理控制乏力，企业用人时对忠诚度的重视甚至超过对能力的重视。

当然，企业内部创业也有一些局限。例如，在已建立的组织内部创业，行动会受到企业的规则、政策和制度以及其他因素的限制。在进行创业实践和创新项目之前，必须征得企业的认同和许可；另外，作为企业内部的创业者和革新者，他们的行为经常会挑战现有组织的秩序和稳定性，这很容易在组织内部制造一些摩擦，成为企业内部的不稳定因素，也会因此阻碍内部创业者个人能力的施展；还有，自主创业成功后得到的回报是新的企业和丰厚的利润，而内部企业家在企业内部创业获得成功之后得到的报偿是其职业生涯的提升和很少的报酬，因此，相比企业家而讲，内部企业家的激励不足。

王小川的成功与搜狐对内部创业者充分信任和良好管理有密切联系，正因为宽松的内部创业环境，王小川才没有被过多的条条框框所束缚，抓住了做搜狗浏览器的机会，同时也得到了内部创业者应有的回报。

【网友围观】

网友1

能够利用公司已有的资源帮助完成新项目的构建、实现员工内部创业是企业发展和个人价值实现的双赢选择。

网友2

推荐一本书给大家——《公司创业：组织内创业发展》（迈克尔·H·莫理斯、唐纳德·F·库拉特科著，清华大学出版社，2005）。这本书通过对已有公司的创业性质、愿景、发展方向、必须开发的环境以及将来的创业方向进行仔细研究，可以使你对创业的理论体系有更深的认识，也有助于企业的领导通过公司创业进行公司转型，还能帮助你创造变革。

身边的创业案例26

松下的内部创业管理

如何在经济不景气中让"沉滞呆重"的组织恢复活力？把埋没在公司里的有创新精神的优秀人才发掘出来不失为一个有效途径。松下的PSUF计划很好地做到了这一点，既为立志于创业的松下员工提供自我发展的空间，也为企业开拓更广泛的事业领域，为今后发展夯实基础、增添活力。

23 年前，美国学者吉福特·平肖详细考察了一批包括 3M、杜邦、IBM、得州仪器、通用电气、施乐等大公司在内的公司内部创业的实践，提出了"内部创新者"的概念。1990 年后，美国很多大企业开始此方面的尝试。不久，日本松下、富士通，中国台湾的宏碁，也开始推行内部创业。2000 年以后，中国大陆以华为公司为首的一批企业也加入到这方面的实践。

作为内部创新典范的松下电器公司无疑是这方面的先行者和受益者。为了给企业发展注入更多的活力，松下从 2000 年底就开始建立起鼓励员工创业的支援和激励机制，公司为此设立了金额高达 100 亿日元的创业基金，专门用于培养创业人才。力图通过这一措施，既为立志于创业的松下员工提供自我发展的空间，同时也为企业开拓更广泛的事业领域，为松下今后的发展夯实基础、增添活力。

创业基金培养"内部创新者"

"2000 年底，当我听说松下用来支援员工创业的'Panasonic Spin Up Fund'（PSUF，松下创业基金）已开始启动时，要不要申请，我还真犹豫了好一阵子。"依靠 PSUF 成功创业并已是"松下员工学习系统"社长的大山章博直率地吐露了当时的心情。在这之前，他在松下电器的人才开发公司任职，主要从事松下员工的内部进修工作。根据多年的工作经验，他断定，随着信息技术的发展，面向企业和大学的电子学习系统市场将不断扩大。但原有的工作岗位局限于公司内部的服务性质，不能自由向外拓展。

正当大山先生想着"要是能够把自己多年累积的知识本领拿到市场上实现价值就好了"的时候，松下推出了 PSUF 实施制度。在松下的人才开发公司也能够做自己喜欢的事情，要不要冒险另外创建一个培训公司？大山先生犹豫了一段时间。促使他下决心冒险一试的是 PSUF 周到的员工创业支援制度。

支持：百亿基金提供长期呵护

确实，与其他公司类似的制度相比，松下为鼓励员工独立创业提供了十分优厚的条件。松下从一开始就拿出了 100 亿日元资金设立松下创业基金，明确表示用于支持松下员工的创业。在这基础上，松下提出在未来的三年内，将每年进行三次员工创业计划的征集活动，从资金上保证公司内部创业家的培养和支援。

在这方面，松下吸取了日本其他大企业的教训。日本曾有许多建立鼓励员工创业制度的企业，当在公司内征得有发展潜力的创业计划时便全力出资提携，但一旦遇到挫折便失去扶持热情，最后不了了之。而松下建立鼓励员工独立创业制度的根本宗旨，在于激发有创业志向的员工的创业热情，为松下本身的发展注入活力。"设立 100 亿日元的基金，全心全意地鼓励员工创业，是社长的真情实意打消了我的顾虑。"大山先生忆及当时报名时自己的心情说。

准备：半年培训吸纳各方养分

松下公司除了设立创业基金以示支持，还为立志创业的员工准备了一个较长时期的培训计划，意在消除创业者存在的"我有创业的点子，但我真的能成为企业家吗"这一顾虑。松下员工如果有创业的意愿，从报名申请 PSUF 到实际创业，可以有半年以上的准备期。比如通过了书面审查和第一次面试的候选人，要学习成为经营者最起码的基础知识。他们必须连续三个星期，从上午 9 点到下午 5 点进修包括经营学、会计学、企业案例等内容的名为"顶尖 MBA 训练"的课程，随后进行为时一个月的名为"Brush-Up"的创业计划修炼作业。其实，在学习"顶尖 MBA 训练"课程期间，晚上就已开始进行"Brush-Up"的活动，所以，完善创业计划的时间实际上要花费一个半月。

为培养出出色的创业家，松下公司还注意利用社会的专业力量。从报名员工的资格审查到"顶尖 MBA 训练"、"Brush-Up"活动，整个过程都有日本权威的智囊组织"日本综合研究所"资深专家全面协助介入，最后还要请多名来自公司外的风险企业经营人士以风险经营者的眼光严格审视候选人经过不断修改完成的创业计划。

成果：创业果实利益共享

松下公司规定，对于员工创建的独立企业，本人的出资比例可在 30％以下，松下公司出资在 51％以上。以后如果事业进展顺利，可通过股票上市或者从松下公司购回股份获得回报。而且，新公司建立后的 5 年内，根据事业的成果，创业者还可获得松下公司的特别奖金。因此，如果从一开始事业发展就很顺利的话，员工创业家可以有双重的获利。

后路：安全网还原员工身份

为彻底解除有创业意向员工的后顾之忧，使他们能将自己优秀的创业计划变成现实，松下公司还建立了一个"安全网"。通过审查并被认可创业的员工，在创建新公司以后，仍可保留松下公司员工的身份，领取基本工资等待遇都不变，当然，也可以辞职后成为合同员工（企业家员工）。选择合同员工后，5 年后根据事业的发展情况，如果本人提出希望，仍可恢复成为松下公司的正式员工，这就为创业的员工万一失败留下了退路——大不了今后仍是松下的一名普通员工。

上面提到的大山先生现在事业搞得颇为红火，他正致力于用于高速宽带互动性网络学习教材的软件制作和销售推广，他说："创业的感觉真好，我现在每天都过得很充实，当然要让新公司成功的压力也是不小的，但我有成功的信心，它肯定会一天比一天强。"

与大山一起创业的另外两名松下员工是创办数字影像制作公司"革新映画"的石井英范先生和创办为设于室外或商店内的影像显示终端提供信息发送服务的"PDC"公司的菅原淳之先生。

石井先生的经历颇有点传奇色彩。他在 16 岁时就被作为日本奥运游泳选手培养对象送到美国训练，并连续 7 年保持 100 米自由泳的日本纪录。大学毕业回国后进入 JVC 公司，参加过美国好莱坞电影的摄制工作。以后由于 JVC 公司的影像制作事业不断萎缩，他才转而投身松下电器公司。但没多久松下公司也将收购来的美国 MCA 股份卖掉了，再加上游戏机"3DO"事业连连受挫，松下开始谨慎对待软件事业。到现在，事实上"软件事业"一词在松下内部已成了人人忌讳提起的"禁语"。其结果是，石井先生所在部门只能接到制作费仅两三千万日元的业务订单，而且都只是摄影业务。他进公司时想好的雄心勃勃的计划只能束之高阁。

"我需要百分之百全身心投入影像软件的制作。"对于无法施展拳脚的石井来说，松下公司推出的 PSUF 无疑是"雪中送炭"。

菅原淳之在申请 PSUF 之前，也是松下公司从事室外大型影像装置业务的一个能干的业务员。正因为对市场的熟悉，他对松下公司仅仅销售影像硬件设备感到不满足。

"对于设置了显示终端的用户来说，他们肯定需要能同时提供影像信息传送的服务，两者一起做无疑能获得相乘的效果。"菅原淳之说。但是，菅原淳之当时的地位决定了他没有决策的权力。随着高速宽带网的普及，为网络终端提供廉价的动画信息的环境条件进一步完善，这个市场稍具专业知识的明眼人一看就能发现。所以当松下公司启动 PSUF 之后，菅原淳之就感到创业的时机来了。

创新人才激发企业活力

从松下的第一批创业员工的创业动机中，我们不难发现松下公司在其经营中其实是存在着许多问题的。如何在经济不景气中让被称为已"沉滞呆重"的组织恢复活力，是松下的燃眉之急。为此，把埋没在公司里的有创新精神的优秀人才发掘出来不失为一个有效的途径。当然，不能是一两个，而是大量的创新人才。毫无疑问，有创业志向的员工不断地提出他们的创业设想，公司内部的那种只顾及脸面、拘泥于传统工作方式的企业风气就会得到彻底的改变。

正是基于这种思想，松下公司才会提出这么多让其他公司看来简直要宠坏员工的各种鼓励内部创业的优厚待遇，由此我们也明白松下公司推出 PSUF 的苦心所在。如果松下提出的鼓励创业条件同其他企业不相上下的话，像石井、菅原这样的员工也许仍会响应，但如果是像大山这样地位的人就未必会"脱颖而出"。也就是说，松下公司的决策层心里很清楚，如果没有周全、优厚的鼓励创业机制，就无法让众多有创新思想的人才脱离松下电器公司这个像温吞水似的舒适环境。

瑞士洛桑管理学院（IMD）科技管理专业教授乔治·豪尔曾把"内部创业"概括为"利用大公司的资金和资源，鼓励员工进行创业的一种活动"。他认为，内部创业最终的目标是给公司创造更多的价值，包括：如果内部创业成功，风险投资能带来收益；鼓励一种尊重企业家精神的创新文化；利用新技术制造一批新公司，成为母公司有用的窗口；创造一种灵活积极的企业形象，吸引投资者，提高股价等。

松下公司之所以为创业的员工创造这样优厚的条件，就是为了向公司员工透出一个信息：勇于向新事物挑战的人比安于现状的人更能得到公司的器重。从公司为走出松下自主创业的员工准备的"安全网"的背后，似乎也可以看到松下更深层次的用意，即培育勇于向新事物挑战的开拓性人才，并尽可能地留下他们，让他们成为下一代敢于挑起松下事业重担的精英人才。

资料来源：《商界评论》，2008（7），作者：汪红萍。

【龙鹏感悟】

或许我们也可以尝试企业内部创业

由于现在社会的资源越来越集中，掌握资源的企业则握有发言权，而不具备资源的企业只能摸爬滚打、慢慢发展。松下充分利用自己所掌握的优势资源，降低员工创业的风险，调动起全部员工的积极性，把他们凝聚在一起，发挥作用，通过员工的内部创业不断为企业创造新的价值。很多企业都有这么一个说法：企业的最大的财富是人才。企业内部创业带来的最大效益就是充分调动了员工积极性，挖掘了员工潜力。我想，当我的企业发展壮大之时，也是我鼓励内部创业之日吧。

【老师点睛】

向松下学习如何克服内部企业家创业的阻碍
方老师

上一个案例从个人的角度告诉我们企业内部创业也可以帮助大学生创业者实现梦想，这一个案例则从企业的角度为我们完整地呈现了松下内部创业管理的精妙之处。

在成熟的企业中，有哪些因素阻碍到内部企业家的创业活动呢？松下是怎样克服这些不利因素的？

第一，传统的管理。在传统的管理职能中，计划、组织、领导和控制的各个方面都有制约企业内部创业的因素。为了获得对内部创业的支持和培养内部创业的兴趣，松下的高层决策者从2000年底就开始建立起鼓励员工创业的支援和激励机制，公司为此设立了金额高达100亿日元的创业基金，专门用于培养创业人才，力图通过这一措施，既为立志于创业的松下员工提供自我发展的空间，同时也为企业开拓更广泛的事业领域。

第二，保守的企业文化。如果一个企业内部的文化对创业和创新没有持肯定的态度，

没有舆论和环境上的支持，那么内部创业者在这样的企业文化中很难出现。松下公司为创业的员工创造优厚的条件，就是为了塑造勇于向新事物挑战的人比安于现状的人更能得到公司的器重的创新文化氛围。

第三，对于个人来讲，失败的成本太高以及成功的回报太少。失败对于创业来讲是家常便饭，因此企业应该给内部企业家留有失败的空间和余地，给他们实践的机会，在遇到失败的时候更多给以鼓励。松下既有成果分享机制，又有创新失败的安全网，更加激发了内部创业者的热情。

第四，缺乏有力的支持。内部企业家在企业内创业，需要多方面的支持，首先就是高层决策者的支持，获得高层的支持是内部企业家进行企业内部创业的首要条件。此外，还有时间以及资金和人力上的支持，应该给内部企业家充足的个人支配的时间，给其充足的经费，以及必要的人力。松下100亿日元的创业基金和相应的培训为创业提供了充分的条件，使企业内部创业活动的开展卓有成效。

区别于二次创业，企业内部创业日益得到提倡

袁老师

课堂上曾经跟大家提到过二次创业的概念，不知道大家会不会跟企业内部创业相混淆。表13—2所示是两者的区别。

表13—2　　　　　　　　　企业内部创业与二次创业的区别

	二次创业	企业内部创业
目的、内容和结果	改善经营管理水平，改进现有产品或服务等	推出新产品或新服务
实施程序	自上而下	自下而上
创业者	高层决策，员工参与	内部创业者提出并实施，参与者有限
活动性质	员工被动行为	企业号召，员工主动行为

企业内部创业的确不是一个新的话题，但是不少国内的企业只是学到皮毛，未得其真髓。有的美容产品或化妆品生产销售企业认为，内部创业就是把员工发展成下线或分销渠道；有的企业认为，采用内部创业可以规避企业多元化的风险。二者都是不全面的，这样的企业内部创业也走不远。

一个企业的创新能力和核心竞争力将决定企业能否获得持久竞争优势，在此情形之下，内部创业对于大公司的创新活动就具有了不同寻常的重要意义。企业内部创业要求高层管理者通过对新创意的激励和保护、企业内部环境的改善、科层式官僚体制的改革、组织结构的调整以及直接的资金支持来加以推动，要求公司进行大量的变革。在小企业的巨大创新压力之下，如今已有许多大企业也已开始建立内部风险投资机制，进行企业内部创业，试图在组织边界内保持开拓进取意识，提倡企业家创新精神。

【网友围观】

网友 1

和企业内部创业相似的，如李开复的"创新工场"项目，还有许多城市的创业孵化园，也是给创业者提供了许多资源，创造了良好的创业环境，帮助创业者实现自己的梦想。希望这样的项目可以越来越多吧，毕竟创业改变创业者命运，也改变整个民族的未来。

这里有一个视频，看后会对企业内部创业有更深刻的理解哦。

希望一部分大规模企业可以让自己的社会责任部门和一些小企业合作，让没有社会经验、没有社会关系、没有社会资源的年轻人利用有成就的企业的资源来完成自己的创业想法……完整内容请关注：《鼓励年轻人利用企业资源创业》（见 http：//v. ifeng. com/f/200909/ebdb6fb0-bdcc-44cb-8d4b-e3089c997342. shtml），让我们听听 51give 网创始人对于企业内部创业的独到见解。

网友 2

创业者，特别是年轻创业者因为社会资源、经济资源、人力资源等都相对匮乏，想要创业其实是很艰辛的，像松下这样的平台给了创业者一个极好的创业跳板和温床，应该得到推广，甚至是政府、媒体的大力宣扬。

我的创业新资讯

企业内部创业的不同模式

模式一：阶段管理式

代表企业：柯达

柯达公司内部创业体系的独到之处，在于其对创新业务分阶段的管理。大约10％有希望成功但与主营业务不符的创新提议，可以从 NOD（new opportunity development，即新业务开发）部门获得高达2.5万美元的资助。这一阶段被称为创业设想的开发阶段，发起人可以将20％的工作时间用于完善创业设想。

如果设想可行，便可进入下一阶段，即业务开发阶段。这时发起人可以离开原有岗位，并可获得高达7.5万美元的项目资助。他此时必须组建项目小组，撰写项目规划书，

开发产品模型。这时项目小组会得到 NOD 部门的咨询服务和其他支持。如果进展顺利，创业项目可以再进一步进入运作启动阶段。在这一阶段，项目可获得高达 25 万美元的资金支持，并在通过严格的项目评审后还可获得更多的资金。这时，项目从属于柯达技术公司（KTI）。柯达技术公司此时扮演控股公司和风险投资公司的双重角色。尽管柯达技术公司是柯达公司的子公司，但它所管理的诸多创业项目和柯达公司已经脱钩。柯达技术公司在此就像一个孵化器，它对创业项目的投资回报率的最低要求是 25%。如果项目运转顺利，几年后，创业项目可以通过公开上市和转让，实现资本增值。

点评：创新在不同阶段对资源和外部环境有不同的需求，内部创业同样存在规律，也会有相应的流程。

模式二：事业部先庇护，公司再放手

代表企业：宏碁

宏碁集团有 36 家子公司，各子公司通常是高度自治。对进入公司 5 年以上的员工，宏碁认为公司应该给他们提供舞台，包括通过内部创业机制为员工创造机会。他们鼓励员工参加内部竞标活动，让对项目感兴趣的员工参加竞标，中标者就是该项目的项目经理，负责项目的全过程实施。宏碁采取的是多元化的经营模式，采用相互关联的事业体渐进共生方式多元化发展，它的内部创业公司，通常与母公司在技术、渠道、上下游或人才方面有多项关联性。

宏碁内部创业有多种模式，最为成功的通常具有以下特点：一开始作为部门存在，新创部门在母公司的庇护下，集中优势资源开展业务。等新创事业在部门制下度过了生存期后，就采取引入外部资金的形式组成新公司。通常，母公司会把在新公司的资本比例控制在 50%～80%，因为加入了互补性伙伴，增加了新的观点、文化和丰富的外部资源，新公司的老总及经营团队除了要实现母公司交付的目标及任务外，也必须用心应对其他大股东随时的监督和检验。

点评：宏碁集团应该是研究华人企业创业的一个很好的控制实验室，因为它在同一个集团有同样的产业环境，也有类似的文化。不过，与华人企业盛行的中央集权管理方式不同，当宏碁内部创业的企业成长到一定阶段后，宏碁在各子公司通常只掌握较少的股份。譬如在 2002 年主动将所持有的明基（微博）股份减少到三成。宏碁领军人物施振荣的特点是，刚开始的时候全力帮你，等大了，再全力给你更大的自由。至于过程中的度，则视具体情况而定，宏碁奉行模糊管理。

模式三：转为代理商或外包业务商

代表企业：用友、华为

用友在合肥、武汉和温州推行了"创业计划"，公司总裁王文京希望那些地区分公司

的员工离开公司，转为自行创业的代理商。用友公司为离职做代理并成立公司的员工提供资金和产品的支持。员工级的能获得 8 万元赞助，经理级的能获得 15 万元赞助。不过这一措施却掀起了轩然大波，一些员工认为这是在变相裁人。卫炜表示，这种"内部创业"形式并非第一起，早在 2000 年，华为也曾用过，当时公司把非核心业务和公交、餐饮等服务业务外包给老员工作为创业机会。华为鼓励员工离职创立新公司，帮助打通全国的分销网络，作为支持，为创业的员工免费提供价值相当于员工所持华为内部股×1.7 的公司产品。当然，这是有条件的，即创业公司产品不能同业竞争，并且不能挖墙脚。今天，一些为华为做工程安装调试工作的公司就是华为当初内部创业的人创立的。

点评：用友和华为当然也有其他形式的内部创业，这些"杯酒释兵权"的措施只是在特定时期的特定政策。用友是由于原有的渠道成本压力太大，需要变革。华为更多的是需要解决老员工的出路问题。在这里，创业不是目的，而是企业解决其他问题的工具。

模式四：计划书模式

代表企业：富士通、松下

为推行内部创业，富士通成立了专门的基金，只要在富士通工作三年以上的员工，公司都鼓励他们申请创业基金。他们采取的是递交创业计划书的形式，公司每半年组织一次"大赛"，"大赛"主要考核两项：一是员工个人是否具有创业素质；二是创业领域、计划书的可行性以及是否风险较小、收益稳定。公司为此成立了专门的创业评定机构，对于那些被选上的员工，公司会给其投入创业基金。这笔钱被当成以公司的资金入股，与员工的智力和技术共同新创公司，富士通在新公司所持的股份通常不会超过 50%。随即，公司与创业的员工解除劳动关系，但可以提供资源、业务、技术等方面的支持。

松下在 2000 年也投资 100 亿日元设立了公司创业基金，用于支持员工创业，方式也是通过商业计划书。为了鼓励员工创业，松下规定，创业者早期出资比例可以在 30% 以下，以后再从松下公司回购股份，并且创业的员工可以签约成为松下的合同工，即使创业失败，5 年内仍可回公司继续工作。

点评：同样是成立创业基金，目的和运作各不相同，富士通的创业基金更利于让企业获得好的投资回报，而松下的创业基金则倾向于培育员工成为勇于向新生事物挑战的创业人才。

模式五：公司风险投资式

代表企业：壳牌、英特尔

自从风险投资被互联网掀起了热潮后，"风险投资"也就渐渐成为被采用最多的创业方式之一了。英特尔、微软、诺基亚等企业都成立了自己的风险投资公司或机构。这种投资不但可以针对公司外部的项目，同样也可以针对公司内的部门或创业者。不过，最多见

的是整合资源、内外兼顾。如壳牌石油的"游戏改变者"项目，这是该公司勘探与生产部发明的，为了给公司寻找新的市场机会，特别是突破性的机会，项目组四处收集创意，并为最有希望成功的想法提供资助，公司将10％的技术预算按"风险投资"的方法来使用。

点评：公司从事风险投资的形式主要有两种：一种是把用于风险投资的资金委托给专业的风险投资公司进行管理，由其成立的投资基金根据委托方的战略需要选择投资目标；另一种是公司直接成立独立的风险投资子公司，其运作方式与专业的风险投资公司相似。不过，研究表明，那些针对企业外部的风险投资，新创建的业务只有不到5％被母公司采纳。

模式六：15％模式

代表企业：3M、谷歌

对创新型公司来说，最经典的案例莫过于3M的15％定律了。员工可以不经同意，使用15％的工作时间干个人感兴趣的事。而高层会帮助员工排除新创过程的内部阻力。几十年来，这条定律已使3M的骨子里渗透着创新的气息。谷歌公司现在同样使用了这一招，甚至更宽松。在谷歌，员工有20％的自由工作时间可参与Top100中的任何项目，Top100是个随时变动的项目列表，列表来自"想法邮递列表"。它像是一个面向所有员工的留言板，员工有了一个创意，可以写在上面，其他的员工则可以对该项目发表自己的建议并投票，许多好的项目会因为投票率高而自然凸显出来。当然，谷歌会通过技术的手段对员工的内部创业进行支持，如千万美元级其他"创始人奖"。

点评：15％模式最大的特点是自由和开放的空间。公司预留出余地，不去对员工的任何创新进行限制，那些绝妙的创新很自然地进化到创业的实操阶段。但15％模式的真正意义在于，它创造了一种组织的理念，为公司的创业文化赋予了灵魂。

资料来源：《中国经营报》，2006-04-15，作者：谢扬林。

篇末小结

由于创业初始，公司在资金、人才和实力等方面往往都不会具备优势，被大量不确定性事务驱动和疲于应付的状态所困扰在所难免，但任何公司的管理工作又的确是件大事，是公司能否持续发展的重要保证。要妥善处理并解决这对矛盾，其关键仍然在于如何取得事务驱动和规范运作之间的合理平衡。

首先，要对公司运作和管理有正确的理解与思考方向。规范管理并不意味着公司必须有一大套繁文缛节的规章制度，创业期更是如此。任何管理的目标一定是使公司运作更加有效，而非纸面文章或者形式架构做得如何漂亮，它的衡量标准是成果而非过程。所以，重点的思考方向应该是：公司如何能够盈利？如何能够生存下去？如何能够取得自身独特的竞争优势？等等。另外，规范管理并非一朝一夕能够建立，它需要通过长期磨合才能持续形成。

其次，要建立一套务实的、简单的公司运作管理的基本制度和原则。任何公司的运作和发展都需要一套系统的流程和体制，这套东西可以较简单，也可以很复杂，关键是视公司的具体情况而定。但任何公司在创业期，它的管理体制一定要讲究简单和务实。一般来说，公司运作都离不开资金、人才、技术和市场等要素，很多人热衷于技术，但必须认识到，单靠技术是无法取胜的，还必须有一套基本的管理制度，主要是抓好人和财两个方面。例如，制定一本员工手册，规定道德准则、考勤制度、奖惩条例、薪资方案等方面的条文，这方面有许多样本可以参考，可根据公司自身特点选择重要的方面去制定。在财务方面，报销制度、现金流量、制定预算、核算和控制成本等方面是必须首先考虑的。

在具体操作中，有以下一些建议可供参考：

（1）明确企业目标，达成共识。创业者应该将企业的目标清晰化、明确化。有了目标，才有方向，才有一个共同的愿景，这种共识能够大大减少管理和运作上的摩擦。

（2）明确"谁听谁的"和"什么事情谁说了算"，并用书面的正式文件规定下来。组织架构设计中最根本的问题就是决策权限的分配。因此，明确每一个核心成员的职责对管理是否畅通非常关键，否则创业者的兄弟意气会让管理陷于混乱。

（3）由于创业期规模较小，许多问题都可以直截了当地进行沟通，大家都应遵循开诚布公、实事求是的行为风格，把事情摆到桌面上来讲，不要打肚皮官司。

（4）在公司内部形成一个管理团队，定期交换意见，讨论诸如产品研发、竞争对手、内部效率、财务状况等与公司经营策略相关的问题。一般采取三级管理结构，即决策层、管理层、一般员工。

（5）制定并尽量遵守既定的管理制度。必须强调人人都必须遵守，不能有特权，也不能朝令夕改。当公司发展到一定的程度并初具实力时，就要意识到自身能力上的缺陷，尽可能聘请一些管理方面的专业人才来共图大业。

在本篇中，我们通过多个案例理解了创业企业市场营销管理、创业企业的财务管理、创业企业人才管理与员工激励、企业内部创业等知识。希望大学生创业者们能够从创业前辈的成功经历或者失败教训中汲取养分，为自己的创业所用，使走向成功的道路能够更加平坦顺畅。真诚祝福已经走在创业路上和准备踏上创业征程的各位。

写在创业笔记之后的话

师行：每部电视剧有了开头，就必须有结尾，即使动辄几百集的韩剧也还是会在某个时刻迎来它的最后一集。诸位目前看到的剧集，是我们自编自导自演的，好处是每个镜头的主视角都是我们，显性隐性台词加起来最多的势必也是我们。剧由梦想而始，幕由现实而落。

真的要说声对不住，创业这个梦我做了一半，就可耻地被周公赶出来了，还强迫你们进入我的梦境，陪我感受冲上云霄失败后的坠落。不过还好，在我思考究竟应该用何种速度跌落才能保留全尸的时候，身边的同学、朋友和老师织起了一个大大的床垫，好让我第二天能够正常地起床、刷牙、洗脸、吹个发型、晒晒太阳。睡醒的时候有人偷偷告诉我：这只是个梦。只有当你天天想的时候，才会进化成梦想。看得见梦想在那儿，你就知道自己没走远，只要一步一步走下去，这个世界就会多一串通往梦想的脚印。

我想我最终一定能站在那里，望着身后的脚印对大家说："不好意思，让大家久等了，但是我终于到了。"

亲爱的乘客，您乘坐的 11 路公交汽车现在已经启动，请注意坐好扶稳，车厢内请不要吸烟。下一站，梦想。哦，对了，粮水自备。

方老师：翻看师行的创业笔记，再一次真切地感受到了一个大二学生这些年来为创业所做的种种准备和努力。我们并不会因为他最终没有选择创业而是进入一家 4A 广告公司就职而感到失望，企业内创业也是大学生创业者的一种理性的选择。我们相信所有他曾经梦想并为之努力过的一切，将是他成就自己未来的阶梯。依旧在创业路上奋力前行的龙鹏同学，正用他的汗水与脚印验证着大学生创业者的酸甜苦辣，作为他的老师，祝福他并期待他的成功。

图书在版编目（CIP）数据

创业案例集锦/万炜，朱国玮编著．—北京：中国人民大学出版社，2013.5
（大学生创业型人才阶梯嵌入培养模式创新实验区建设成果）
ISBN 978-7-300-17579-9

Ⅰ.①创… Ⅱ.①万… ②朱… Ⅲ.①企业管理-案例-高等学校-教材 Ⅳ.①F270

中国版本图书馆 CIP 数据核字（2013）第 110274 号

大学生创业型人才阶梯嵌入培养模式创新实验区建设成果
丛书主编　陈　收
丛书副主编　袁　凌　朱国玮
创业案例集锦
万　炜　朱国玮　编著
Chuangye Anli Jijin

出版发行	中国人民大学出版社				
社　　址	北京中关村大街 31 号		**邮政编码**	100080	
电　　话	010 - 62511242（总编室）		010 - 62511398（质管部）		
	010 - 82501766（邮购部）		010 - 62514148（门市部）		
	010 - 62515195（发行公司）		010 - 62515275（盗版举报）		
网　　址	http://www.crup.com.cn				
	http://www.ttrnet.com（人大教研网）				
经　　销	新华书店				
印　　刷	北京密兴印刷有限公司				
规　　格	185 mm×260 mm　16 开本		**版　　次**	2013 年 8 月第 1 版	
印　　张	15 插页 1		**印　　次**	2017 年 8 月第 2 次印刷	
字　　数	308 000		**定　　价**	35.00 元